D0699141

EDAF
MADRID - MÉXICO - BUENOS AIRES - SAN JUAN

Los Mejores Poemas de Amor

Antología de la Poesía Amorosa

Española e Hispanoamericana

Edición de
Víctor de Lama

MOSAICO™

Director de la colección: Melquíades Prieto

www.clubmosaico.com

Diseño cubierta: Grey Thornberry
Ilustración de cubierta: *The Kiss*, Gustav Klimt © Austrian Archives; Österreichische Galerie, Vienna/CORBIS

Impreso en los Estados Unidos de América

ÍNDICE GENERAL

Págs.

Págs.

NEOCLASICISMO Y PRERROMANTICISMO (Siglo XVIII)

Págs.

ROMANTICISMO Y REALISMO (Siglo XIX)

Págs.

Págs.

Págs.

INTRODUCCIÓN

ESTE florilegio poético quiere ser un paseo —a veces dulce, a veces atormentado— por los rincones de muchos corazones heridos; quiere ser una exploración de los matices y de los registros con que cientos de poetas, a lo largo de un milenio, han enriquecido el tema de inspiración poética más universal. Tanto ha significado el amor en la poesía, que a menudo amar y escribir versos ha sido todo uno. Ante la pregunta ¿qué es poesía?, Bécquer respondió con claridad meridiana. También Lope de Vega lo sabía muy bien cuando ponía el broche de oro a un soneto dedicado a Lupercio Leonardo de Argensola:

> ¿Que no escriba decís o que no viva?
> Haced vos con mi amor que yo no sienta,
> que yo haré con mi pluma que no escriba.

Los poemas que siguen comunican estados de ánimo que se mueven en un amplio espectro: desde la alegría alocada del amor recién nacido hasta la desesperación más profunda del que ya no espera nada. A veces la queja es dulce, el dolor suave y, de tarde en tarde, asoma el regocijo, el júbilo y hasta la vivencia del éxtasis. Pero no nos engañemos: son el dolor y la tristeza, el desengaño y la nostalgia, el tormento y la desesperación las experiencias que han dictado las páginas más apasionadas; y casi siempre con mayor brillo.

Me gustaría pensar que tanta vehemencia en los versos de nuestros poetas traduce cabalmente la hondura del sentimiento, la verdad de la pasión. La biografía frecuentemente enriquece el sentido de muchos versos. Sabido es que sin sentimiento no hay auténtica poesía, pero conviene recordar que los poetas han pagado serios tributos a convenciones de escuela o a modas pasajeras. Es obvio que ningún creador se ha sustraído del todo a su época, ni siquiera esos pocos a los que hemos encumbrado en el olimpo de la genialidad. Pero tampoco los lectores podemos presumir de mirada ingenua: ¿Quién puede abdicar de sus ataduras culturales y vivenciales? Cuando tomamos partido por este o aquel poema, olvidamos frecuentemente que entre nuestra mirada y el texto se interponen velos muy sutiles.

No es posible explicar en estas páginas cómo nuestros poetas, individual o conjuntamente, han entendido o han vivido el amor. Tanto los filósofos como los escritores clásicos se ocuparon de una u otra manera de explicar el Ars amandi *a la vez que los poetas lo plasmaban en sus versos; en la Edad Media varios tratados intentan codificar o explicar qué es el amor desde diferentes ámbitos, y la mayoría de los trovadores y poetas componen sus versos en sintonía con esas ideas; en el Renacimiento y en el Barroco, el amor fue centro de la atención de muchos poetas y artistas, y de nuevo en el Romanticismo y en el Modernismo fue motivo predilecto. Desde las artes o desde la pura reflexión humana, el amor —siempre el mismo y siempre nuevo— ha experimentado en cada época metamorfosis originales que han alumbrado territorios inexplorados del sentimiento. Por eso, tratar de explicar la auténtica poesía supone a menudo quedarse en los aledaños de la misma; podemos, eso sí, adivinar el color de las lágrimas de amantes tan esforzados o sentir la música callada de algunos suspiros. Con todo, un ligero recorrido por nuestra historia literaria puede servir de ayuda a navegantes desorientados.*

En los siglos medievales, el amor se aborda desde dos actitudes esencialmente distintas: los versos de las jarchas y villancicos, expresados por voz femenina y sin artificio aparente, presentan un lirismo desnudo que no ha perdido valor con el paso de los siglos; en la poesía cortesana, por el contrario, la voz del enamorado se ve sometida a un código amoroso y a unos cauces formales tan estrechos que ahogan las escasas muestras de auténtico lirismo. La poesía cortesana del siglo XV *es a menudo juego de conceptos y demostración de habilidad al combinarlos.*

Las nuevas formas y las nuevas actitudes del Renacimiento propician una Edad de Oro en la poesía y muy especialmente en la lírica amorosa. Los poetas exploran con su pluma nuevos mundos de sentimientos y pasiones; el endecasílabo bien cincelado y el octosílabo de andadura ligera servirán para modular registros intocados del corazón. A la canción cuatrocentista, de estrecho cauce, sucede ventajosamente la majestad del soneto; las églogas, elegías, canciones y romances desarrollan historias del corazón más dilatadas. La musicalidad del endecasílabo, la belleza de las metáforas, la irrupción de la naturaleza (compañera fiel del amante) y el brillo de la adjetivación logran que recibamos esta poesía como plenamente moderna. Pero los siglos XVI *y* XVII *no son de oro sólo por haber visto a Garcilaso y a Lope, a Góngora y a Quevedo, a San Juan de la Cruz y a Fray Luis de León; junto a éstos, unas cuantas docenas de poetas escriben versos de encomiable calidad. En el* XVI*, Acuña, Baltasar del Alcázar, Cetina, Montemayor, Herrera, Gregorio Silvestre, etc.; en el* XVII*, Francisco de Medrano, los*

Argensola, el Conde de Villamediana, Francisco de Rioja, Trillo y Figueroa, Villegas y otros muchos. Esta poesía se derrama por tierras americanas; poetas-conquistadores como Cetina dejan allí la simiente de la nueva poesía que se escribía en España. Desde Francisco de Terrazas hasta la genial Sor Juana Inés de la Cruz unos cuantos poetas dieron testimonio de que había nacido un nuevo mundo para la poesía en castellano.

La poesía neoclásica no tiene, en conjunto, la brillantez de los siglos anteriores; no obstante, los poetas desarrollan líneas apuntadas en el Barroco y exploran otras originales en la vivencia del amor. Es nueva la delicadeza, y hasta la ternura; se busca un paisaje dulce que a menudo se envuelve en el epicureísmo de la anacreóntica; otras veces el poeta se entretiene con el ingenio del epigrama o tiñe sus versos de melancolía prerromántica.

Se dice que los románticos españoles e hispanoamericanos son deudores de los europeos. No es difícil descubrir a Byron en los versos de Espronceda o a Victor Hugo en los de Zorrilla. Pero también es cierto que cobra nueva vida nuestro genuino romance para contar amores exóticos y leyendas olvidadas, o que las cancioncillas tradicionales experimentan una feliz metamorfosis en los versos de Campoamor, de Augusto Ferrán o de Bécquer. La pasión amorosa se mueve entre la exaltación de Espronceda o la Avellaneda y la delicadeza primorosa de Bécquer o Rosalía que deja entrever una veta fecunda del Modernismo. Por otro lado, en las dos últimas décadas del siglo XIX se gestan en la poesía hispanoamericana actitudes, formas y motivos inéditos en España. Poetas como Martí, Díaz Mirón, Manuel José Othón, José Asunción Silva, Herrera y Reissig, Rubén Darío, desde lugares muy distantes del continente, dan los primeros pasos de la emancipación literaria del Nuevo Mundo.

Cuando Dámaso Alonso empezó a hablar de un nuevo siglo de oro en la poesía española pensaba en el periodo de 1920 a 1936, unos años en que confluían dos generaciones poéticas en actividad: la de los maestros (Unamuno, los Machado, Juan Ramón) y la de sus compañeros, que luego se ha llamado Generación del 27. Las palabras de Dámaso Alonso fueron escritas en 1948 para explicar «Una generación poética», la suya; con la perspectiva del tiempo, esas palabras cobran aún más sentido si se extienden a todo el siglo XX y al extenso dominio de la lengua castellana. La revolución modernista ha sido sin duda la más importante que se ha producido en la poesía de lengua castellana desde el Renacimiento. Los modernistas vivieron una profunda crisis espiritual como consecuencia de los cambios que se produjeron en Europa en la segunda mitad del siglo XIX: historicismo y materialismo, espiritualismo, esteticismo... En cierto sentido, el Modernismo es el el auténtico

Romanticismo hispanoamericano, pues sólo entonces se toma conciencia de lo propio y se transgreden las pautas de una imaginación colonizada por Europa. Por primera vez en la historia de la literatura escrita en castellano, los poetas españoles van a prestar oídos a las voces procedentes de América, y no al revés: la presencia de Rubén Darío en España marcaría un cambio de rumbo en la poesía española sólo comparable al que protagonizaron Boscán y Garcilaso a principios del siglo XVI. Con la revolución modernista, como ya había sucedido en el Romanticismo, el lugar del poeta en la sociedad va a ser el de un proscrito, pero un proscrito genial investido de cualidades proféticas. La temática amorosa se sitúa en el centro de atención de un buen número de vates; y ese acercamiento al amor se produce desde concepciones bien distintas: desde un romanticismo tardío o desde la frialdad parnasiana; desde la musicalidad del simbolismo o desde un erotismo teñido a menudo con el morbo del rito; desde la peculiaridad de lo indígena o desde el cosmopolitismo que no conoce fronteras. En el Modernismo americano beben Manuel Reina y Villaespesa, los hermanos Machado y Juan Ramón Jiménez. Sólo Unamuno parece sustraerse a su música y a sus colores.

Pero la fiebre modernista pasa, víctima de exuberancias formales, y en la segunda década del siglo se buscan nuevos caminos. Juan Ramón Jiménez desnuda su poesía buscando la pureza; las vanguardias europeas, poco interesadas en temas tan humanos como el amor, son modas fugaces en España y pronto desembarcan en Hispanoamérica. Todas ellas dejan su huella, pero sólo del Surrealismo podemos decir que tuvo y sigue teniendo una trascendencia decisiva a uno y otro lado del Atlántico. En España, los poetas del 27 arrancan de las vanguardias hacia caminos personales: el neopopularismo de Lorca y Alberti, la poesía pura de Guillén y Salinas, el surrealismo de prácticamente todos ellos. Algunos de sus poemarios son cumbres señeras de la poesía amorosa: La voz a ti debida *y* Razón de amor *de Salinas, los* Sonetos del amor oscuro *de Lorca,* La destrucción o el amor *de Aleixandre,* Donde habite el olvido *de Cernuda. El incomparable Neruda llena varios capítulos con los* Veinte poemas de amor, *los* Versos del capitán *y los* Cien sonetos de amor. *César Vallejo, por un camino estrictamente personal, nos muestra su corazón atormentado en algunos poemas de* Trilce. *Nicolás Guillén y Emilio Ballagas ahondan en el mestizaje cultural caribeño y nos descubren retazos del alma afrocubana.*

En el último medio siglo la poesía escrita en castellano ha transitado por territorios interiores ocultos con el fin de objetivar vivencias únicas: el aparente prosaísmo de Nicanor Parra o Gloria Fuertes, la clarividencia lujosa de Octavio Paz o la pasión arrebatadora de Blas de Otero... el amor se baña a veces de una familiaridad cotidiana o de un intimismo exquisito, se expresa con un surrealismo indescifrable o con una candidez virginal, se tiñe de exotismo indígena o de sencillez epigramática. Decía al principio que no es posible resumir en pocas palabras cómo ha evolucionado la expresión del amor desde la remota Edad Media hasta la actualidad; pero si tuviéramos que hacerlo, podríamos concluir que nuestros poetas han ido desnudando su corazón para diseccionar con el bisturí de la pluma las regiones ocultas del mismo, hasta dibujar el mapa que nos muestra en su conjunto la complejidad del alma hispánica. Y si ahondamos un poco más, nos daremos cuenta de que nuestros escritores no sólo han sabido apresar instantes de la realidad y de la vida; además de esto, sus particulares vivencias se han convertido en modelos que luego han calado en todos nosotros, y que han dado lugar a las maneras de entender la vida y el amor peculiares de la comunidad hispanohablante.

* * *

Aunque toda antología tiene mucho de personal, me he sometido a unos criterios bastante estrictos para elaborar esta obra.

Por tratarse de una antología temática, presento una selección de poemas, y no de poetas que han escrito sobre el amor. Me explicaré: he elegido los textos en función de su valor intrínseco o su representatividad, según los casos, con el fin de que se pueda seguir la evolución de la poesía amorosa en lengua castellana. No se extrañe nadie de que falten algunos poetas que tendrían que estar en antologías generales; se debe a que no escribieron poesía amorosa o no me pareció significativa. Ésa es la razón de que no aparezcan, por ejemplo, el venezolano Andrés Bello, el cubano José María de Heredia o León Felipe. No obstante, casi todos los grandes poetas han escrito versos de amor y les dedico algún espacio.

He incluido ciertos poemas que, aunque versan sobre el amor, no son propiamente amorosos; son los que intentan definir o explicar qué es amor (bien es verdad que a menudo revelan la emoción de una experiencia personal). Me pareció que un poco de teoría enriquecería algo nuestra comprensión de tan complejo sentimiento. Por otro lado, he partido de un concepto del amor tan amplio como me ha sido posible: recojo poemas de inspiración heterosexual u homosexual (difícil de deslindar a veces); textos que revelan hondos sentimientos o escenas de sexualidad apasionada; versos místicos de San Juan de la Cruz o un poema de Ricardo Molina que identifica Medina Azahara con una mujer. Se puede argumentar que la poesía religiosa, la patriótica e incluso la social expresan a su manera modalidades del amor (a Dios o a la Virgen, a la patria, a los demás). Sin duda, pero a nadie se le ocurriría considerar los versos de Fray Luis de León o el Canto general de Neruda como poesía amorosa en su acepción habitual.

Algunos poetas, por la calidad incuestionable de sus versos amatorios, quizá merecieran mayor espacio del que les concedo; me refiero a plumas tan ilustres como Garcilaso, Lope, Quevedo, Bécquer, Juan Ramón Jiménez, Salinas, Lorca, Neruda, etc. En estos casos incluyo como máximo cinco poemas, con el fin de dar cabida a otros autores menos accesibles. Quien haya tenido la oportunidad de espigar una selección de textos poéticos, sabe cuán ardua y subjetiva es la tarea de elegir lo mejor o lo más representativo. Personalmente he optado por la variedad de actitudes y de formas poéticas, de manera que estuviera presente la poesía de todos los países hispanoamericanos (confieso que no ha sido fácil acceder a las fuentes de algunos de ellos). Creo sinceramente que así hago justicia a unos cuantos países ignorados con demasiada frecuencia en las antologías y a poetas que son muy populares en su tierra. He dedicado cierta extensión a los Siglos de Oro, por razones obvias de calidad; y aún mucha más al siglo XX, por la misma razón y porque sólo en este último siglo podemos hablar plenamente de literaturas nacionales de los países hispanoamericanos. No obstante, ahí van por delante Francisco de Terrazas, Sor Juana Inés, Juan Bautista Aguirre, Mariano Melgar, Batres Montúfar, Gómez de Avellaneda y Guillermo Blest Gana como representantes genuinos de la poesía colonial o del siglo XIX americano.

He anotado únicamente los textos más antiguos y sólo cuando me pareció de estricta necesidad. Por el contrario, he separado la obra poética de la nota biográfica del autor sólo a partir del Romanticismo, por evitar cuestiones filológicas que estarían fuera de lugar.

Para mí es una gran alegría presentar esta colección poética y poder compartirla con gentes alejadas geográficamente, pero muy cercanas en el alma del idioma. Todos tenemos que reconocer el esfuerzo realizado por la Editorial EDAF, pues no es fácil encontrar en los tiempos que corren un editor dispuesto a publicar un libro de poesía tan extenso.

VÍCTOR DE LAMA
Madrid, septiembre de 1993

ALGUNAS ANTOLOGÍAS DE POESÍA AMOROSA EN CASTELLANO

Mil cantares populares amorosos, recogidos por G. M. Vergara, Madrid, Sucesores de Hernando, 1921.

El sentimiento del Amor a través de la poesía española. (Selección, prólogo y notas de Guillermo Díaz-Plaja), Barcelona, Olimpo, sin fecha.

El alma de Andalucía en sus mejores coplas amorosas, escogidas entre mas de 20.000 por F. Rodríguez Marín, Madrid, Tipografía de la Revista de Archivos, 1929. (Comprende 1.136 cantares anotados).

MENDARO, Eduardo (prólogo), *Antología de poesías de amor,* Madrid, Los poetas, 1929.

ESTEBAN SCARPA, Roque, *Poesía del amor español. Antología,* Santiago de Chile, Zig-Zag, 1941.

GUARNER, Luis, *El amor en la poesía: breviario universal de la poesía lírica amorosa,* Madrid, Afrodisio Aguado, 1950.

Los mejores versos de amor, Buenos Aires, Cuadernillos de poesía, ¿1956?

Antología de la poesía sexual. De Rubén Darío a hoy, Buenos Aires, Cuadernillos de poesía, 1959.

LÓPEZ GORGÉ, Jacinto, *Medio siglo de poesía amorosa española (1900-1950),* Madrid, Cremades, 1959.

La poesía amorosa universal, Barcelona, Círculo de Lectores, 1965.

Poesía amorosa del Siglo de Oro..., Madrid, Nuevas Gráficas, 1966.

LÓPEZ GORGÉ, Jacinto, *Antología de la poesía amorosa,* Madrid, Alfaguara, 1967.

CONDE, Carmen, *Antología de la poesía amorosa contemporánea,* Barcelona, Bruguera, 1969.

RUBALCAVA, Adam, *Dulcinea, llama viva: razones líricas tomadas de diversos autores para aliento y consolación de amantes ilusionados,* México, Instituto Mexicano de Cultura, 1968.

MONTAGUT, Jorge, *Las mejores poesías de amor españolas,* Barcelona, l970.

MONTAGUT, Jorge, *Las mejores poesías de amor mexicanas y centroamericanas,* Barcelona, Bruguera, 1970.

MONTAGUT, Jorge, *Las mejores poesías de amor antillanas,* Barcelona, Bruguera, 1971.

PRIETO, Antonio, *Espejo del Amor y de la Muerte,* Madrid, Azur, 1971.

MONTAGUT, Jorge, *Las mejores poesías de amor sudamericanas,* Barcelona, Bruguera, 1972.

BENEDETTI, Mario, *Poemas de amor hispanoamericanos,* Montevideo, Arca, 1973.

CARO ROMERO, Joaquín, *Antología de la poesía erótica española de nuetro tiempo,* Madrid, Ruedo Ibérico, 1973.

Antología de la poesía erótica española de nuestro tiempo, s.l., Ruedo Ibérico, S. A., 1973.

SARTORIO, Mª Dolores, y Joaquín BUXÓ, *Poesía amorosa. Antología universal,* Barcelona, Nauta, 1974.

GARCÍA SÁNCHEZ, Jesús, y Marcos Ricardo BARNATÁN, *Poesía erótica castellana (Del siglo X a nuestros días),* Madrid, Júcar, 1974. (Y también, Barcelona, Círculo de Lectores, 1975).

ALZIEU, P.; JAMMES, R.; LISSORGUES, Y.: *Floresta de poesías eróticas del Siglo de Oro con su vocabulario al cabo por el orden del a.b.c.,* Toulouse, France-Ibérie Recherche, 1975.

Antología de la joven poesía amorosa del Perú, Lima, Nuevo Arte, 1977.

DÍEZ BORQUE, José Mª, *Poesía erótica (siglos XVI-XX),* Madrid, Siro, 1977.

FUENTE, Pilar, *Poesía de amor,* La Habana, Editorial Arte y Cultura, 1977.

LÓPEZ GORGÉ, Jacinto, y Francisco SALGUEIRO, *Poesía erótica en la España del siglo XX. (Antología),* Madrid, Vox, 1978.

Poemas de amor: antología de poetas españoles y americanos, Barcelona, Susaeta, 1979.

Poesía de amor, 1981 (concurso), León, Nebrija, 1981.

ESCANILLA DE BEJARANO, Marina, *El amor, una fiesta,* Barcelona, Ediciones 29, 1984.

MAYA, J., *Poemas de amor,* Madrid, Egraf, 1984.

PÉREZ ESTRADA, Rafael, *Del goce y de la dicha: poesía erótica,* I. Torremolinos (Málaga), Litoral, 1985.

Cien poemas de amor, Barcelona, El Bardo, 1986.

REYES, Rogelio, *Posía erótica de la Ilustración: Antología,* Sevilla, Ediciones El Carro de la Nieve, 1989.

LÓPEZ SERRANO, Domingo Antonio, *Poesía de amor (y desengaño),* Ciudad Real, Amenos Edimán, 1990.

EDAD MEDIA
(Siglos XI-XV)

JARCHAS MOZÁRABES *

(SIGLOS XI-XII)

CANCIONCILLAS que los poetas engastaban en otros poemas más largos escritos en árabe o en hebreo, llamados *moaxajas*. Esta tradición fue iniciada por Muccadam ben Muafa, poeta ciego de Cabra (Córdoba), a finales del siglo IX, aunque las más antiguas que conservamos son de mediados del siglo XI. Conocemos unas 60 diferentes y algunas repetidas. Son consideradas los textos poéticos más antiguos en lengua romance. Su descubrimiento es relativamente reciente. En 1948 Samuel S. Stern publicó las veinte primeras jarchas descifradas; estaban incluidas en *moaxajas* hispanohebreas. En 1952 Emilio García Gómez daba a conocer otras veinticuatro jarchas, éstas procedentes de *moaxajas* árabes.

DES cuand mio Cidiello vénid
¡tan bona *albishara!*
com rayo de sole yéshid
en Wad-al-hachara [1].

* * *

GARID vos, ¡ay yermaniellas!,
¿cóm' contenir el mio male?
Sin el *habib* non vivreyo:
¿ad ob l'irey demandare? [2]

---

* Tomo el texto de las jarchas, y su versión modernizada, de M. Frenk Alatorre (*Lírica española de tipo popular*, Madrid, Cátedra, 1977).

[1] «Desde el momento en que viene mi Cidillo (o Cidiello, o Cidello; personaje de la corte de Alfonso VII) ¡oh, qué buena nueva! sale en Guadalajara como un rayo de sol.»

[2] «Decidme, ay hermanitas, ¿cómo contener mi mal? Sin el amado no viviré: ¿adónde iré a buscarlo?»

¡Tanto amare, tanto amare,
habib, tanto amare!
Enfermeron olios nidios
e dolen tan male [3].

* * *

Gar, ¿qué fareyo?,
¿cómo vivreyo?
Est' *al-habib* espero,
por él murreyo [4].

* * *

¿Qué faré mamma?
Meu *al-habib* est ad yana [5].

* * *

Gar sabes devina,
e devinas *bi-l-haqq,*
garme cuánd me vernad
meu *habibi* Ishaq [6].

* * *

Como filyolo alieno,
non más adormes a meu seno [7].

* * *

[3] «¡Tanto amar, tanto amar, amado, tanto amar! Enfermaron (mis) ojos brillantes y duelen tanto.»

[4] «Dime, ¿qué haré?, ¿cómo viviré? A este amado espero, por él moriré.»

[5] «¿Qué haré, madre? Mi amado está a la puerta.»

[6] «Puesto que sabes adivinar y adivinas la verdad, dime cuándo vendrá mi amigo Isaac.»

[7] «Como si fueses hijito ajeno, ya no te duermes más en mi seno.»

¿Qué fareyu, o qué serad de mibi
habibi?
¡Non te tolgas de mibi! [8]

* * *

Al-sabah bono,
garme d'on venis.
Ya lo sé que otri amas,
a mibi non queris [9].

[8] «¿Que haré o qué será de mi, amado? ¡No te apartes de mí!»

[9] «Alba hermosa, dime de dónde vienes. Ya sé que amas a otra y a mí no me quieres.»

RAZÓN DE AMOR

(Principios del s. XIII)

SU autor fue un escolar que «moró mucho en Lombardía por aprender cortesía» y «que siempre dueñas amó». Se trata de un poema dialogado de influencia franco-provenzal. El poema tiene dos partes: en la primera el protagonista recibe la visita de su amada; en la segunda desaparece la doncella y una paloma derrama agua sobre el vino, con lo que dan comienzo los denuestos del agua y el vino. El manuscrito se conserva en la Biblioteca Nacional de París. La edición crítica puede verse en *Revista de Literatura Medieval,* I (1989), pp. 123-153.

QUI triste tiene su coraçón
venga oír esta razón [1].
Odrá [2] razón acabada,
feita [3] d'amor e bien rimada.
Un escolar la rimó
que siempre dueñas amó;
mas siempre hobo criança
en Alemania y en Francia;
moró mucho en Lombardía
pora aprender cortesía. [...]

En mi mano pris' una flor,
sabet, non toda la peyor [4],
e quis' cantar de fin [5] amor.
Mas vi venir una doncela,

---

[1] *razón:* discurso, platica.
[2] *Odrá:* oirá.
[3] *feita:* hecha.
[4] *peyor:* peor.
[5] *fin:* fino.

pues nací non vi tan bella:
blanca era e bermeja,
cabelos cortos sobr'ell[6] oreja,
fruente blanca e loçana,
cara fresca como maçana;
nariz egual e dreita[7],
nunca viestes tan bien feita;
ojos negros e ridientes,
boca a razón e blancos dientes;
labros bermejos non muy delgados,
por verdat bien mesurados;
por la centura delgada,
bien estant e mesurada;
el manto e su brial
de xamet[8] era que non d'ál[9];
un sombrero tien' en la tiesta
que nol' fiziese mal la siesta;
unas luvas[10] tien' en la mano,
sabet non gelas dio vilano.
De las flores viene tomando,
en alta voz d'amor cantando,
e decía: —«¡Ay, meu amigo,
»si me veré ya más contigo!
»Amet' sempre e amaré
»cuanto que viva seré.
»Porque eres escolar
»quisquiere[11] te debría más amar.
»Nuncua odí de homne decir
»que tanta bona manera hobo en sí.
»Más amaría contigo estar
»que toda España mandar;
»mas d'una cosa so cuitada:
»he miedo de seder engañada,

---

[6] *ell:* de *illa,* la.
[7] *dreita:* derecha.
[8] *xamet:* jamet, tejido de seda.
[9] *d'ál:* de otra cosa.
[10] *luvas:* guantes.
[11] *quisquiere:* cualquiera.

»que dizen que otra dona,
»cortesa e bela e bona,
»te quiere tan gran ben,
»por ti pierde su sen [12],
»e por eso he pavor
»que a ésa quieras mejor.
»¡Mas s' io te vies' una vegada,
»a plan [13] me queriés por amada!»
Cuant la mía señor [14] esto dizía,
sabet a mí non vidía;
pero sé que no me conocía,
que de mí non foiría [15].
Yo non fiz aquí como vilano;
levém' e pris'la por la mano.
Juñiemos [16] amos en par
e posamos so ell olivar.
Dix' le yo: —«Dezit, la mía señor,
»¿si supiestes nunca d'amor?»—
Diz ella: —«A plan con grant amor ando.
»mas non coñozco mi amado;
»pero dizem' un su mensajero,
»que es clérigo e non cabalero,
»sabe muito [17] de trobar,
»de leyer e de cantar;
»dizem' que es de buena yentes,
»mancebo barbapuñientes [18].»
—«Por Dios, que digades, la mía señor,
»¿qué donas [19] tenedes por la su amor?»
—«Estas luvas y es' capiello [20],

---

[12] *sen:* sentido.

[13] *a plan:* ciertamente.

[14] *mía señor:* la terminación *or* era también femenina.

[15] *foiría:* huiría.

[16] *juñiemos:* juntámonos.

[17] *muito:* mucho.

[18] *barbapuñientes:* joven al que comienza a salir la barba.

[19] *donas:* regalos.

[20] *capiello:* capillo, prenda para cubrir la cabeza, que usaban las damas.

»est' oral[21] y est' aniello
»envió a mí es' meu amigo,
»que por la su amor trayo conmigo.»
Yo coñocí luego las alfayas[22]
que yo gelas había enviadas.
Ela coñoció una mi cinta man a mano[23],
qu'ela la fiziera con la su mano.
Toliós'[24] el manto de los hombros,
besóme la boca e por los ojos;
tan gran sabor de mí había,
sól' fablar non me podía.
—«¡Dios señor, a ti loado
»cuant[25] conozco meu amado!
»¡Agora he tod' bien conmigo
»cuant conozco meo amigo!»
Una grant pieça alí estando,
de nuestro amor ementando[26],
ela m' dixo: —«El mío señor,
»oram'[27] sería de tornar
»si a vos non fuese en pesar.»
Yo l' dix': —«It, la mía señor,
»pues que ir queredes,
»mas de mi amor pensat, fe que debedes.»
Ela m' dixo: —«Bien seguro seit de mi amor,
»no vos camiaré por un emperador.»
La mía señor se va privado[28].
dexa a mí desconortado[29].
Desque la vi fuera del huerto,
por poco non fui muerto. [...]

---

[21] *oral:* velo que tapaba la boca.
[22] *alfayas:* alhajas.
[23] *man a mano:* en seguida.
[24] *toliós':* quitóse.
[25] *cuant:* cuando.
[26] *ementando:* hablando.
[27] *oram':* ahora me.
[28] *privado:* rápidamente.
[29] *desconortado:* desconsolado.

JUAN RUIZ, ARCIPRESTE DE HITA

(c. 1283-c. 1350)

CASI todo lo que sabemos de él lo sabemos por el *Libro de Buen Amor* (1330 ó 1343), obra supuestamente autobiográfica. Según parece, nació en Alcalá de Henares, estuvo preso por orden del arzobispo de Toledo y llegó a ser Arcipreste de Hita (Guadalajara). La obra está compuesta por un conjunto heterogéneo de temas y versos, entre los que predominan los de tipo doctrinal. El centro está ocupado por la historia de don Melón y doña Endrina, a la que sigue la batalla de don Carnal y doña Cuaresma. Abundan las escenas de amor mundano. Junto a los elementos cultos del mester de clerecía, se cuelan rasgos propios de la juglaría.

LIBRO DE BUEN AMOR

AQUÍ DICE DE CÓMO FUE HABLAR CON DOÑA ENDRINA EL ARCIPRESTE

¡AY! ¡Cuán hermosa viene doña Endrina por la plaza!
¡Qué talle, qué donaire, qué alto cuello de garza!
¡Qué cabellos, qué boquita, que color, qué buena
(andanza!
Con saetas de amor hiere cuando los sus ojos alza.

Pero tal lugar no era para hablar en amores:
a mí luego me vinieron muchos miedos y temblores,
los mi pies y las mis manos no eran de sí señores:
perdí seso, perdí fuerza, mudáronse mis colores.

Unas palabras tenía pensadas para decir:
el miedo a la compañía me hace otras departir,
apenas me conocía ni sabía por dónde ir,
con mi voluntad mis dichos no se podían seguir.

Hablar con mujer en plaza es cosa muy descubierta;
a veces mal atado el perro tras la puerta.
Bueno es jugar hermoso, echar una cubierta;
donde es lugar seguro bien es hablar, cosa cierta.

«Señora, mi sobrina, que en Toledo vivía,
se os encomienda mucho, mis saludos envía,
si hubiese lugar y tiempo, por lo que de vos oía,
os desea mucho ver y conoceros querría.

Querían mis parientes casarme esta sazón,
con una doncella rica, hija de don Pepión [1],
a todos respondí que no la quiero, non;
¡será mi cuerpo de aquella que tiene mi corazón!»

Bajé más la palabra, díjele que juego hablaba,
porque toda aquella gente de la plaza nos miraba;
de que vi que se habían ido, y que nadie se quedaba,
empecé a decir mi queja de amor, que me ahincaba [2]

(Faltan dos versos)
«Otro no sepa la habla; de esto juramento hagamos;
donde se cuidan los amigos, son más fieles
(entrambos.

En el mundo no hay cosa que yo ame como a vos;
tiempo ha pasado, de años más de dos,
que por vuestro amor peno; os amo más que a Dios.
No oso poner persona que lo hable entre nos.

Con la pena que paso, véngoos a decir mi queja;
vuestro amor y deseo, que me ahínca y me aqueja,
de mí no se separa, no me suelta ni deja:
tanto me da la muerte, cuanto más se me aleja.

---

[1] *don Pepión:* supuesto nombre de un personaje rico; en realidad, es una moneda española de poco valor.

[2] *ahincaba:* apremiaba.

Recelo que nos oísteis esto que os he hablado:
hablar mucho con sordo es mal seso y recado,
creed que os amo tanto que no tengo mayor
(cuidado:
esto sobre toda cosa me trae más apurado.

Señora, no me atrevo a deciros más razones.
hasta que respondáis a estas pocas cuestiones;
decidme vuestro talante[3], veremos los corazones.»
Ella dijo: «Vuestros dichos no los precio dos piñones.

Bien así engañan muchos a otras muchas Endrinas,
el hombre es engañoso y engaña a sus vecinas;
no penséis que estoy loca por oír vuestras parlinas;
buscad quién engañéis con vuestras falsas espinas.»

Yo le dije: «¡Ah, sañuda, qué hermosos trebejos![4]
Están los dedos en las manos, pero no todos parejos;
todos los hombres no somos de iguales hechos
(y consejos;
en la pelliza hay blanco y negro; pero todos son
(conejos.

Algunas veces pagan justos por pecadores,
a muchos perjudican los ajenos errores,
se da culpa de malo a buenos y mejores,
debe darse la pena a los que son sus autores.

El yerro que otro hizo a mí no me haga mal;
tened a bien que os hable allí en aquel portal:
no os vean aquí todos los que andan por la cal'[5];
aquí os dije una cosa, allí seguiré igual.»

---

[3] *talante:* pensamiento.
[4] *trebejos:* frases ingeniosas.
[5] *cal':* apócope de calle.

Paso a paso al portal doña Endrina es entrada,
bien bella y orgullosa, bien mansa y sosegada,
los ojos bajó por tierra en el poyo asentada;
yo volví a aquella habla que tenía empezada:

«Escúcheme, señora, la vuestra cortesía,
un poquillo que os diga del amor y muerte mía:
pensáis que os hablo en engaño y manía,
y no sé qué me haga contra vuestra porfía.

A Dios juro, señora, y por aquesta tierra,
que cuanto os he dicho, de la verdad no yerra;
os habéis enfriado más que nieve de sierra,
y sois tan moza, que esto me aterra.

Hablo en aventura[6] con vuestra mocedad;
pensáis que os hablo lisonja y vanidad;
no me puedo entender con vuestra chica edad;
querríais jugar a pelota, más que hablar en
(soledad. (...)

Otorgadme, señora, aquesto buenamente,
que vengáis otro día para hablar solamente;
yo pensaré en lo dicho y sabré vuestro talente,
no oso más demandar, vos venid seguramente.» (...)

Esto dijo doña Endrina, esa dueña de alabar:
«Honra y no deshonra es cuerdamente hablar;
las dueñas y mujeres deben su respuesta dar
a cualquiera que las hablare o viniera a razonar.

Cuanto a esto, os lo otorgo o a otro cualquiera:
hablad vos, salva mi honra, según vuestra manera,
de palabras en juego, dirélas si las oyera;
no os consentiré engaño en cuanto lo entendiera.

---

[6] *en aventura:* con riesgo.

Estar sola con vos, esto yo no lo haría:
no debe estar mujer sola en tal compañía:
de ahí nace mala fama y mi deshonra sería;
ante testigos que me vean, os hablaré algún día.»

«Señora, por la merced, que ahora prometéis,
no sé gracias que valgan cuantas vos merecéis:
con la merced que ahora de palabras hacéis
ninguna otra merced más valiosa es.

Pero fío de Dios que aún tiempo vendrá
que quién es el buen amigo por las obras se verá.
Querría hablar, no oso; pienso que os pesará.»
Ella dijo: «Pues decidlo, y veré cómo será.»

«Señora, que me prometáis de lo que de amor
(queremos,
que si hay lugar y tiempo cuando juntos estemos,
según yo lo deseo, vos y yo nos abracemos;
para vos no pido mucho pues con esto pasaremos.»

Esto dijo doña Endrina: «Es cosa muy probada
que por sus besos la dueña queda muy engañada.
Encendimiento grande pone el abrazar a la amada:
toda mujer es vencida en cuanto esta joya es dada.

Esto yo no os otorgo sino daros la mano.
Mi madre vendrá de misa, quiérome ir de aquí
(temprano,
no sospeche contra mí que ando con seso vano;
tiempo vendrá que podremos hablarnos este
(verano.»

Dejó de hablar mi señora, fue por donde venía.
Desde que yo nací nunca vi mejor día,
solaz tan placentero y tan gran alegría;
quísome Dios bien guiar y la ventura mía. (...)

ALFONSO ÁLVAREZ DE VILLASANDINO

(1345-*c.* 1424)

POETA del *Cancionero de Baena.* Sus primeras composiciones están en gallego y las demás en castellano. Fácil versificador, diestro en el uso de la sátira, escribió muchos poemas de encargo. Fue poeta oficial de Enrique II y de sus sucesores. Llevó una vida desordenada.

A LOS AMORES DE UNA MORA

Quien de linda se enamora,
atender deve perdón
en casso que sea mora.

El amor e la ventura
me ficieron ir mirar
muy graciosa criatura
de linaje de Aguar[1];
quien fablare verdat pura,
bien puede decir que non
tiene talle de pastora.

Linda rosa muy suave
vi plantada en un vergel,
puesta so secreta llave
de la línea de Ismael:
maguer sea cossa grave,
con todo mi corazón
la rescibo por señora.

---

[1] *Aguar:* Agar era esclava de Abraham y madre de Ismael, de quien proceden los árabes.

Mahomad el atrevido
ordenó que fuese tal,
de asseo noble, cumplido,
alvos pechos de cristal:
de alabastro muy bruñido
debié ser con gran razón
lo que cubre su alcandora[2].

Diole tanta fermosura
que non lo puedo decir;
cuantos miran su figura
todos la aman servir.
Con lindeza e apostura
vence a todas cuantas son
de alcuña[3] donde mora.

No sé hombre tan guardado
que viese su resplandor
que non fuese conquistado
en un punto de su amor.
Por haber tal gasajado
yo pornía[4] en condición
la mi alma pecadora.

---

[2] *alcandora:* camisa.
[3] *alcuña:* linaje.
[4] *pornía:* pondría.

ÍÑIGO LÓPEZ DE MENDOZA, MARQUÉS DE SANTILLANA

(1398-1458)

NACIÓ en Carrión de los Condes y murió en Guadalajara. Perteneció a una de las familias más influyentes de la época, pues era hijo del almirante de Castilla don Diego Hurtado de Mendoza y sobrino del canciller Ayala. Huérfano de padre a los siete años, intervino decididamente en la política de su tiempo, en especial contra don Álvaro de Luna. Fue un gran humanista que, aunque no conocía a fondo el latín, leía italiano, francés, gallego y catalán; llegó a tener una magnífica biblioteca. Su poesía abarca todos los géneros de la época y fue el primero en componer sonetos «fechos al itálico modo». Su *Carta Prohemio al condestable de Portugal* constituye el primer tratado de crítica literaria en castellano.

LA VAQUERA DE LA FINOJOSA

MOÇA tan fermosa
non vi en la frontera
como una vaquera
de la Finojosa[1].

Faciendo la vía
del Calatraveño
a Santa María,
vençido del sueño,
por tierra fragosa
perdí la carrera,
do vi la vaquera,
de la Finojosa.

---

[1] *Finojosa:* hoy Hinojosa. Ese lugar, lo mismo que el Calatraveño y Santa María, son lugares de la región de la Sierra, en Córdoba.

En un verde prado
de rosas e flores,
guardando ganado
con otros pastores,
la vi tan graciosa,
que apenas creyera
que fuese vaquera
de la Finojosa.

Non creo las rosas
de la primavera
sean tan fermosas
nin de tal manera,
fablando sin glosa,
si antes supiera
de aquella vaquera
de la Finojosa.

Non tanto mirara
su mucha beldad,
porque me dejara
en mi libertad.
Mas dije: «Donosa
(por saber quién era),
¿aquélla vaquera
de la Finojosa?...»

Bien como riendo,
dijo: «Bien vengades,
que ya bien entiendo
lo que demandades:
non es desseosa
de amar, nin lo espera,
aquessa vaquera
de la Finojosa.»

PROVERBIO DE AMOR

FIJO mío mucho amado,
para mientes,
e non contrastes las gentes,
mal su grado:
ama e serás amado,
e podrás
façer lo que non farás
desamado.

SONETO

CUAL se mostrava la gentil Lavina[2]
en los honrados templos de Laurencia[3],
cuando solepnizaban a Heritina[4]
las gentes de ella con toda femencia,

e cual paresce flor de clavellina
en los frescos jardines de Florencia,
vieron mis ojos en forma divina
la vuestra imagen e dina[5] presencia,

cuando la llaga o mortal ferida
llagó mi pecho con dardo amoroso:
la cual me mata en prompto e da vida,

me faze ledo[6], contento e quexoso;
alegre passo la pena indevida,
ardiendo en fuego me fallo en reposo.

---

[2] *Lavina:* en la *Eneida*, hija de Latino. Se casó con Eneas.
[3] *Laurencia:* ciudad del Lacio mencionada en la *Eneida*.
[4] *Heritina:* posiblemente Aretusa, ninfa transformada en fuente.
[5] *dina:* digna.
[6] *ledo:* alegre.

ANTÓN DE MONTORO

(c. 1404- c. 1480)

POETA converso, vivió en 1473 los motines antijudíos de Córdoba que estuvieron a punto de costarle la vida. Varios poetas contemporáneos ridiculizaron su linaje y su actividad de compraventa de ropa y objetos usados, lo que le obligó a defenderse en poemas amargos y sarcásticos.

A UNA SEÑORA MUY HERMOSA

No lo consiente firmeza
ni lo sufre la piedad:
combida con la belleza
y despedir con bondad.

Como los descaminados
siguen a tino de lumbre,
así ban los livertados
a vos dar su servidumbre;
y apenas vuestra belleza
les ha dicho: «Reposad»,
cuando les dice nobleza:
«Andad, amigos, andad.»

JUAN DE MENA

(1411-1456)

LA condición de converso de este poeta cordobés no está suficientemente probada. Fue estudiante en Salamanca, viajó a Florencia y luego fue nombrado secretario y cronista de Juan II, a quien dedica su poema alegórico el *Laberinto de Fortuna*. En las luchas de su tiempo tomó partido por don Álvaro de Luna y la monarquía. Su fama alcanzó también a sus poemas breves, satíricos o amorosos, que se caracterizan por su intelectualismo y su tònos más desesperados.

CANCIÓN [1]

OIGA tu merced y crea,
¡ay de quien nunca te vido!,
hombre que tu gesto vea,
nunca puede ser perdido.

Pues tu vista me salvó,
cesse tu saña tan fuerte;
pues que, señora, de muerte
tu figura me libró,
bien dirá cualquiera que sea,
sin temor de ser vencido:
hombre que tu gesto vea,
nunca puede ser perdido.

---

[1] Esta canción, como otras del siglo XV, ha sido interpretada alternativamente como dedicada a la Virgen o a una mujer.

GÓMEZ MANRIQUE

(c. 1412-1490)

NACIÓ en Amusco (Palencia) este poeta y dramaturgo que era sobrino del Marqués de Santillana. Tomó parte en las luchas de su tiempo contra don Álvaro de Luna y Juan II; a la muerte de éstos, luchó contra Enrique IV, y luego a favor de Isabel la Católica contra la Beltraneja. Desde 1474, como corregidor de Toledo, donde murió, se distinguió por su decidido apoyo a los conversos. Su obra poética, muy variada, peca a menudo de excesiva erudición; pero en los poemas breves despunta frecuentemente una sencilla emotividad. De gran importancia es su contribución al teatro cortesano.

A UNA DAMA QUE IVA CUBIERTA

EL coraçón se me fue
donde vuestro vulto vi,
e luego vos conoscí
al punto que vos miré;
que no pudo fazer tanto,
por mucho que vos cubriese,
aquel vuestro negro manto,
que no vos reconosciese.

Que debaxo se mostrava
vuestra gracia y gentil aire,
y el cubrir con buen donaire
todo lo magnifestava;
así que con mis enojos
e muy grande turbación
allá se fueron mis ojos
do tenía el coraçón.

JUAN RODRÍGUEZ DEL PADRÓN

(*c.* 1390 - 1450)

TAMBIÉN conocido como Juan Rodríguez de la Cámara, fue quizá paje de Juan II. Sirvió al cardenal Cervantes, a quien acompañó al Concilio de Basilea. Su indiscreción contando sus amores provocó el desprecio de su amada, por lo que se retiró a Galicia o ingresó en una orden religiosa. Su figura adquirió un carácter legendario de trovador enamorado. Se le conoce especialmente por su novela sentimental *Siervo libre de amor.*

CANCIÓN

VIVE leda si podrás,
y no penes atendiendo,
que según peno partiendo,
ya no espero que jamás
te veré ni me verás.

¡Oh dolorosa partida!
¡Oh triste amador que pido
licencia, que me despido
de tu vista y de mi vida!
El trabajo perderás
en haver de mí más cura:
según que mi gran tristura
ya no espero que jamás
te veré ni me verás.

JORGE MANRIQUE

(*c.* 1440-1479)

NATURAL de Paredes de Nava (Palencia), era hijo de don Rodrigo Manrique, maestre de Santiago, y sobrino del dramaturgo Gómez Manrique. Repartió su corta vida entre el cultivo de las armas y las letras. Tomó parte en las luchas de su tiempo en el bando del príncipe Alfonso y luego de Isabel la Católica. Aunque su producción de poesía cortesana es breve y su calidad apenas supera la de otros muchos contemporáneos, merece un lugar muy destacado en nuestra literatura por los 480 versos de las *Coplas a la muerte de su padre.* Murió de las heridas recibidas en el asalto al castillo de Garcimuñoz, defendiendo el campo de Calatrava contra el marqués de Villena, enemigo de la reina.

DIZIENDO QUÉ COSA ES AMOR

Es amor fuerça tan fuerte,
que fuerça toda razón;
una fuerça de tal suerte,
que todo seso convierte
en su fuerça y afición;

una porfía forçosa
que no se puede vencer,
cuya fuerça porfiosa
hazemos más poderosa
queriéndonos defender.

Es plazer en c'ay[1] dolores,
dolor en c'ay alegría,
un pesar en c'ay dulçores,
un esfuerço en c'ay temores,
temor en c'ay osadía;

[1] *c'ay:* que hay.

un plazer en c'ay enojos,
una gloria en c'ay passión,
una fe en c'ay antojos,
fuerça que hacen los ojos
al seso y al coraçón.

Es un catividad[2]
sin parescer[3] las prisiones;
un robo de libertad,
un forzar de voluntad
donde no valen razones;

una sospecha celosa
causada por el querer,
una rabia desseosa
que no sabe qu'es la cosa
que dessea tanto ver.

Es un modo de locura
con las mudanças[4] que haze:
una vez pone tristura,
otra vez causa holgura[5]:
como lo quiere y le plaze.

Un deseo que al ausente
trabaja, pena y fatiga;
un recelo que al presente
haze callar lo que siente,
temiendo pena que diga.

---

[2] *catividad:* en la línea cortesana del siglo xv es habitual concebir el amor como una cárcel.

[3] *parescer:* manifestarse.

[4] *mudanças:* cambios afectivos.

[5] *holgura:* holganza, sosiego.

FIN

Todas estas propiedades
tiene el verdadero amor.
El falso, mil falsedades,
mil mentiras, mil maldades,
como fengido traidor.

El toque para tocar[6]
cuál amor es bien forjado,
es sofrir el desamar,
que no puede comportar
el falso sobredorado[7].

CANCIONES

QUIEN tanto veros dessea,
señora, sin conosceros,
¿qué hará, después que os vea,
cuando no pudiere veros?

Gran temor tiene mi vida
de mirar vuestra presencia,
pues amor en vuestra ausencia
me hirió de tal herida.
Aunque peligrosa sea,
delibro[8] de conosceros,
y si muero porque os vea,
la victoria será veros.

---

[6] *toque* y *tocar:* ambas palabras están con la acepción de *tocar,* "examinar los metales en la piedra de toque para saber su calidad y quilates".

[7] *sobredorado:* lo que cubre los metales.

[8] *delibro:* de *deliberar,* con el significado de resolver una cosa con premeditación.

* * *

Justa fue mi perdición,
de mis males soy contento;
no se espera galardón,
pues vuestro merescimiento
satisfizo mi passión.

Es victoria conoscida
quien de vos queda vencido,
que en perder por vos la vida
es ganado lo perdido.
Pues lo consiente razón,
consiento mi perdimiento
sin esperar galardón,
pues vuestro merescimiento
satisfizo mi passión.

FLORENCIA PINAR

(Segunda mitad del s. XV)

EN varios cancioneros del siglo XV y principios del XVI encontramos seis poemas de atribución segura a Florencia Pinar, una de las pocas escritoras conocidas del siglo XV. Esta canción, que tomamos del *Cancionero general* (1511), encubre el deseo sexual de la autora al identificarse implícitamente con las perdices, aves que figuran en bestiarios medievales como emblema de lujuria.

[OTRA CANCIÓN DE LA MISMA SEÑORA A UNAS PERDIZES QUE LE EMBIARON BIVAS]

D'ESTAS aves su nación [1]
es cantar con alegría,
y de vellas en prisión
siento yo grave passión,
sin sentir nadie la mía.

Ellas lloran que se vieron
sin temor de ser cativas,
y a quien eran más esquivas
essos mismos las prendieron.
Sus nombres mi vida son [2],
que va perdiendo alegría,
y de vellas en prisión
siento yo grave passión,
sin sentir nadie la mía.

---

[1] *nación:* aún hoy esta palabra conserva la acepción de "naturaleza originaria" que tiene aquí.

[2] Obsérvese el juego de palabras entre *perdiz* y *perder.*

GARCI SÁNCHEZ DE BADAJOZ

(c. 1450-c. 1520)

AUNQUE vivió en Badajoz, nació probablemente en Écija (Sevilla). Fue un hombre agudo y chistoso al que, según parece, la pasión amorosa le llevó a la locura. En su *Cancionero* predomina el tema del amor.

COPLA

EN dos prisiones estó
que me atormentan aquí:
la una me tiene a mí,
y a la otra la tengo yo.

Y aunque de la una pueda,
que me tiene, libertarme,
de la otra que me queda
jamás espero soltarme.
Ya no espero, triste, no,
verme libre cual nací,
que aunque me suelten a mí,
no puedo soltarme yo.

JUAN DEL ENCINA

(1468-1529 o1530)

NACIÓ en Salamanca, en cuya Universidad estudió. En 1492 entró al servicio de los duques de Alba como encargado de sus funciones teatrales y musicales. Al no obtener un puesto de cantor en la Catedral de Salamanca, se trasladó a Roma donde su carácter jovial y desenvuelto le permitió ganarse la protección de los papas Alejandro VI y Julio II. Vino varias veces a España, y en 1519, tras ordenarse sacerdote, peregrinó a Tierra Santa. En 1523 residía ya en León, donde murió.

VILLANCICO

¡No te tardes, que me muero,
carcelero,
no te tardes, que me muero!

Apresura tu venida
porque no pierda la vida,
que la fe no está perdida.
¡Carcelero,
no te tardes, que me muero!

Bien sabes que la tardanza
trae gran desconfianza:
ven y cumple mi esperanza
¡Carcelero,
no te tardes, que me muero!

Sácame desta cadena,
que recibo muy gran pena,
pues tu tardar me condena.
¡Carcelero,
no te tardes, que me muero!

La primera vez que me viste
sin te vencer me venciste;
suéltame, pues me prendiste.
¡Carcelero,
no te tardes, que me muero!

La llave para soltarme
ha de ser galardonarme,
proponiendo no olvidarme.
¡Carcelero,
no te tardes, que me muero!

Y siempre cuanto vivieres
haré lo que tú quisieres,
si merced hacerme quieres,
¡Carcelero,
no te tardes, que me muero!

GIL VICENTE

(*c.* 1465-*c.* 1537)

NACIÓ en Portugal, aunque no se sabe si en Lisboa, Barcelos o Guimarães. Fue orfebre, músico, actor y dramaturgo, además de poeta. Quizá tenía también estudios de Derecho. Su actividad teatral estuvo vinculada a las cortes portuguesas, bilingües, de Manuel I y Juan III. Sus composiciones líricas están basadas a menudo en villancicos castellanos; están insertas en las cuarenta y dos piezas teatrales que conservamos, de las que once están escritas enteramente en castellano.

VILLANCICOS

Dicen que me case yo:
no quiero marido, no.

Más quiero vivir segura
n'esta tierra a mi soltura,
que no estar en ventura
si casaré bien o no.
Dicen que me case yo:
no quiero marido, no.

Madre, no seré casada
por no ver vida cansada,
o quizá mal empleada
la gracia que Dios me dio.
Dicen que me case yo:
no quiero marido, no.

No será ni es nacido
tal para ser mi marido;
y pues que tengo sabido
que la flor yo me la só.
Dicen que me case yo:
no quiero marido, no.

* * *

Muy graciosa es la doncella,
¡cómo es bella y hermosa!

Digas tú, el marinero
que en las naves vivías,
si la nave o la vela o la estrella
es tan bella.

Digas tú, el caballero
que las armas vestías,
si el caballo o las armas o la guerra
es tan bella.

Digas tú, el pastorcico
que el ganadico guardas,
si el ganado o los valles o la sierra
es tan bella.

ROMANCERO TRADICIONAL

ESTÁ definitivamente probado que los romances proceden de la desmembración de los cantares de gesta medievales, y no al revés, como pretendía la crítica romántica. Ya el Marqués de Santillana en su *Carta Prohemio,* hacia 1445, hablaba de aquellos «romances e cantares de que las gentes de baxa e servil condición se alegran». Aunque es imposible precisar cuándo nacen los romances tradicionales, por su condición de poesía oral y anónima, sabemos que hacia 1420 ya se copiaban, y que a finales del siglo XV se ponen muy de moda entre los poetas cultos y éstos los recogen y los imitan. Hay un tipo de romances específicamente líricos, pero el tema amoroso aparece de una u otra forma en prácticamente todos los ciclos de los romances viejos.

LA MISA DEL AMOR

MAÑANITA de San Juan,
mañanita de primor,
cuando damas y galanes
van a oír misa mayor.
Allá va la mi señora,
entre todas la mejor;
viste saya sobre saya,
mantellín de tornasol,
camisa con oro y perlas
bordada en el cabezón.
En la su boca muy linda
lleva un poco de dulzor;
en la su cara tan blanca,
un poquito de arrebol,
y en los sus ojuelos garzos
lleva un poco de alcohol;
así entraba por la iglesia

relumbrando como el sol.
Las damas mueren de envidia,
y los galanes de amor.
El que cantaba en el coro,
en el credo se perdió;
el abad que dice misa,
ha trocado la lición;
monacillos que le ayudan,
no aciertan responder, non,
por decir amén, amén,
decían amor, amor.

ROMANCE DE LA GUIRNALDA

—Esa guirnalda de rosas,
hija, ¿quién te la endonara?
—Donómela un caballero
que por mi puerta pasara;
tomárame por la mano,
a su casa me llevara,
en un portalico oscuro
conmigo se deleitara,
echóme en cama de rosas
en la cual nunca fui echada,
hízome —no sé qué hizo—
que d'el vengo enamorada:
traigo, madre, la camisa
de sangre toda manchada.
—¡Oh sobresalto rabioso,
que mi ánima es turbada!
Si dices verdad, mi hija,
tu honra no vale nada:
que la gente es maldiciente,
luego serás deshonrada,
—Calledes, madre, calledes,
calléis, madre muy amada,
que más vale un buen amigo
que no ser mal maridada.
Dame un buen amigo, madre,

buen mantillo y buena saya;
la que cobra mal marido
vive mal aventurada.
—Hija, pues queréis así,
tú contenta, yo pagada.

ROMANCE DE LA BELLA MALMARIDADA

—«LA bella malmaridada
de las lindas que yo vi,
véote tan triste enojada;
la verdad dila tú a mí.
Si has de tomar amores
por otro, no dejes a mí,
que a tu marido, señora,
con otras dueñas lo vi,
besando y retozando:
mucho mal dice de ti;
juraba y perjuraba
que te había de ferir.»

Allí habló la señora,
allí habló, y dijo así:
—«Sácame tú, el caballero,
tú sácasesme de aquí;
por las tierras donde fueres
bien te sabría yo servir;
yo te haría bien la cama
en que hayamos de dormir,
yo te guisaré la cena
como a caballero gentil,
de gallinas y capones
y otras cosas más de mil;
que a este mi marido
ya no lo puedo sufrir,
que me da muy mala vida
cual vos bien podéis oír.»

Ellos en aquesto estando
su marido helo aquí:

—«¿Qué hacéis, mala traidora?
¡Hoy habedes de morir!»
—«¿Y por qué, señor? ¿Por qué?
que nunca os lo merecí;
que nunca besé a hombre,
mas hombre besó a mí;
las penas que él merecía,
señor, dadlas vos a mí
con riendas de tu caballo,
señor, azotes a mí;
con cordones de oro y sirgo
viva ahorques a mí.
En la huerta de los naranjos
viva entierres tú a mí,
en sepoltura de oro
y labrada de marfil;
y pongas encima un mote,
señor, que diga así:
Aquí está la flor de las flores,
por amores murió aquí:
cualquier que muere de amores
mándese enterrar aquí,
que así hice yo, mezquina,
que por amar me perdí.»

ROMANCE DEL AMOR MÁS PODEROSO QUE LA MUERTE

CONDE niño por amores
es niño y pasó la mar;
va a dar agua a su caballo
la mañana de San Juan.
Mientras el caballo bebe,
él canta dulce cantar,
todas las aves del cielo
se paraban a escuchar,
caminante que camina
olvida su caminar,

navegante que navega
la nave vuelve hacia allá.

La reina estaba labrando,
la hija durmiendo está:
—Levantaos, Albaniña,
de vuestro dulce folgar,
sentiréis cantar hermoso
la sirenita del mar.
—No es la sirenita, madre,
la de tan bello cantar,
si no es el conde Niño
que por mí quiere finar.
¡Quién le pudiese valer
en su tan triste penar!
—Si por tus amores pena,
¡oh, mal haya su cantar!,
y porque nunca los goce,
yo le mandaré matar.
—Si le manda matar, madre,
juntos nos han de enterrar.

Él murió a la medianoche,
ella a los gallos cantar;
a ella, como hija de reyes,
la entierran en el altar;
a él, como hijo de conde,
unos pasos más atrás.
Della nació un rosal blanco,
d'él nació un espino albar;
crece el uno, crece el otro,
los dos se van a juntar,
las ramitas que se alcanzan
fuertes abrazos se dan,
y las que no se alcanzaban
no dejan de suspirar.
La reina, llena de envidia,
ambos los mandó cortar;
el galán que los cortaba
no cesaba de llorar.

Della naciera una garza,
d'él un fuerte gavilán,
juntos vuelan por el cielo,
juntos vuelan par a par.

ME CASÓ MI MADRE

ME casó mi madre
chiquitita y bonita,
con unos amores
que yo no quería.
La noche de novios
entraba y salía.
Le seguí los pasos
por ver dónde iba,
y le veo entrar
en ca su querida.
Me puse a escuchar
a ver qué decían,
y oigo que le dice:
—«Palomita mía,
a ti he de comprarte
sayas y mantillas,
y a la otra mujer
palo y mala vida.»
Me fui para casa
triste y afligida;
púseme a cenar,
cenar no podía;
me puse a coser,
coser no podía,
me puse a rezar,
rezar no podía;
me puse al balcón
por ver si venía.
Ya escuché su pasos
por la calle arriba.
Llegóse a la puerta,
llamando decía:

—«Ábreme la puerta,
abre, vida mía,
que vengo cansado
de ganar la vida.»
—«Tú vienes, traidor,
de ver la querida;
bien te oía decirle:
—Palomita mía,
a ti he de comprarte
sayas y mantillas,
y a la otra mujer
palo y mala vida.»

LÍRICA TRADICIONAL

LAS afinidades temáticas y estilísticas de la lírica tradicional castellana con las jarchas y con la lírica galaico-portuguesa han hecho pensar en algún parentesco entre estos tres focos culturales. Aunque resulta muy difícil datar su origen, en algunos cancioneros musicales de finales del siglo XV abundan ya las piezas de poesía tradicional. Como en los siglos XVI y XVII va a proliferar el cultivo y difusión de esta poesía, la repartimos en tres partes en función de la época en que está documentada. Por la sencillez y emoción de sus versos, es hoy la lírica medieval más preciada.

AL alba venid, buen amigo,
al alba venid.

Amigo el que yo más quería,
venid al alba del día.

(Amigo el que yo más quería,
venid a la luz del día).

Amigo el que yo más amaba,
venid a la luz del alba.

Venid a la luz del día,
non trayáis compañía.

Venid a la luz del alba,
non traigáis gran compaña.

* * *

Ya cantan los gallos,
buen amor, y vete,
cata que amanece.

* * *

En Ávila, mis ojos,
dentro en Ávila.

En Ávila del Río
mataron mi amigo.
Dentro en Ávila.

* * *

¡Ay, que non hay, mas ay, que non era
quien de mi pena se duela!

Madre, la mi madre,
el mi lindo amigo
moricos de allende
lo llevan cativo;
cadenas de oro,
candado morisco.

¡Ay, que non hay, mas ay, que non era
quien de mi pena se duela!

* * *

A aquel caballero, madre,
que de amores me fabló
más que a mí le quiero yo.

* * *

A sombra de mis cabellos
se adurmió:
¿si le recordaré yo?

* * *

Lo que demanda el romero, madre,
Lo que demanda no se lo dan.

A las puertas de su amiga
una limosna de amor pedía.
Lo que demanda no se lo dan.

RENACIMIENTO
(Siglo XVI)

FRANCISCO LÓPEZ DE VILLALOBOS

(*c.* 1473-*c.* 1549)

ESTE excelente humanista de origen judío, nacido en Zamora, fue médico del duque de Alba, de Fernando el Católico y de Carlos V. Además de sus ingeniosas poesías cortesanas, publicó en Salamanca un *Sumario de la Medicina* en coplas de arte mayor y también comentarios a los dos primeros libros de Plinio.

UN CORTESANO, ESTANDO PENSATIVO, FUE PREGUNTADO POR SU DAMA QUE EN QUÉ PENSABA, Y ÉL LE RESPONDIÓ ESTE MOTE:

Pienso que mi pensamiento
no piensa que pienso yo.

GLOSA

Si por pensar enojaros
pensase no aborresceros,
pensaría en no quereros
por no pensar desamaros;
más pensando en mi tormento,
sin pensar por dónde vo,
pienso que mi pensamiento
no piensa que pienso yo.

JUAN BOSCÁN

(1487/1492-1542)

NACIÓ en Barcelona este poeta, de familia aristocrática con larga tradición literaria. Huérfano de padre desde la niñez, se educó con su madre y, al parecer, con Lucio Marineo Sículo. Sirvió en la corte del Rey Católico y participó en la expedición a la isla de Rodas (1522). Fue amigo de Diego Hurtado de Mendoza y de Andrea Navagero, embajador de Venecia en España, quien le dijo «por qué no probaba en lengua castellana sonetos y otras artes de trovas usadas por los buenos autores de Italia». Su estrecha amistad con Garcilaso de la Vega dio lugar a que se produjera el cambio de rumbo más importante en la poesía española, especialmente en la amorosa. En 1532, Boscán acompañó a Carlos V en la defensa de Viena. La viuda del poeta, Ana Girón de Rebolledo, aunque no editó la obra de su esposo, contra lo que habitualmente se dice, pidió la aprobación del libro en el que aparecen junto a las de Garcilaso (Barcelona, 1543).

VILLANCICO

SI no os hubiera mirado,
no penara,
pero tampoco os mirara.

Veros harto mal ha sido,
mas no veros peor fuera;
no quedara tan perdido,
pero mucho más perdiera.
¿Qué viera aquel que no os viera?
¿Cuál quedara,
señora, si no os mirara?

SONETO

Si las penas que dais son verdaderas,
como muy bien lo sabe el alma mía,
¿por qué ya no me acaban, y sería
sin ellas mi morir muy más de veras?

Mas si por dicha son tan lisonjeras,
que quieren retozar con mi alegría,
decid, ¿por qué me matan cada día
con muerte de dolor de mil maneras?

Mostradme este secreto ya, señora,
y sepa yo de vos, pues por vos muero,
si aquesto que padezco es muerte o vida:

porque siéndome vos la matadora,
mayor gloria de pena ya no quiero
que poder yo tener tal homicida.

CRISTÓBAL DE CASTILLEJO

(c. 1494-1550)

NACIDO en Ciudad Rodrigo (Salamanca), se hizo cartujo de la orden cisterciense y fue secretario del rey de Bohemia. Aunque vivió en pleno Renacimiento, defendió con empeño la poesía cortesana en octosílabos, satirizando a los poetas italianistas.

VILLANCICO

Aquí no hay
sino ver y desear;
aquí no veo
sino morir con deseo.

Madre, un caballero
que estaba en este corro
a cada vuelta
haciame del ojo.
Yo, como era bonica,
teníaselo en poco.

Madre, un escudero
que estaba en esta baila
a cada vuelta
asíame de la manga.
Yo, como soy bonica,
teníaselo en nada.

GARCILASO DE LA VEGA

(*c.* 1501-1536)

DE noble familia toledana, ya en 1520 estaba al servicio de Carlos V. Participó, como Boscán, en la expedición a Rodas (1522) y luego en otras campañas imperiales por Europa. En 1525 se casa con Elena de Zúñiga; al poco tiempo se enamoró de Isabel de Freyre (Elisa en sus versos), dama portuguesa de la emperatriz Isabel que no correspondió al poeta. A pesar de la intercesión del duque de Alba, Carlos V lo desterró a una isla del Danubio por haber sido testigo en una boda que el Emperador no aprobaba. Perdonado al fin, marchó a Nápoles, donde participó en la vida social y literaria, y donde tuvo amores con una mujer desconocida. Fue hombre agraciado moral, física e intelectualmente. Herido de muerte en el asalto al castillo de Muy, cerca de Fréjus (Provenza), murió dos semanas más tarde en Niza, asistido por San Francisco de Borja. Dejó tres églogas, dos elegías, una epístola, cinco canciones, treinta y ocho sonetos, además de algunas coplas de arte menor y unas composiciones en latín. Su mérito más destacado es el de haber empleado magistralmente, en la lengua castellana, las formas italianas.

ÉGLOGA I
(Fragmentos)

Salicio

«¡OH más dura que mármol a mis quejas,
y al encendido fuego en que me quemo
más helada que nieve, Galatea!
Estoy muriendo y aun la vida temo;
témola con razón, pues tú me dejas;
que no hay, sin ti, el vivir para qué sea.
Vergüenza he que me vea
ninguno en tal estado,
de ti desamparado,

y de mí mismo yo me corro ahora.
¿De un alma te desdeñas ser señora
donde siempre moraste, no pudiendo
della salir un hora?
Salid sin duelo, lágrimas corriendo.

El sol tiende los rayos de su lumbre
por montes y por valles, despertando
las aves y animales y la gente:
cuál por el aire claro va volando,
cuál por el verde valle o alta cumbre
paciendo va segura y libremente:
cuál por el sol presente,
va de nuevo al oficio,
y al usado ejercicio
do su natura o menester le inclina:
siempre está en llanto esta ánima mezquina,
cuando la sombra el mundo va cubriendo,
o la luz se avecina.
Salid sin duelo, lágrimas, corriendo.

Por ti el silencio de la selva umbrosa,
por ti la esquividad y apartamiento
del solitario monte me agradaba;
por ti la verde hierba, el fresco viento,
el blanco lirio y colorada rosa
y dulce primavera deseaba.
¡Ay cuánto me engañaba!
¡Ay, cuán diferente era
y cuán de otra manera
lo que en tu falso pecho se escondía!
Bien claro con su voz me lo decía
la siniestra corneja repitiendo
la desventura mía.
Salid sin duelo, lágrimas, corriendo.

¡Cuántas veces durmiendo en la floresta,
reputándolo yo por desvarío,
vi mi mal entre sueños desdichado!
Soñaba que en el tiempo del estío

llevaba, por pasar allí la siesta,
a beber en el Tajo mi ganado;
y después de llegado
sin saber de cuál arte,
por desusada parte
y por nuevo camino el agua se iba;
ardiendo yo con la calor estiva,
el curso enajenado iba siguiendo
del agua fugitiva.
Salid sin duelo, lágrimas, corriendo.

Tu dulce habla, ¿en cúya oreja suena?
Tus claros ojos, ¿a quién los volviste?
¿Por quién tan sin respeto me trocaste?
Tu quebrantada fe ¿dó la pusiste?
¿Cuál es el cuello que, como en cadena,
de tus hermosos brazos anudaste?
No hay corazón que baste,
aunque fuese de piedra,
viendo mi amada yedra,
de mí arrancada, en otro muro asida,
y mi parra en otro olmo entretejida,
que no se esté con llanto deshaciendo
hasta acabar la vida.
Salid sin duelo, lágrimas, corriendo. [...]

Con mi llorar las piedras enternecen
su natural dureza y la quebrantan,
los árboles parece que se inclinan;
las aves que me escuchan, cuando cantan,
con diferente voz se condolecen,
y mi morir cantando me adivinan.
Las fieras que reclinan
su cuerpo fatigado,
dejan el sosegado
sueño por escuchar mi llanto triste.
Tú sola contra mí te endureciste,
los ojos aun siquiera no volviendo
a lo que tú hiciste.
Salid sin duelo, lágrimas, corriendo.

SONETOS

I

CUANDO me paro a contemplar mi estado,
y a ver los pasos por do me han traído,
hallo, según por do anduve perdido,
que a mayor mal pudiera haber llegado;

mas cuando del camino estó olvidado,
a tanto mal no sé por dó he venido;
sé que me acabo, y más he yo sentido
ver acabar conmigo mi cuidado.

Yo acabaré, que me entregué sin arte
a quién sabrá perderme y acabarme,
si quisiere, y aun sabrá querello;

que pues mi voluntad puede matarme,
la suya, que no es tanto de mi parte,
pudiendo, ¿qué hará sino hacello?

V

ESCRITO está en mi alma vuestro gesto
y cuanto yo escribir de vos deseo
vos sola lo escribistes, yo lo leo
tan solo, que aun de vos me guardo en esto.

En esto estoy y estaré siempre puesto;
que aunque no cabe en mí cuanto en vos veo,
de tanto bien lo que no entiendo creo,
tomando ya la fe por presupuesto.

Yo no nací sino para quereros;
mi alma os ha cortado a su medida;
por hábito del alma misma os quiero;

cuanto tengo confieso yo deberos;
por vos nací, por vos tengo la vida,
por vos he de morir y por vos muero.

XI

Hermosas ninfas, que en el río metidas,
contentas habitáis en las moradas
de relucientes piedras fabricadas
y en columnas de vidrio sostenidas;

agora estéis labrando embebescidas,
o tejiendo las telas delicadas;
agora unas con otras apartadas,
contándoos los amores y las vidas,

dejad un rato la labor, alzando
vuestras rubias cabezas a mirarme,
y no os detendréis mucho según ando;

que o no podréis de lástima escucharme,
o convertido en agua aquí llorando,
podréis allá despacio consolarme.

XXIII

En tanto que de rosa y de azucena
se muestra la color en vuestro gesto,
y que vuestro mirar ardiente, honesto,
con clara luz la tempestad serena;

y en tanto que el cabello, que en la vena
del oro se escogió, con vuelo presto,
por el hermoso cuello blanco, enhiesto,
el viento mueve, esparce y desordena;

coged de vuestra alegre primavera
el dulce fruto, antes que el tiempo airado
cubra de nieve la hermosa cumbre.

Marchitará la rosa el viento helado,
todo lo mudará la edad ligera
por no hacer mudanza en su costumbre.

ANTONIO DE VILLEGAS

(† 1550)

ES autor de una obra miscelánea, *Inventario* (Medina del Campo, 1565), que contiene elementos muy heterogéneos: sonetos, canciones y glosas, una *Historia de Píramo y Tisbe,* la novela morisca *Abindarráez y la hermosa Jarifa,* y otra de tipo sentimental y pastoril, *Ausencia y soledad de amor.*

CANCIÓN

¡OH ansias de mi pasión;
dolores que en venir juntos
habéis quebrado los puntos
de mi triste corazón!

Con dos prisiones nos ata
el amor cuando se enciende:
hermosura es la que prende,
y la gracia es la que mata.
Ya mi alma está en pasión;
los miembros tengo difuntos
en ver dos contrarios juntos
contra un triste corazón.

SANTA TERESA DE JESÚS

(1515-1582)

NACIDA en Ávila, desde los veinte años dedicó su vida a la reforma de la orden carmelita para recuperar la severidad y pureza primitivas. Sus incesantes viajes para reformar o fundar nuevos conventos por las tierras de Castilla y Andalucía no fueron obstáculo para vivir la experiencia mística. Aunque la auténtica capacidad poética de Santa Teresa hay que buscarla en la prosa, media docena de poemas amorosas —algunos de dudosa atribución— nos revelan su experiencia mística.

GLOSA SOBRE LAS PALABRAS

YA toda me entregué y di,
y de tal suerte he trocado,
que mi Amado es para mí
y yo soy para mi Amado.

Cuando el dulce Cazador
me tiró y dejó rendida,
en los brazos del amor
mi alma quedó caída,
y cobrando nueva vida
de tal manera he trocado,
que mi Amado es para mí
y yo soy para mi Amado.

Tiróme con una flecha
enarbolada de amor
y mi alma quedó hecha
una con su Criador;

ya yo no quiero otro amor,
pues a mi Dios me he entregado,
que mi Amado es para mí
y yo soy para mi Amado.

HERNANDO DE ACUÑA

(1520-1580)

POETA y soldado de Valladolid, amigo de Garcilaso, luchó en el Piamonte contra los enemigos del Emperador y estuvo prisionero en Niza durante cuatro meses. Figuró en numerosas misiones en Italia y África. Murió en Granada. Sus obras fueron publicadas por su viuda en Madrid (1591) con el título de *Varias poesías.*

SONETOS

CUANDO era nuevo el mundo y producía
gentes, como salvajes, indiscretas,
y el cielo dio furor a los poetas
y el canto con el vulgo los seguía,

fingiendo dios a Amor y que tenía
por armas fuego, red, arco y saetas,
porque las fieras gentes no sujetas
se allanasen al trato y compañía.

Después, viniendo a más razón los hombres,
los que fueron más sabios y constantes
al Amor figuraron niño y ciego:

para mostrar que dél y destos nombres
les viene por herencia a los amantes
simpleza, ceguedad, desasosiego.

* * *

Como vemos que un río mansamente,
por do no halla estorbo, sin sonido
sigue su natural curso seguido
tal que aun apenas murmurar se siente;

pero si topa algún inconveniente
rompe con fuerza y pasa con rüido,
tanto que de muy lejos es sentido
el alto y gran rumor de la corriente;

por sosegado curso semejante
fueron un tiempo mis alegres días,
sin que queja o pasión de mí se oyese;

mas como se me puso Amor delante,
la gran corriente de las ansias mías
fue fuerza que en el mundo se sintiese.

GUTIERRE DE CETINA

(a. de 1520- *c.* 1557)

NACIÓ en Sevilla en el seno de una familia de conversos, y allí adquirió una sólida formación clásica. Al servicio del Emperador participó en las campañas de Italia y Alemania y en la expedición a Túnez. En 1546 marchó a las Indias, siendo gravemente herido en Puebla de los Ángeles. Apareció muerto misteriosamente una mañana en su lecho en México. Tuvo amores con varias damas ilustres, pero no sabemos cuál de ellas le inspiró el famoso madrigal «Ojos claros, serenos...».

MADRIGAL

OJOS claros, serenos,
si de un dulce mirar sois alabados,
¿por qué, si me miráis, miráis airados?
Si cuanto más piadosos
más bellos parecéis a aquel que os mira,
no me miréis con ira
porque no parezcáis menos hermosos.
¡Ay, tormentos rabiosos!
Ojos claros, serenos,
ya que así me miráis, miradme al menos.

SONETO

ENTRE armas, guerra, fuego, ira y furores,
que al soberbio francés tienen opreso,
cuando el aire es más turbio y más espeso,
allí me aprieta el fiero ardor de amores.

Miro el cielo, los árboles, las flores,
y en ellos hallo mi dolor expreso;
que en el tiempo más frío y más avieso
nacen y reverdecen mis temores.

Digo llorando: «¡Oh dulce primavera!,
¿cuándo será que a mi esperanza vea,
verde, prestar el alma algún sosiego?»

Mas temo que mi fin mi suerte fiera
tan lejos de mi bien quiere que sea
entre guerra y furor, ira, armas, fuego.

JORGE DE MONTEMAYOR

(*c.* 1520-*c.* 1561)

DE origen portugués, fue cantor de la capilla de la infanta María, hermana de Felipe II. Probablemente acompañó a Felipe II a Inglaterra (1554), de donde marcharía luego a Flandes. Parece que fue asesinado en el Piamonte por asuntos amorosos. Cultivó tanto la poesía tradicional como la italianista, pero su fama le viene sobre todo de su novela pastoril *Los siete libros de Diana.*

VILLANCICO AJENO

VÉANTE mis ojos,
y muérame yo luego,
dulce amor mío
y lo que yo más quiero.

GLOSA DE MONTEMAYOR

A trueque de verte
la muerte me es vida;
si fueres servida,
mejora mi suerte,
que no será muerte
si en viéndote muero,
dulce amor mío
y lo que yo más quiero.

¿Do está tu presencia?
¿Por qué no te veo?
¡Oh cuánto un deseo
fatiga en ausencia!

Socorre, paciencia,
que yo desespero
por el amor mío
y lo que yo más quiero.

SONETO

¿QUÉ pude ser, señora, antes que os viese,
pues viéndoos cobré el ser que no tenía?
¿Qué pudo ser sin vos el alma mía,
o qué sería de mí si así no fuese?

Según ahora me siento, aunque viviese,
no era el alma, no, por quien vivía,
que un natural instinto me regía,
hasta que vuestro rostro ver pudiese.

Y viendo el resplandor y hermosura
dei rostro transparente y delicado
do tanta perfición pintó natura.

de vos recebí un ser tan extremado,
que no pudiendo haber en mí mal cura
lo sufro y me sustento en mi cuidado.

LUIS DE CAMÕES

(*c.* 1525-1580)

LISBOA, Coimbra y Évora se disputan haber sido la cuna del poeta. Estudió en Coimbra hasta 1542, fue cortesano de Juan III y fue desterrado por unas alusiones literarias. Residió en la India, sufrió penurias y naufragios. La publicación de su obra *Os Lusiadas* a su regreso a Portugal (1572) le consagró como figura cumbre de la literatura portuguesa. Practicó la poesía tradicional y la petrarquista tanto en portugués como en castellano.

SONETO

ONDAS que por el mundo caminando
contino vais llevadas por el viento,
llevad envuelto en vos mi pensamiento,
do está la que do está lo está causando.

Dicilde que os estoy acrescentando,
dicilde que de vida no hay momento,
dicilde que no muere mi tormento,
dicilde que no vivo ya esperando,

dicilde cuán perdido me hallastes,
dicilde cuán ganado me perdistes,
dicilde cuán sin vida me matastes,

dicilde cuán llagado me feristes,
dicilde cuán sin mí que me dejastes,
dicilde cuán con ella que me vistes.

MOTE

Irme quiero, madre,
a aquella galera,
con el marinero
a ser marinera.

VOLTAS

Madre, si me fuere,
do quiera que vo,
no lo quiero yo,
que el Amor lo quiere.
Aquel niño fiero
hace que me muera
por un marinero
a ser marinera.

Él, que todo puede,
madre, no podrá,
pues el alma va,
que el cuerpo se quede.
Con él, por quien muero
voy, porque no muera:
que si es marinero,
seré marinera.

Es tirana ley
del niño señor
que por un amor
se deseche un rey.
Pues desta manera
quiero irme, quiero
por un marinero
a ser marinera.

Decid, ondas, ¿cuándo
vistes vos doncella,
siendo tierna y bella,

andar navegando?
Mas ¿qué no se espera
daquel niño fiero?
Vea yo quien quiero:
sea marinera.

FRANCISCO DE TERRAZAS

(México, *c.* 1525-*c.* 1600)

ES el primer poeta de lengua castellana nacido en México, y quizá en toda Hispanoamérica, del que se tiene noticia. Su fama llegó a España, pues Cervantes lo cita en su *Canto de Calíope*. De su producción lírica conservamos nueve sonetos, una epístola amatoria en tercetos y dos composiciones en décimas de escaso valor. Su poesía está dentro de la mejor tradición petrarquista, trasladada tempranamente a América por Gutierre de Cetina y otros poetas de la conquista. Ensayó fallidamente la épica en verso en su *Nuevo mundo y conquista,* poema del que se conservan unos veinte fragmentos.

SONETOS

DEJAD las hebras de oro ensortijado
que el ánima me tienen enlazada,
y volved a la nieve no pisada
lo blanco de esas rosas matizado.

Dejad las perlas y el coral preciado
de que esa boca está tan adornada;
y al cielo, de quien sois tan envidiada,
volved los soles que le habéis robado.

La gracia y discreción que muestra ha sido
del gran saber del celestial maestro,
volvédselo a la angélica natura;

y todo aquesto así restituido
veréis que lo que os queda es propio vuestro:
ser áspera, cruel, ingrata y dura.

* * *

¡AY basas de marfil, vivo edificio
obrado del artífice del cielo;
columnas de alabastro, que en el suelo
nos dais del bien supremo claro indicio!

¡Hermosos capiteles y artificio
del arco que aun de mí me pone celo!
¡Altar donde el tirano dios mozuelo
hiciera de sí mismo sacrificio!

¡Ay puerta de la gloria de Cupido,
y guarda de la flor más estimada
de cuantas en el mundo son ni han sido!,

sepamos hasta cuándo estáis cerrada
y el cristalino cielo es defendido
a quien jamás gustó fruta vedada.

BALTASAR DEL ALCÁZAR

(1530-1606)

NACIÓ y murió en Sevilla; descendiente de una adinerada familia de conversos, estudió Humanidades y se alistó como soldado en las galeras del marqués de Santa Cruz. Hecho prisionero, tras conseguir ser rescatado dejó las armas. Además de poeta era un músico excelente. En 1583 dejó su cargo de alcaide de Los Molares y volvió a Sevilla como administrador del conde de Gelves. Sus poesías más características son ingeniosos epigramas en la estela del poeta latino Marcial.

A LA ESPERANZA VANA

SI a vuestra voluntad yo soy de cera,
¿cómo se compadece que a la mía
vengáis a ser de piedra dura y fría?
De tal desigualdad, ¿qué bien se espera?

Ley es de amor querer a quien os quiera,
y aborrecerle, ley de tiranía:
mísera fue, señora, la osadía
que os hizo establecer ley tan severa.

Vuestros tengo riquísimos despojos,
a fuerza de mis brazos granjeados,
que vos nunca rendírmelos quisistes;

y pues Amor y esos divinos ojos
han sido en el delito los culpados,
romped la injusta ley que establecistes.

FERNANDO DE HERRERA

(1534-1597)

NACIÓ y murió en Sevilla, y allí transcurrió la vida de este poeta de origen humilde. Estudió Humanidades y, sin llegar a ordenarse sacerdote, pudo vivir dignamente con el beneficio de la iglesia de San Andrés. De carácter retraído, solitario y orgulloso, estuvo enamorado apasionadamente de doña Leonor de Milán, esposa del conde de Gelves, que mantenía en su palacio una importante tertulia literaria. Además de sus poemas amorosos y heroicos, que le valieron el sobrenombre de «el Divino», son muy valiosas sus *Anotaciones a la obra de Garcilaso* (1580).

SONETOS

«PRESA soy de vos solo, y por vos muero
(mi bella Luz me dijo dulcemente),
y en este dulce error y bien presente,
por vuestra causa sufro el dolor fiero.

Regalo y amor mío, a quien más quiero,
si muriéramos ambos juntamente,
poco dolor tuviera, pues ausente
no estaría de vos, como ya espero.»

Yo, que tan tierno engaño oí, cuitado,
abrí todas las puertas al deseo,
por no quedar ingrato al amor mío.

Ahora entiendo el mal, y que engañado
fui de mi Luz, y tarde el daño veo,
sujeto a voluntad de su albedrío.

* * *

YO vi unos bellos ojos que hirieron
con dulce flecha un corazón cuitado,
y que, para encender nuevo cuidado,
su fuerza toda contra mí pusieron.

Yo vi que muchas veces prometieron
remedio al mal que sufro, no cansado,
y que, cuando esperé vello acabado,
poco mis esperanzas me valieron.

Yo veo que se esconden ya mis ojos
y crece mi dolor, y llevo ausente
en el rendido pecho el golpe fiero.

Yo veo ya perderse los despojos
y la membranza de mi bien presente;
y en ciego engaño de esperanza muero.

* * *

CUAL oro era el cabello ensortijado
y en mil varias lazadas dividido;
y cuanto en más figuras esparcido,
tanto de más centellas ilustrado;

tal, de lucientes hebras coronado,
Febo aparece en llamas encendido;
tal discurre en el cielo esclarecido
un ardiente cometa arrebatado.

Debajo el puro, proprio y sutil velo
amor, gracia y valor, y la belleza
templada en nieve y púrpura se vía.

Pensara que se abrió esta vez el cielo
y mostró su poder y su riqueza,
si no fuera la Luz de la alma mía

FRANCISCO DE FIGUEROA

(c. 1530-c. 1589)

NACIÓ en Alcalá de Henares y estuvo gran parte de su vida en Italia al servicio de Carlos V y de Felipe II. Tan bien llegó a dominar el italiano que escribió bellas composiciones en esta lengua, e incluso alternando castellano e italiano en la misma composición. Retirado a su ciudad natal, dejó de lado la poesía; cuando iba a morir, mandó quemar sus versos. Los que se salvaron fueron editados en Lisboa en 1625.

SONETOS

FIERO dolor, que alegre alma y segura
hacer pudieras triste y temerosa,
¿cómo con mano larga y enojosa
derramas sobre mí tanta dulzura?

No siente otro descanso, ni procura
mayor deleite el alma congojosa,
que abrir la vena fértil y abundosa
al llanto que me da mi desventura.

Por ti le alcanza, que tu sombra encubre
la causa de mis lágrimas apenas,
confiada a mi mismo pensamiento.

Mas sólo he de llorar las que llenas
del fuego que me abrasa, y se descubre
que nacen de más áspero tormento.

* * *

BLANCAS y hermosas manos, que colgado
tenéis de cada dedo mi sentido;
hermoso y bello cuerpo, que escondido
tenéis a todo el bien de mi cuidado;

divino y dulce rostro, que penado
tenéis mi corazón después que os vido,
¿por qué ya no borráis de vuestro olvido
al que de sí por vos vive olvidado?

Volved con buen semblante ya, señora,
aquesos ojos llenos de hermosura;
¡sacad ésta vuestra alma a dulce puerto!

Mirad que me es mil años cada hora,
y es mengua que quien vio vuestra figura
muera ya tantas veces, siendo muerto.

SAN JUAN DE LA CRUZ

(1542-1591)

JUAN de Yepes y Álvarez nació en Fontiveros (Ávila), en el seno de una familia humilde. Trabajó de enfermero en el hospital de Medina del Campo, estudió con los jesuitas, y en 1563 ingresó en el Carmelo. Amplió estudios en la Universidad de Salamanca, y en 1567 se une a Santa Teresa en su lucha por la reforma carmelita. Tras algunas fundaciones, los Calzados lo detuvieron y encarcelaron en un convento de Toledo (1577), del que logró fugarse a los nueve meses. Fundó luego nuevos conventos, tuvo puestos importantes en la orden y en 1591 se retiró a La Peñuela (Jaén). Murió a los pocos meses en Úbeda, posiblemente de septicemia, escuchando el poema de toda su vida: el *Cantar de los cantares.* Su poesía, la más alta cumbre de la mística, es esencialmente poesía de amor divino; pero una lectura estrictamente humana nos revela también el más encumbrado lirismo en la expresión del amor.

CÁNTICO ESPIRITUAL. CANCIONES ENTRE EL ALMA Y EL ESPOSO

Esposa

¿Adónde te escondiste,
Amado, y me dejaste con gemido?
Como el ciervo huiste,
habiéndome herido,
salí tras ti clamando, y ya eras ido.
Pastores los que fuerdes
allá por las majadas al otero:
si por ventura vierdes
aquel que yo más quiero,
decidle que adolezco, peno y muero.
Buscando mis amores,

iré por esos montes y riberas;
ni cogeré las flores,
ni temeré las fieras
y pasaré los fuertes y fronteras.

Pregunta a las criaturas

¡Oh bosques y espesuras,
plantadas por la mano del Amado,
oh prado de verduras,
de flores esmaltado,
decid si por vosotros ha pasado!

Respuesta de las criaturas

Mil gracias derramando,
pasó por estos sotos con presura,
y, yéndolos mirando,
con sola su figura,
vestidos los dejó de su hermosura.

Esposa

¡Ay, quién podrá sanarme!
Acaba de entregarte ya de vero,
no quieras enviarme
de hoy más ya mensajero,
que no saben decirme lo que quiero.
Y todos cuantos vagan,
de ti me van mil gracias refiriendo,
y todos más me llagan,
y déjame muriendo
un no sé qué que quedan balbuciendo.
Mas ¿cómo perseveras,
¡oh vida!, no viviendo donde vives,
y haciendo por que mueras
las flechas que recibes
de lo que del Amado en ti concibes?
¿Por qué, pues has llegado
a aqueste corazón, no le sanaste?

Y, pues me lo has robado,
¿por qué así lo dejaste
y no tomas el robo que robaste?
Apaga mis enojos,
pues que ninguno basta a deshacellos,
y véante mis ojos,
pues eres lumbre de ellos,
y sólo para ti quiero tenellos.
Descubre tu presencia
y máteme tu vista y hermosura:
mira que la dolencia
de amor, que no se cura
sino con la presencia y la figura.
¡Oh cristalina fuente,
si en esos tus semblantes plateados
formases de repente
los ojos deseados
que tengo en mis entrañas dibujados!
Apártalos, Amado,
que voy de vuelo.

Esposo

Vuélvete, paloma,
que el ciervo vulnerado
por el otero asoma
al aire de tu vuelo, y fresco toma. (...)

Esposa

Gocémenos, Amado,
y vámonos a ver en tu hermosura
al monte o al collado
do mana el agua pura,
entremos más adentro en la espesura.
Y luego a las subidas
cavernas de la piedra nos iremos,
que están bien escondidas,
y allí nos entraremos
y el mosto de granadas gustaremos.

Allí me mostrarías
aquello que mi alma pretendía,
y luego me darías
allí tú, vida mía,
aquello que me diste el otro día.
El aspirar del aire,
el canto de la dulce filomena,
el soto y su donaire,
en la noche serena,
con llama que consume y no da pena. (...)

JUAN DE LA CUEVA

(1543-1612)

NACIDO en Sevilla, fue un escritor polifacético que cultivó la poesía, sobre todo en su juventud. Vivió algún tiempo en México (1574-1577), y a su regreso a España se dedicó varios años al teatro. Como dramaturgo, improvisó su originalidad sobre temas nacionales, preludiando la dramática de Lope de Vega.

SONETO

OJOS, que dais la luz al firmamento
y el fuego al alma mía, sed pïadosos;
dejad la ira, y sed (pues sois gloriosos)
menos crueles al dolor que siento.

Dentro en mi pecho Amor os dio el asiento,
y dentro arden mis fuegos, rigurosos
de veros que sois blandos y amorosos
y tan sin pïedad a mi tormento.

Bien conocéis de mí que por vos muero,
y por vos vivo, y sólo a vos os amo,
ojos, que sois los ojos de mi alma,

por quien la vida en tanta muerte espero,
y en las tristes querellas que derramo,
mi bien, descanso, gloria, premio y palma.

GASPAR GIL POLO

(*c.* 1540-1584/1585)

POSEEMOS pocos datos de este autor que nació en Valencia; fue notario en esta ciudad (1571-73) y Felipe II lo nombró comisario en el principado de Cataluña (1581). Aparte de su novela pastoril la *Diana enamorada*, sólo conocemos de él unas pocas poesías sueltas.

SONETO

No es ciego Amor, mas yo lo soy, que guío
mi voluntad camino del tormento;
no es niño Amor, mas yo que en un momento
espero y tengo miedo, lloro y río.

Nombrar llamas de Amor es desvarío,
su fuego es el ardiente y vivo intento,
sus alas son mi altivo pensamiento,
y la esperanza vana en que me fío.

No tiene Amor cadenas ni saetas
para aprender y herir libres y sanos,
que en él no hay más poder del que le damos.

Porque es Amor mentira de poetas,
sueño de locos, ídolo de vanos:
mirad qué negro Dios el que adoramos.

PEDRO LAÝNEZ

(c. 1538-1584)

QUIZÁ fuese madrileño este poeta elogiado por Cervantes y Lope de Vega. Fue servidor de la cámara del príncipe don Carlos, el hijo de Felipe II, hasta la muerte de aquél en 1568. Al parecer, practicó actividades financieras que rayaban en la usura.

SONETO

PELIGROSO, atrevido pensamiento,
del libre corazón fiero homicida,
turbador de la dulce, amada vida
que gocé largo tiempo tan contento;

por temerosos riscos, tan sin tiento,
llevas tras ti mi voluntad rendida:
que sólo para muerte habrá salida
de tal lugar con tanto atrevimiento.

Tú llevas de tu osar justo castigo,
yo de mi voluntad, injusta paga;
la culpa tiene Amor; tú y yo, la pena.

Y aunque esto es cierto, Amor es buen testigo
que no habrá bien que así me satisfaga
como el mal que a tal muerte me condena.

JUAN TIMONEDA

(*c.* 1518-1583)

TENEMOS pocos datos biográficos de este autor valenciano. Trabajó como zurrador de pieles, como actor y como editor; publicó muchas obras teatrales clásicas y contemporáneas, entre otras, las de Lope de Rueda. Publicó también canciones y colecciones de romances. Como prosista, es autor de tres volúmenes: *El Sobremesa y alivio de caminantes* (1563), *Buen aviso y portacuentos* (1564) y *El Patrañuelo* (1565), en los que se agrupan cuentos y relatos novelescos, generalmente de procedencia italiana.

ROMANCE DE AMORES

POR un valle de tristura,
de placer muy alejado,
vi venir pendones negros,
entre muchos de caballo.
Todos con tristes libreas,
de sayal no delicado,
sus rostros llenos de polvo,
cada cual muy fatigado.
Por una triste espesura,
temerosos han entrado;
asentaron su real
en un yermo despoblado.
Las tiendas en que se albergan
no las cubren de brocado;
antes, por mayor dolor,
de negro las han armado.
En una de aquellas tiendas
hay un monumento alzado
y dentro del monumento

hay un cuerpo embalsamado.
Dicen ser de una doncella
que de amores ha finado;
la cosa más linda y bella
que natura hubo formado.
Y ellos todos juntamente
un pregón han ordenado
que ninguno se atreviese,
ni tampoco fuese osado
de estar en su enterramiento,
si no fuese namorado.

VILLANCICO

SOY garridica
y vivo penada
por ser mal casada.

Yo soy, no repuno,
hermosa sin cuento,
amada de uno,
querida de ciento.
No tengo contento
ni valgo ya nada
por ser mal casada.

Con estos cabellos
de bel parecer
haría con ellos
los hombres perder.
Quien los puede haber
no los tiene en nada
por ser mal casada.

MIGUEL DE CERVANTES

(1547-1616)

NACIÓ seguramente en Alcalá de Henares, hijo del cirujano Rodrigo de Cervantes. Estudió en Valladolid, Sevilla y en el colegio de Juan López de Hoyos en Madrid. En 1569 se ordena la búsqueda y captura de Miguel de Cervantes por ciertas heridas producidas a un tal Antonio de Sigura y huye a Italia, entrando al servicio del cardenal Acquaviva; allí se alista como soldado, participa en la batalla de Lepanto (1571), donde pierde el uso de la mano izquierda; en 1575 fue hecho prisionero por una galera corsaria que lo condujo a Argel y allí estuvo cautivo cinco años. Tras cuatro intentos de fuga, quedó en libertad (1580) gracias a un rescate reunido por frailes Trinitarios; en Madrid buscó en vano el éxito como dramaturgo y también un cargo en las Indias que nunca llegó. Fue recaudador de impuestos por tierras andaluzas para la expedición de la Invencible, pero unas cuentas poco claras le llevaron a la cárcel en 1592 y 1597. De 1603 a 1604 residió en Valladolid, donde estaba la corte, y también allí fue arrestado, pues a la puerta de su casa apareció muerto el caballero Gaspar de Ezpeleta (1605). Murió el 23 de abril de 1616, tras una vida llena de estrecheces. Quiso brillar como poeta, pero sus limitadas dotes en este género y su maestría como novelista no le han permitido destacar.

SONETO

¿QUIÉN dejará, del verde prado umbroso,
las frescas yerbas y las frescas fuentes?
¿Quién, de seguir con pasos diligentes
la suelta liebre o jabalí cerdoso?

¿Quién, con el son amigo y sonoroso,
no detendrá las aves inocentes?
¿Quién, en las horas de la siesta, ardientes,
no buscará en las selvas el reposo,

por seguir los incendios, los temores,
los celos, iras, rabias, muertes, penas
del falso amor que tanto aflige al mundo?

Del campo son y han sido mis amores,
rosas son y jazmines mis cadenas,
libre nací, y en libertad me fundo.

(COPLAS DE MARIALONSO, LA DUEÑA)

MADRE, la mi madre,
guardas me ponéis;
que si yo no me guardo,
no me guardaréis.

Dicen que está escrito,
y con gran razón,
ser la privación
causa de apetito.
Crece en infinito
encerrado amor;
por eso es mejor
que no me encerréis.
Que si yo, etc.

Si la voluntad
por sí no se guarda,
no lo harán la guarda
miedo o calidad;
romperá en verdad
por la misma muerte,
hasta hallar la suerte
que vos no entendéis.
Que si yo, etc.

Quien tiene costumbre
de ser amorosa,
como mariposa

se irá tras su lumbre,
aunque muchedumbre
de guardas le pongan,
y aunque más propongan
de hacer lo que hacéis.
Que si yo, etc.

Es de tal manera
la fuerza amorosa,
que a la más hermosa
la vuelve en quimera;
el pecho de cera,
de fuego la grana,
las manos de lana,
de fieltro los pies.
Que si yo no me guardo,
mal me guardaréis.

COPLAS DE RINCONETE Y CORTADILLO

POR un sevillano,
rufo a lo valón,
tengo socarrado
todo el corazón.

Por un morenico
de color verde,
¿cuál es la fogosa
que no se pierde?

Riñen los amantes,
hácese la paz;
si el enojo es grande,
es el gusto más.

Detente, enojado,
no me azotes más:
que, si bien lo miras,
a tus carnes das.

LUIS BARAHONA DE SOTO

(1547/1548-1595)

NACIDO en Lucena, estudió Medicina en Granada y Osuna; fue médico en varios pueblos andaluces y frecuentó los círculos literarios de Granada, Sevilla y Madrid. Amigo de Herrera, le dedicó a éste un famoso soneto satírico en el que censura el abuso de términos novedosos; «el Divino» le replicó, y la anécdota se cita como antecedente de disputa culterana. Se le conoce sobre todo por su poema épico *Las lágrimas de Angélica,* pero también fue un notable poeta lírico que escribió tanto a la manera tradicional como a la italiana.

ELEGÍA

¡QUIÉN fuera cielo, ninfa más que él clara,
por gozar, cuando miras sus estrellas,
con luces mil, la inmensa de tu cara,
o porque alguna vez te agradas dellas,
o por gozar por siempre tal riqueza,
pues cierto te has de ver contada entre ellas,
o por, desnudo de mortal corteza,
con otra incorruptible eternizado,
conservar por mil siglos tu belleza!
Hiciera el aire en tu región templado,
y diérale buen signo y buen planeta
al rico suelo de tus pies pisado.
Jamás prodigio triste ni cometa,
rayo ni trueno, nieve ni granizo,
turbara la región por ti quïeta;
y allí en tus blancas manos, llovedizo,
un torbellino de oro y esmeraldas
cayera, y aun el cielo que lo hizo.
De estrellas te cubriera las espaldas,

la luna te pusiera sobre el pecho,
y mil luceros juntos en tus faldas.
Creciera allí la fama, no el provecho:
que dalle a tu beldad tan gran belleza
no fuera más que declarar lo hecho.
Mostrara mi deseo y sutileza,
nacida del amor, pues no pudiera
mostrar, aunque quisiera, más grandeza.
Ninguna más que tienes la añadiera,
ni puede procurarse, pues si el suelo
pudiera caber más, más se te diera.
Esto hiciera yo por mi consuelo,
y porque le debieras a mi mano
lo que le debes al que agora es cielo.
Al fin te diera, pues esotro es vano,
el manjar que los años da sin cuenta,
sacando tu vivir del curso humano,
y, lo que es más, tuviérate contenta.

VICENTE ESPINEL

(1550-1624)

NACIDO en Ronda, su vida no fue escasa en aventuras. Estudió en Salamanca; como Cervantes, marchó a Italia, y como él fue apresado por los piratas de Argel. Una vez liberado, se incorporó al ejercito de Alejandro Farnesio. Deseoso de establecerse en la corte, obtuvo una plaza de capellán del obispo de Madrid como maestro de música. Fue un gran humanista y profundo conocedor del latín. Era hombre simpático y muy bien relacionado con los poetas del momento. Se le atribuía la invención de la décima, por él llamada «espinela». Excelente músico, introdujo la quinta cuerda de la guitarra. En 1591 publicó *Diversas rimas,* y en 1618 la novela picaresca *Vida del escudero Marcos de Obregón.*

REDONDILLAS

SIEMPRE alcanza lo que quiere
con damas el atrevido,
y el que no es entremetido
de necio y cobarde muere.

La honestidad en las damas
es un velo que les fuerza,
cuando Amor tiene más fuerza,
a no descubrir sus llamas.
Por eso el que las sirviere
gánese por atrevido:
que el que no es entremetido
de necio y cobarde muere.

Mil ocasiones hallamos
con las damas que queremos
y cuando más las tenemos

de cortos no las gozamos.
Pues mire el que amor tuviere
que en el bando de Cupido
el que no es entremetido
de necio y cobarde muere.

POESÍA DE TIPO TRADICIONAL

GENTIL caballero,
dédesme hora un beso,
siquiera por el daño
que ha habéis fecho.

Venía el caballero,
venía de Sevilla,
en huerta de monjas
limones cogía,
y la prioresa
prendas le pedía:
siquiera por el daño
que me habéis fecho.

* * *

NIÑA en cabello,
vos me matastes,
vos me habéis muerto.

Riberas de un río
vi moza virgo.
Niña en cabello,
vos me habéis muerto.
Niña en cabello,
vos me matastes,
vos me habéis muerto.

* * *

Abaja los ojos, casada,
no mates a quien te miraba.

Casada, pechos hermosos,
abaja tus ojos graciosos.
No mates a quien te miraba:
abaja los ojos, casada.

* * *

¿POR qué me besó Perico,
por qué me besó el traidor?

Dijo qu'en Francia se usaba
y por eso me besaba,
y también porque sanaba
con el beso su dolor.
¿Por qué me besó Perico,
por qué me besó el traidor?

* * *

¿AGORA que sé d'amor me metéis monja?
¡Ay, Dios, qué grave cosa!

Agora que sé d'amor de caballero,
agora me metéis monja en el monesterio.
¡Ay, Dios, qué grave cosa!

* * *

OJOS morenos,
¿cuándo nos veremos?

Ojos morenos,
de bonica color,
sois tan graciosos,
que matáis de amor.
¿Cuándo nos veremos,
ojos morenos?

* * *

YA florecen los árboles,
Juan;
mala seré de guardar.

Ya florecen los almendros
y los amores con ellos,
Juan;
mala seré de guardar.
Ya florecen los árboles,
Juan;
mala seré de guardar.

* * *

LINDOS ojos habéis, señora,
de los que se usaban agora.

Vos tenéis los ojos bellos
y tenéis lindos cabellos,
que matáis, en sólo vellos,
a quien de vos se namora.
Lindos ojos habéis, señora,
de los que se usaban agora.

* * *

—*COBARDE caballero,*
¿de quién habedes miedo,

durmiendo conmigo?
—De vos, mi señora,
que tenéis otro amigo.
—¿Y deso habedes miedo,
cobarde caballero?
cobarde caballero,
¿de quién habedes miedo?

* * *

POR vida de mis ojos,
el caballero,
por vida de mis ojos,
bien os quiero.

Por vida de mis ojos,
y de mi vida,
que por vuestros amores
ando perdida.
Por vida de mis ojos,
el caballero,
por vida de mis ojos,
bien os quiero.

* * *

SI la noche hace escura
y tan corto es el camino,
¿cómo no venís, amigo?

La media noche es pasada
y el que me pena no viene:
mi desdicha lo detiene,
¡que nascí tan desdichada!
Háceme vivir penada
y muéstraseme enemigo.
¿Cómo no venís, amigo?

* * *

GRITOS daba la morenica
so el olivar,
que las ramas hace temblar.

La niña, cuerpo garrido,
morenica, cuerpo garrido,
lloraba su muerto amigo
so el olivar:
que las ramas hace temblar.

BARROCO
(Siglo XVII)

ANTONIO DE MALUENDA

(1554-1615)

NATURAL de Burgos, cursó cánones en Salamanca entre 1572 y 1575; vivió en Roma desde 1580 y hasta 1585. Fue abad de San Millán en 1584. Excelente vihuelista. Debió de ser conocido, pues el conde de Villamediana lo elogió, llamándole «Fénix español y Virgilio castellano».

ELOCUENCIA DEL LLANTO

ESTAS lágrimas vivas que corriendo
van publicando lo que el alma calla,
es una diligencia sin pensalla
que está el dolor en su favor haciendo.

Quien llora, está atreviéndose y temiendo,
vencido de su pena, por no dalla;
toma el llanto a su cargo el declaralla;
nadie la dice y él la está diciendo.

Vos podréis disfrazar algún suspiro,
sin que yo pierda el nombre de callado,
pues palabra no oiréis de mis enojos.

Pero tendré por fuerza, cuando os miro,
remitido el deciros mi cuidado,
a la lengua del agua de mis ojos.

DE UNO DE LOS ARGENSOLAS

LUPERCIO Leonardo (1559-1613) y Bartolomé Leonardo de Argensola (1562-1631) nacieron en Barbastro (Huesca). Ya eran conocidos en 1585 cuando Cervantes los cita en *La Galatea*. Los dos ocupan cargos importantes cerca de la corte y al servicio del conde de Lemos en Nápoles. Gabriel, hijo de Lupercio, publicó las *Rimas* de ambos en 1634. Se ignora quién de los dos compuso esta obra maestra del soneto.

A UNA MUJER QUE SE AFEITABA Y ESTABA HERMOSA

YO os quiero confesar, don Juan, primero:
que aquel blanco y color de doña Elvira
no tiene de ella más, si bien se mira,
que el haberle costado su dinero.

Pero tras eso confesaros quiero
que es tanta la beldad de su mentira,
que en vano a competir con ella aspira
belleza igual de rostro verdadero.

Mas, ¿qué mucho que yo perdido ande
por un engaño tal, pues que sabemos
que nos engaña así Naturaleza?

Porque ese cielo azul que todos vemos
ni es cielo ni es azul. ¡Lástima grande
que no sea verdad tanta belleza!

JOSÉ DE VALDIVIELSO

(*c.* 1560-1638)

NACIÓ en Toledo y fue capellán del cardenal Sandoval y Rojas en la capilla mozárabe de su ciudad. Amigo de Lope de Vega, a quien asistió en el lecho de muerte, y de Cervantes, de cuyas obras informó como censor, fue uno de los poetas más leídos de su época. Además de poeta, como dramaturgo destacó en la composición de autos sacramentales. Murió en Madrid.

LETRA A UNA ALMA PERDIDA

LA malva morenica, y va,
la malva morená.

Por irte tras tus antojos,
alma, olvidas mis amores,
y pensando coger flores,
tienes de coger abrojos.
¡Ay, morena de mis ojos!
De ti, sin mí, ¿qué será?

La malva morenica, y va,
la malva morená.

Después que a verme no vienes,
estás tan marchita y lacia,
que sé que no tienes gracia
ni que cosa buena tienes;
vuelve a tus seguros bienes,
que con los que el mundo da.

La malva morenica, y va,
la malva morená.

Basta ya tanto desdén
pues ves que por tu amor muero,
el pecho abierto te espero,
a aqueste pecho te ven;
yo sé que en él te irá bien,
que si te estás por allá.

La malva morenica, y va,
la malva morená.

Después, alma, que te fuiste,
diré, pues que me olvidaste,
que sin alma me dejaste,
pues sabes que mi alma fuiste;
vuelve al pecho que rompiste,
que como sin alma está.

La malva morenica, y va,
la malva morená.

LUIS DE GÓNGORA

(1561-1627)

NACIÓ en Córdoba y estudió en Salamanca de 1576 a 1580. Fue beneficiado de la catedral cordobesa. Sus aficiones mundanas —las comedias, los toros, la falta de asistencia al coro— le costaron una acusación ante el obispo Pacheco que le impuso una pequeña multa y la prohibición de ir a los toros. Cumplidos los cincuenta años, se ordenó sacerdote, residiendo en Madrid como capellán honorario de Felipe III, lo que le permitió relacionarse con la elite intelectual de la época. Muerto Felipe III, con problemas económicos derivados de su afición al juego, trató de ganarse el favor del omnipotente conde-duque de Olivares, sin mucho éxito. Intenta publicar sus poesías, que se hallaban dispersas, pero no lo consigue. Sus últimos años en Madrid fueron amargos, aquejado por una prolongada enfermedad.

SONETOS

DE pura honestidad templo sagrado,
cuyo bello cimiento y gentil muro
de blanco nácar y alabastro duro
fue por divina mano fabricado;

pequeña puerta de coral preciado,
claras lumbreras de miras seguro,
que a la esmeralda fina el verde puro
habéis para viriles usurpado;

soberbio techo, cuyas cimbrias de oro
al claro sol, en cuanto en torno gira,
ornan de luz, coronan de belleza;

ídolo bello, a quien humilde adoro,
oye piadoso al que por ti suspira,
tus himnos canta, y tus virtudes reza.

* * *

MIENTRAS por competir con tu cabello,
oro bruñido al sol relumbra en vano,
mientras con menosprecio en medio el llano
mira tu blanca frente el lilio bello;

mientras a cada labio, por cogello,
siguen más ojos que al clavel temprano,
y mientras triunfa con desdén lozano
del luciente cristal tu gentil cuello;

goza cuello, cabello, labio y frente,
antes que lo que fue en tu edad dorada
oro, lilio, clavel, cristal luciente;

no sólo en plata o vïola troncada
se vuelva, mas tú y ello juntamente
en tierra, en humo, en polvo, en sombra, en nada.

* * *

LA dulce boca que a gustar convida
un humor entre perlas destilado
y a no envidiar aquel licor sagrado
que a Júpiter ministra el garzón de Ida,

amantes no toquéis si queréis vida;
porque entre un labio y otro colorado
Amor está, de su veneno armado,
cual entre flor y flor sierpe escondida.

No os engañen las rosas, que a la Aurora
diréis que, aljofaradas y olorosas,
se le cayeron del purpúreo seno;

manzanas son de Tántalo, y no rosas,
que después huyen de el que incitan ahora,
y sólo de el Amor queda el veneno.

ROMANCES

La más bella niña
de nuestro lugar,
hoy viuda y sola
y ayer por casar,
viendo que sus ojos
a la guerra van,
a su madre dice
que escucha su mal:
«Dejadme llorar
orillas del mar.

»Pues me diste, madre,
en tan tierna edad
tan corto el placer,
tan largo el pesar,
y me cautivastes
de quien hoy se va
y lleva las llaves
de mi libertad,
Dejadme llorar
orillas del mar.

»En llorar conviertan
mis ojos, de hoy más,
el sabroso oficio
del dulce mirar,
pues que no se pueden
mejor ocupar,
yéndose a la guerra
quien era mi paz.
Dejadme llorar
orillas del mar.

»No me pongáis freno
ni queráis culpar;
que lo uno es justo,
lo otro por demás.
Si me queréis bien

no me hagáis mal;
harto peor fuera
morir y callar.
Dejadme llorar
orillas del mar.

»Dulce madre mía,
¿quién no llorará
aunque tenga el pecho
como un pedernal,
y no dará voces
viendo marchitar
los más verdes años
de mi mocedad?
Dejadme llorar
orillas del mar.

Váyanse las noches,
pues ido se han
los ojos que hacían
los míos velar;
váyanse, y no vean
tanta soledad,
después que en mi lecho
sobra la mitad.
Dejadme llorar
orillas del mar.

* * *

LAS flores del romero,
niña Isabel,
hoy son flores azules,
mañana serán miel.

Celosa estás, la niña,
celosa estás de aquel
dichoso, pues, le buscas,
ciego, pues no te ve,
ingrato, pues te enoja

y confiado, pues
no se disculpa hoy
de lo que hizo ayer.
Enjuguen esperanzas
lo que lloras por él;
que celos entre aquellos
que se han querido bien
hoy son flores azules,
mañana serán miel.

Aurora de ti misma,
que cuando a amanecer
a tu placer empiezas,
te eclipsan tu placer.
Serénense tus ojos,
y más perlas no des,
porque al Sol le está mal
lo que a la Aurora bien.
Desata como nieblas
todo lo que no ves;
que sospechas de amantes
y querellas después,
hoy son flores azules,
mañana serán miel.

LOPE DE VEGA

(1562-1635)

NACIÓ en Madrid, de familia humilde, oriunda de la Montaña (Santander). Estudió con la Compañía de Jesús y luego, tal vez, en Alcalá. Se alistó voluntario en la expedición de don Álvaro de Bazán a la isla Terceira en Azores. Al regreso, se enamoró de Elena Osorio (*Filis*); ésta no le correspondió, pero Lope se vengó con unos ataques a la familia de Filis que le costaron cuatro años de destierro de Madrid y a dos del reino de Castilla. Antes de partir para el destierro, raptó a Isabel de Urbina (*Belisa*) con la que tuvo que casarse. A los pocos días de la boda se alistó como voluntario en la Invencible. En 1590 fue nombrado secretario del duque de Alba en Alba de Tormes, donde perdió a sus dos hijas y a su mujer, en 1595. En 1596 fue procesado por amancebarse con la viuda Antonia Trillo; al poco tiempo se enamoró de Micaela Luján, casada con un comediante; se casó por interés con Juana de Guardo y, sin cortar sus relaciones con Micaela (*Camila Lucinda*), tuvo hijos de ambas. En 1610 se estableció en Madrid, prestando sus servicios al duque de Sessa. En 1613 perdió a su hijo Carlos Félix y a su mujer Juana. Se ordenó sacerdote (1614), pero se enamoró pronto de Marta de Nevares (*Amarilis*), joven casada. Una serie de desgracias familiares (Marta se queda ciega y se vuelve loca, su hija Antonia Clara se fuga, su hijo Lope Félix muere en una expedición a Venezuela) y de problemas de conciencia amargan los últimos años de su vida. Murió en Madrid, siendo muy llorado por el pueblo.

SONETOS

IR y quedarse, y con quedar partirse,
partir sin alma, y ir con alma ajena,
oír la dulce voz de una sirena
y no poder del árbol desasirse;

arder como la vela y consumirse
haciendo torres sobre tierna arena;
caer de un cielo, y ser demonio en pena,
y de serlo jamás arrepentirse;

hablar entre las mudas soledades,
pedir prestada, sobre fe, paciencia,
y lo que es temporal llamar eterno;

creer sospechas y negar verdades,
es lo que llaman en el mundo ausencia,
fuego en el alma y en la vida infierno.

* * *

SUELTA mi manso, mayoral extraño,
pues otro tienes de tu igual decoro;
deja la prenda que en el alma adoro,
perdida por tu bien y por mi daño.

Ponle su esquila de labrado estaño,
y no le engañen tus collares de oro;
toma en albricias este blanco toro,
que a las primeras hierbas cumple un año.

Si pides señas, tiene el vellocino
pardo encrespado, y los ojuelos tiene
como durmiendo en regalado sueño.

Si piensas que no soy su dueño, Alcino,
suelta, y verásle si a mi choza viene:
que aun tienen sal las manos de su dueño.

* * *

DESMAYARSE, atreverse, estar furioso,
áspero, tierno, liberal, esquivo,
alentado, mortal, difunto, vivo,
leal, traidor, cobarde, animoso,

no hallar, fuera del bien, centro y reposo,
mostrarse alegre, triste, humilde, altivo,
enojado, valiente, fugitivo,
satisfecho, ofendido, receloso.

Huir el rostro al claro desengaño,
beber veneno por licor süave,
olvidar el provecho, amar el daño;

creer que un cielo en un infierno cabe,
dar la vida y el alma a un desengaño:
esto es amor. Quien lo probó lo sabe.

CÁNSASE EL POETA DE LA DILACIÓN DE SU ESPERANZA

¡TANTO mañana, y nunca ser mañana!
Amor se ha vuelto cuervo, o se me antoja.
¿En qué región el sol su carro aloja
desta imposible aurora tramontana?

Sígueme inútil la esperanza vana,
como nave zorrera o mula coja;
porque no me tratara Barbarroja
de la manera que me tratas, Juana.

Juntos Amor y yo buscando vamos
esta mañana. ¡Oh dulces desvaríos!
Siempre mañana, y nunca mañanamos.

Pues si vencer no puedo tus desvíos,
sáquente cuervos destos verdes ramos
los ojos. Pero no, ¡que son los míos!

LETRA PARA CANTAR

No ser, Lucinda, tus bellas
niñas formalmente estrellas,
bien puede ser;
pero que en su claridad
no tengan cierta deidad,
no puede ser.

Que su boca celestial
no sea el mismo coral,
bien puede ser;
mas que no exceda la rosa
en ser roja y olorosa,
no puede ser.

Que no sea el blanco pecho
de nieve o cristales hecho,
bien puede ser;
mas que no exceda en blancura
cristales y nieve pura,
no puede ser.

Que no sea sol ni Apolo
ángel puro y fénix solo,
bien puede ser;
pero que de ángel no tenga
lo que con ángel convenga,
no puede ser.

Que no sean lirios sus venas
ni sus manos azucenas,
bien puede ser;
mas que en ellas no se vean
cuantas gracias se desean,
no puede ser.

DIEGO DE SILVA Y MENDOZA, CONDE DE SALINAS

(1564-1630)

AUNQUE nació en Madrid este hijo del príncipe Ruy Gomes de Silva, se le considera portugués. Felipe III le nombró del Consejo de Estado de Portugal, y en 1616 fue hecho Marqués de Alenquer, Virrey y Capitán General de Portugal. Fue muy elogiado por los poetas de su tiempo, aunque nunca pulicó sus poemas. Aún hoy siguen inéditos en su mayor parte.

SONETOS

UNA, dos, tres estrellas, veinte, ciento,
mil, un millón, millares de millares,
¡válgame Dios, que tienen mis pesares
su retrato en el alto firmamento!

Tú, Norte, siempre firme en un asiento,
a mi fe será bien que te compares;
tú, Bocina, con vueltas circulares,
y todas a un nivel, con mi tormento.

Las estrellas errantes son mis dichas,
las siempre fijas son los males míos,
los luceros los ojos que yo adoro,

las nubes, en su efecto, mis desdichas,
que lloviendo, crecer hacen los ríos,
como yo con las lágrimas que lloro.

* * *

Ni el corazón, ni el alma, ni la vida
os entregué, señora, enteramente,
lo que de esto padece y lo que siente
quiso dejar conmigo la partida.

Parte es del fuego a vos restituida
lo tímido, lo hermoso y lo luciente;
lo claro, vivo, puro y más ardiente,
¡no hay partir que del alma lo divida!

Los asombros, congojas y cuidados,
ardientes ansias y encogidos hechos
con que continuamente me persigo,

esto no va con vos, en mí ha quedado;
lágrimas tristes que penetran cielos,
éstas corren tras vos, de mí y conmigo.

LUISA DE CARVAJAL

(1566-1614)

NACIDA en Jaraicejo (Extremadura), vivió en León y en la corte muy devotamente. En 1605 marchó a Inglaterra para predicar la fe, y en Londres fue encarcelada dos veces, habiendo logrado reunir en su casa una pequeña congregación.

SONETO

EN el siniestro brazo recostada
de su amado pastor, Silva dormía,
y con la diestra mano la tenía
con un estrecho abrazo a sí allegada.

Y de aquel dulce sueño recordada,
le dijo: «El corazón del alma mía
vela, y yo duermo. ¡Ay! Suma alegría,
cuál me tiene tu amor tan traspasada.

»Ninfas del paraíso soberanas,
sabed que estoy enferma y muy herida
de unos abrasadísimos amores.

»Cercadme de odoríferas manzanas,
pues me veis, como fénix, encendida,
y cercadme también de amenas flores.»

FRANCISCO DE MEDRANO

(1569/70-1606/07)

PERTENECIENTE a una familia acomodada, nació y murió en Sevilla. En 1586 ingresó en la Compañía de Jesús, vivió en Salamanca algún tiempo, pero en 1602 abandonó la orden. Viajó a Italia y fue amigo de los principales poetas sevillanos de su tiempo. Murió repentinamente, acompañado de sus amigos, cuando acababa de cantar un romance. Sus poesías se publicaron parcialmente en compañía de los *Remedios de amor* (Palermo, 1617) de su amigo Pedro Venegas Saavedra.

SONETO

QUIEN te dice que ausencia causa olvido
mal supo amar, porque si amar supiera,
¿qué, la ausencia?: la muerte nunca hubiera
las mientes de su amor adormecido.

¿Podrá olvidar su llaga un corzo herido
del acertado hierro, cuando quiera
huir medroso, con veloz carrera,
las manos que la fecha han despedido?

Herida es el amor tan penetrante
que llega al alma; y tuya fue la flecha
de quien la mía dichosa fue herida.

No temas, pues, en verme así distante,
que la herida, Amarili, una vez hecha,
siempre, siempre y doquiera, será herida.

LUIS MARTÍN DE LA PLAZA

(1577-1625)

NATURAL de Antequera (Málaga), ciudad de la que fue sacerdote. Es uno de los poetas más representados en las *Flores de poetas ilustres,* de 1605 y 1611. Imitó y tradujo a varios poetas italianos. Fue amigo de Pedro de Espinosa, otro famoso poeta antequerano.

SONETOS

CUANDO a su dulce olvido me convida
la noche, y en sus faldas me adormece,
entre el sueño la imagen me aparece
de aquella que fue sueño en esta vida.

Yo, sin temor que su desdén lo impida,
los brazos tiendo al gusto que me ofrece;
mas ella, ¡sombra al fin!, se desvanece,
y abrazo el aire donde está escondida.

Así burlado digo: «¡Ah falso engaño
de aquella ingrata, que aún mi mal procura!
Tente, aguarda, lisonja del tormento.»

Mas ella en tanto, por la noche oscura
huye; corro tras ella. ¡Oh caso extraño!
¿Qué pretendo alcanzar, pues sigo al viento?

* * *

NEREIDAS, que con manos de esmeraldas,
para sangrarle las ocultas venas,
de perlas, nácar y corales llenas,
azotáis de Neptuno las espaldas;

y ceñidas las frentes con guirnaldas,
sobre azules delfines y ballenas,
oro puro cernéis de las arenas,
y lo guardáis en las mojadas faldas;

decidme, así de nuestro alegre coro
no os aparte aquel dios que en Eolia mora
y con valiente soplo os hace agravios,

¿halláis corales, perlas, nácar, oro,
tal como yo lo hallo en mi señora
en cabellos, en frente, en boca, en labios?

MADRIGAL

IBA cogiendo flores
y guardando en la falda,
mi ninfa, para hacer una guirnalda;
mas primero las toca
a los rosados labios de su boca,
y les da de su aliento los olores;
y estaba, por su bien, entre una rosa
una abeja escondida,
su dulce humor hurtando,
y como en la hermosa
flor de los labios se halló, atrevida
la picó, sacó miel, fuése volando.

FRAY HORTENSIO FÉLIX PARAVICINO

(1580-1633)

De familia oriunda del Milanesado, nació Paravicino en Madrid. Estudió en las Universidades de Alcalá y Salamanca. Ingresó en la Orden de los Trinitarios, en la que pronto llegó a tener cargos importantes. Pronto destacó como orador sagrado; sus superiores le enviaron a Valladolid donde estaba la corte y, ya en Madrid, en 1617 fue nombrado predicador de su Majestad, cargo que disfrutó bajo Felipe III y Felipe IV. Quevedo, Lope y Gracián le elogiaron sin reservas y alcanzó enorme popularidad. Amigo íntimo de Góngora, tuvo el honor de ser retratado por el Greco. En su juventud había escrito poesías al gusto gongorino, de indudable valor.

A UNOS OJOS NEGROS

Hermosos negros ojos,
blanco de un hombre que os ofrece en suma
a sí todo en despojos,
lenguas me quiero hacer con esta pluma,
y sea yo tan dichoso
que ojos se haga vuestro dueño hermoso.

Oh queridas estrellas,
que entre los velos de la noche negra,
con turbadas centellas,
entretenéis la luz que al mundo alegra,
por tomar a porfía
de la noche el color, la luz del día.

Espejos relevados,
que guarneció el amor de ébano puro,

sosegar mis cuidados,
que apenas de las niñas me aseguro,
si el cielo los ha hecho
los ojos de cristal, de roca el pecho.

Mares de vidrio o hielo,
donde ojalá mi alma un siglo bogue,
de negro os cubrió el cielo,
por hacer de lo negro, como azogue,
espaldas a los lejos
y mirarse en vosotros como espejos.

Cargue el indio un tesoro
de diamantes mayores unos que otros,
el chino cargue de oro,
de perlas, esmeraldas, mas vosotros,
como tan peregrinos,
de azabache os cargáis, ojos divinos.

¡Ay ojos!, que sois hojas,
aunque negras, de temple toledano,
que en sangre de almas rojas,
muerto dejáis el cuerpo, extraña mano,
terrible golpe y fuerte,
que con espada negra dais la muerte.

Son vuestros filos tales,
que entre negras cautelas los admiro,
obráis sí, dulces males,
como enemigo al fin hacéis el tiro,
por encubrir la espada
tiráis con vaina y todo la estocada.

Ojos, el que no os ama,
quédese en blanco, pues lo negro deja,
que yo en mi ardiente llama
ni pido libertad, ni tengo queja;
pues por tal hermosura
pido al amor que dé negra ventura.

FRANCISCO DE QUEVEDO

(1580-1645)

DE familia hidalga, oriunda de la Montaña (Santander), nació en Madrid. Desde niño creció en el ambiente de la corte, pues su padre era secretario de la princesa María y su madre camarera de la reina. Huérfano muy pronto, inició sus estudios con los jesuitas de Madrid, estudió lenguas clásicas, francés e italiano en Alcalá, y Teología en Valladolid. Fue gran amigo del duque de Osuna, a quien acompañó a Italia en 1613 y con el que ocupó importantes cargos. Con la caída del duque, perdió también el favor real y fue desterrado al señorío de Juan Abad (1620). Con el advenimiento de Felipe IV y su valido el conde-duque de Olivares, recuperó el favor del monarca, a quien acompañó en varios viajes. En 1632 fue nombrado secretario del rey. Se casó en 1634 con Esperanza de Aragón, viuda y con hijos, pero a los dos años se separó. En 1639, acusado de ser el autor de un texto que apareció bajo la servilleta de rey contra las actuaciones de su valido, fue encarcelado en San Marcos de León hasta la caída de Olivares (1643); de allí se retiró a la torre de Juan Abad. Murió en Villanueva de los Infantes. Su obra poética, aunque circuló manuscrita, sólo se publicó póstumamente.

SONETOS

DEJAD que a voces diga el bien que pierdo,
si con mi llanto a lástima os provoco;
y permitidme hacer cosas de loco:
que parezco muy mal amante y cuerdo.

La red que rompo y la prisión que muerdo
y el tirano rigor que adoro y toco,
para mostrar mi pena son muy poco,
si por mi mal de lo que fui me acuerdo.

Óiganme todos: consentid siquiera
que harto de esperar y de quejarme,
pues si premio viví, sin juicio muera.

De gritar solamente quiero hartarme.
Sepa de mí, a lo menos, esta fiera
que he podido morir, y no mudarme.

AMOR CONSTANTE MÁS ALLÁ DE LA MUERTE

CERRAR podrá mis ojos la postrera
sombra que me llevare el blanco día,
y podrá desatar esta alma mía
hora a su afán ansioso lisonjera;

mas no de esotra parte en la ribera,
dejará la memoria, en donde ardía;
nadar sabe mi llama la agua fría,
y perder el respeto a ley severa.

Alma a quien todo un dios prisión ha sido,
venas que humor a tanto fuego han dado,
medulas que han gloriosamente ardido,

su cuerpo dejará, no su cuidado;
serán ceniza, mas tendrá sentido;
polvo serán, mas polvo enamorado.

AMANTE DESESPERADO DEL PREMIO Y OBSTINADO EN AMAR

¡QUÉ perezosos pies, qué entretenidos
pasos lleva la muerte por mis daños!
El camino me alargan los engaños
y en mí se escandalizan los perdidos.

Mis ojos no se dan por entendidos;
y por descaminar mis desengaños,
me disimulan la verdad los años
y les guardan el sueño a los sentidos.

Del vientre a la prisión vine en naciendo;
de la prisión iré al sepulcro amando,
y siempre en el sepulcro estaré ardiendo.

Cuantos plazos la muerte me va dando,
prolijidades son, que va creciendo,
porque no acabe de morir penando.

PROSIGUE EN EL MISMO ESTADO DE SUS AFECTOS

AMOR me ocupa el seso y los sentidos;
absorto estoy en éxtasi amoroso;
no me concede tregua ni reposo
esta guerra civil de los nacidos.

Explayóse el raudal de mis gemidos
por el grande distrito y doloroso
del corazón, en su penar dichoso,
y mis memorias anegó en olvidos.

Todo soy ruinas, todo soy destrozos,
escándalo funesto a los amantes
que fabrican de lástima sus gozos.

Los que han de ser, y los que fueron antes
estudien su salud en mis sollozos,
y envidien mi dolor, si son constantes.

PASIONES DE AUSENTE ENAMORADO

ESTE amor que yo alimento
de mi propio corazón,
no nace de inclinación,
sino de conocimiento.

Que amor de cosa tan bella,
y gracia que es infinita,
si es elección, me acredita;
si no, acredita mi estrella.

Y ¿qué deidad me pudiera
inclinar a que te amara,
que ese poder no tomara
para sí, si le tuviera?

Corrido, señora, escribo
en el estado presente,
de que, estando de ti ausente,
aun parezca que estoy vivo.

Pues ya en mi pena y pasión,
dulce Tirsis, tengo hechas
de las plumas de tus flechas
las alas del corazón.

Y sin poder consolarme,
ausente, y amando firme,
más hago yo en no morirme
que hará el dolor en matarme.

Tanto he llegado a quererte,
que siento igual pena en mí,
del ver, no viéndote a ti,
que adorándote, no verte.

JUAN DE TASSIS, CONDE DE VILLAMEDIANA

(1582-1622)

NACIDO en Lisboa, se educó en el ambiente palaciego de Madrid. Fue un caballero famosísimo por su lujo, sus conquistas amorosas, su afición al juego y sus punzantes sátiras políticas. Los reales o supuestos amores con la reina Isabel de Borbón, la esposa de Felipe IV, han hecho de él una figura legendaria. En 1601 se casó con doña Ana de Mendoza, sobrina del duque del Infantado. Sufrió varios destierros por sus sátiras políticas y su desmedida afición al juego. Entendía de pintura, de joyas, de caballos... y en los círculos de Lope, los Argensola y otros poetas gozaba de prestigio. Se cuenta que el 18 de abril de 1622, representándose en Aranjuez su comedia *La gloria de Niquea,* Villamediana incendió el teatro con tal de sacar en brazos a la reina Isabel. Se dice que en unas justas poéticas de la Plaza Mayor de Madrid exhibió audazmente sus pretensiones con el verso «Son mis amores reales», de ambigüedad mal calculada. Murió joven, asesinado por un desconocido a la puerta de su casa por la noche, cuando regresaba de palacio.

SONETOS

ES tan glorioso y alto el pensamiento
que me mantiene en vida y causa muerte,
que no sé estilo o medio con que acierte
a declarar el bien y el mal que siento.

Dilo tú, Amor, que sabes mi tormento,
y traza un nuevo modo que concierte
estos varios extremos de mi suerte
que alivian con su causa el sentimiento.

En cuya pena, si glorioso efecto,
el sacrificio de la fe más pura,
que está ardiendo en las aras del respeto,

ose el amor, si teme la ventura:
que entre misterios de un dolor secreto
amar es fuerza y esperar locura.

* * *

¡OH cuánto dice en su favor quien calla!
porque de amar, sufrir es cierto indicio,
y el silencio el más puro sacrificio
y adonde siempre amor mérito halla.

Morir en su pasión sin declaralla
es de quien ama el verdadero oficio,
que un callado llorar por ejercicio
da más razón por sí, no osando dalla.

Quien calla amando, sólo amando muere,
que el que acierta a decirse no es cuidado;
menos dice y más ama quien más quiere.

Porque si mi silencio no os ha hablado,
no sé deciros más que, si muriere,
harto os ha dicho lo que yo he callado.

* * *

DETERMINARSE y luego arrepentirse;
empezar a atrever y acobardarse;
arder el pecho y la palabra helarse;
desengañarse y luego persuadirse.

Comenzar una cosa y advertirse;
querer decir su pena y no aclararse;
en medio del aliento desmayarse,
y entre el amor y el miedo consumirse.

En las resoluciones detenerse;
hallada la ocasión no aprovecharse,
y perdido de cólera encenderse.

Y sin saber por qué, desvanecerse:
efectos son de amor; no hay que espantarse,
que todo del amor puede creerse.

FRANCISCO DE RIOJA

(1583-1659)

NACIDO en Sevilla, fue teólogo, jurista, bibliotecario de Felipe IV, cronista de Castilla, consejero de la Inquisición y canónigo de Sevilla. De carácter altanero, estuvo protegido por el conde-duque de Olibares; cuando éste cayó en 1643, le acompañó en el destierro de Loeches y Toro. Tras un paréntesis en su ciudad natal, el cabildo sevillano lo destinó a Madrid donde vivió hasta su muerte. Tomó como modelo la lengua poética de Herrera. Las ruinas, las flores, la efímera belleza del cuerpo son los motivos recurrentes de su poesía.

SONETO

ARDO en la llama más hermosa y pura
que amante generoso arder pudiera,
y necia invidia, no piedad severa,
tan dulce incendio en mí apagar procura.

¡Oh cómo vanamente se aventura
quien con violencia y con rigor espera
que un alto fuego en la ceniza muera,
mientra un alma a sabor en él se apura!

Si yo entre vagas luces de alba frente
me abraso y entre blanda nieve y rosa,
no es culpa de tu amor no hacer caso:

que es la lumbre del sol más poderosa
y agrada más naciendo en Orïente
que cuando se nos muera en el Ocaso.

ODA A UNAS FLORES

ESTAS, Efire bella, suaves flores,
que amor dispuso en orden ingenioso
hoy, a mi mal pïadoso,
su fragancia te ofrecen, sus colores,
no compitiendo en vano
con tu rostro, tu aliento o con tu mano.

Que tus aromas bien, tus prendas bellas,
el cándido esplendor, el encendido,
puesto que sin sentido
reconocen humildes. Sólo entre ellas
ser cada cual procura
lengua de mi dolor de mi fe pura.

Este clavel lo dice, cuyas hojas
viva imagen ahora de mis penas,
teñidas no en mis venas,
más de obscuras, ardientes más que rojas;
parece fue su riego
mi llanto y bien, porque es mi llanto fuego.

Esta violeta, que celosamente
más que nunca de azul miras vestida,
testigo es de mi vida,
que en pasión contra el alma más valiente,
no perdona mi celo
aun a los que te ven ojos del cielo.

Este jazmín, que, emulación del día,
cuando nace de luces coronado
para ser mi abogado,
hoy ruiseñor de cándida armonía
vence a naturaleza,
acredita mi amor en su pureza.

Esta rosa, que en púrpura su nieve
trueca, viendo la tuya vergonzosa,
dice mi temerosa
flaca arrogancia, cuando más se atreve.
Sean, pues, todas ellas
memorias mías en tus manos bellas.

ESTEBAN MANUEL DE VILLEGAS

(1589-1669)

ESTE poeta riojano, de singular carácter, cultivó una delicada poesía bucólica imitando a los griegos Teócrito y Anacreonte. Su desdén por las novedades de la época y su ilimitada petulancia le acarrearon problemas con los poetas contemporáneos. A los treinta y seis años se casó con una muchacha de quince, de la que tuvo siete hijos. En 1651 fue procesado por la Inquisición, por sostener que sobre el libre albedrío sabía él más que los padres de la Iglesia. Intentó aclimatar en algunos poemas los pies métricos de la poesía práctica. Depreciado como poeta en su época (por motivos extraliterarios generalmente), se convirtió en el modelo preferido de los neoclásicos.

ODA XXII

A márgenes y ríos
detengo y enternezco:
¡tal es el llanto de los ojos míos!,
¡tal es la pena que de amor padezco!
Tú solamente, Asteria,
eres a quien no muevo en tal miseria.
Pues aunque hubieras sido
hija del cipriota
peñasco, a su pesar endurecido
y sin lastar[1] de lástima una gota
miraras el colgado
de tus umbrales triste enamorado,
¡eh! deja, que no agrada
a Venus tal dureza,

[1] *lastar:* padecer en pago de una culpa (DRAE).

por más que guste ver ensangrentada
su flecha en juventud y gentileza:
que con el porfiado
castigo, se hace el hombre escarmentado.
Yo, por cierto, no hay duda,
bien pusiera el deseo
en Clicie, que me mira menos cruda;
pero temo este mismo devaneo:
que la mujer rogada
se muda de ordinario en obstinada.

Pues mira estas razones
y no llegues a verte,
siendo mujer, retrato de leones,
siendo muchacha, imagen de la muerte,
que por eso el desvío
se sabe castigar con mármol frío.

SÁFICOS

DULCE vecino de la verde selva,
huésped eterno del abril florido,
vital aliento de la madre Venus,
Céfiro blando.

Si de mis ansias el amor supiste,
tú que las quejas de mi voz llevaste,
oye, no temas, y a mi ninfa dile,
dile que muero.

Filis un tiempo mi dolor sabía.
Filis un tiempo mi dolor lloraba,
quísome un tiempo, mas agora temo,
temo sus iras.

Así los dioses con amor paterno,
así los cielos con amor benigno,
nieguen al tiempo que feliz volares
nieve a la tierra.

Jamás el peso de la nube parda,
cuando amenace la elevada cumbre,
toque tus hombros, ni su mal granizo
hiera tus alas.

GABRIEL BOCÁNGEL

(1603-1658)

NACIÓ en Madrid este poeta de ascendencia genovesa. Estudió en Toledo y Alcalá; desempeñó diferentes cargos en la corte, hasta que en 1638 fue nombrado cronista real; fue seguidor del estilo culterano de Góngora y gran amigo de Jáuregui y de Lope de Vega. Ha estado muy olvidado hasta que Gerardo Diego le incluyera en su *Antología poética en honor de Góngora* (1927) y Benítez Claros reeditara su obra (1946). Hoy se valora su voluntad de creación plenamente artística, alejada de los devaneos satíricos y humorísticos de la época.

PROPONE EL AUTOR DISCURRIR EN LOS AFECTOS DE AMOR

Yo cantaré de amor tan dulcemente
el rato que me hurtase a sus dolores,
que el pecho que jamás sintió de amores
empiece a confesar que amores siente.

Verá cómo no hay dicha permanente
debajo de los cielos superiores,
y que las dichas altas o menores,
imitan en el suelo su corriente.

Verá que ni en amar alguno alcanza
firmeza, aunque la tenga en el tormento
de idolatrar un mármol con belleza.

Porque si todo amor es esperanza,
y la esperanza es vínculo del viento
¿quién puede amar seguro en su firmeza?

PEDRO DE CASTRO Y AÑAYA

(c. 1610-d. de 1644)

NATURAL de Murcia, siguió la carrera de las armas, sirviendo en Nápoles y en otras partes de Italia. Regresó en 1630 a Murcia, donde publicó con éxito *Auroras de Diana* (1632). Fue muy elogiado por Lope de Vega, Montalbán y Calderón.

SONETO

COPIASTE en mármol la mayor belleza,
oh Lauro, y tanto a Lisis parecida,
que de las dos es una ya la vida,
y de las dos es una la dureza.

Sola a Lisis formó naturaleza,
y tú nos diste a Lisis repetida,
Lisi o la estatua en ella convertida,
¿cuál de las dos se debe a tu destreza?

No fue el impulso, no, de la escultura,
que en el mármol viviente y sucesivo
Lisis quedase de morir ajena.

Arbitrio fue de Amor, que hermosa y dura
formó otra Lisis, porque en mármol vivo
viva inmortal la causa de mi pena.

FRANCISCO DE TRILLO Y FIGUEROA

(1618-d. de1678)

ORIUNDO de Galicia, vivió en Granada desde los once años. Constituye un ejemplo de gongorismo tardío. Cultivó tanto la poesía seria como la festiva, y tan de cerca siguió los pasos del maestro que sus composiciones se confundieron más de una vez y llegaron a ser publicadas como si fueran de Góngora. Su obra poética fue recogida en un volumen titulado *Poesías varias heroicas, satíricas y amorosas* (Granada, 1652). Es autor también de la *Neapolisea,* un poema épico, muy culterano, en honor del Gran Capitán.

ÚLTIMOS AFECTOS DE UNA DAMA, MIRANDO EL SEPULCRO DE SU AMANTE

SI con morir pudiera mejorarte,
si viviendo pudiera no perderte,
qué poco mereciera con la muerte,
qué poco me debieras por amarte,

Si con llorar pudiera consolarte,
si risueña pudiera no ofenderte,
qué poco me costara el merecerte,
¡oh cuánto mereciera en olvidarte!

Si la elección me fuera permitida,
si en tus cenizas abrigar la pena,
que ardiente parasismo es de mi vida,

¡oh cuán gozosa en la fatal cadena
aprisionara el alma condolida,
que tanto está de libertad ajena!

SOR JUANA INÉS DE LA CRUZ

(México, 1651-1695)

ERA hija de madre criolla y padre español. Esta mujer fue un asombroso caso de precocidad y autodidactismo. A los catorce años era tan famosa por su saber, por sus poesías y por su belleza, que la esposa del virrey la invitó a vivir en la corte. Pero, por ser mujer, nunca tuvo acceso a estudios universitarios. A los dieciséis, ingresó en la Orden Carmelita, pero la dura disciplina la hizo volver al palacio de los virreyes. Ingresó un año más tarde en la Orden Jerónima, mucho menos rígida. Gozó de una enorme admiración y la consultaban los personajes más importantes. Por un breve tiempo se la prohibió la lectura por considerar que su dedicación al estudio era excesiva para una mujer. Nadie en su tiempo supo defender mejor los derechos de la mujer a una vida plena. A los cuarenta años abandonó los estudios para entregarse de lleno a la oración y a la caridad. Vendió los 4.000 volúmenes de su biblioteca y sus instrumentos científicos y musicales para ayudar a los pobres. Murió joven en Amecaneca (México), a consecuencia de la peste que había contraído cuidando a sus hermanas de religión.

ARGUYE DE INCONSECUENTES EL GUSTO Y LA CENSURA DE LOS HOMBRES QUE EN LAS MUJERES ACUSAN LO QUE CAUSAN

HOMBRES necios que acusáis
a la mujer sin razón,
sin ver que sois la ocasión
de lo mismo que culpáis:

si con ansia sin igual
solicitáis su desdén,
¿por qué queréis que obren bien
si las incitáis al mal?

Combatís su resistencia
y luego, con gravedad,
decís que fue liviedad
lo que hizo la diligencia.

Parecer quiere el denuedo
de vuestro parecer loco
al niño que pone el coco
y luego le tiene miedo.

Queréis, con presunción necia,
hallar a la que buscáis,
para pretendida, Thais,
y en la posesión, Lucrecia.

¿Qué humor puede ser más raro
que el que, falto de consejo,
él mismo empaña el espejo,
y siente que no esté claro?

Con el favor y el desdén
tenéis condición igual,
quejándoos, si os tratan mal,
burlándoos, si os quieren bien.

Opinión, ninguna gana;
pues la que más se recata,
si no os admite, es ingrata,
y si os admite, es liviana.

Siempre tan necios andáis
que, con desigual nivel,
a una culpáis por crüel
y a otra por fácil culpáis.

¿Pues cómo ha de estar templada
la que vuestro amor pretende,
si la que es ingrata, ofende,
y la que es fácil, enfada?

Mas, entre el enfado y pena
que vuestro gusto refiere,
bien haya la que no os quiere
y quejaos en hora buena.

Dan vuestras amantes penas
a sus libertades alas,
y después de hacerlas malas
las queréis hallar muy buenas.

¿Cuál mayor culpa ha tenido
en una pasión errada:
la que cae de rogada,
o el que ruega de caído?

¿O cuál es más de culpar,
aunque cualquiera mal haga,
la que peca por la paga,
o el que paga por pecar?

Pues ¿para qué os espantáis
de la culpa que tenéis?
Queredlas cual las hacéis
o hacedlas cual las buscáis.

Dejad de solicitar,
y después, con más razón,
acusaréis la afición
de la que os fuere a rogar.

Bien con muchas armas fundo
que lidia vuestra arrogancia,
pues en promesa e instancia
juntáis diablo, carne y mundo.

EN QUE SATISFACE UN RECELO CON LA RETÓRICA DEL LLANTO

ESTA tarde, mi bien, cuando te hablaba,
como en tu rostro y tus acciones vía[1]
que con palabras no te persuadía,
que el corazón me vieses deseaba;

y Amor, que mis intentos ayudaba,
venció lo que imposible parecía:
pues entre el llanto, que el dolor vertía,
el corazón deshecho destilaba.

Baste ya de rigores, mi bien, baste;
no te atormenten más celos tiranos,
ni el vil recelo tu quietud contraste

con sombras necias, con indicios vanos,
pues ya en líquido humor viste y tocaste
mi corazón deshecho entre tus manos.

RESUELVE LA CUESTIÓN DE CUÁL SEA PESAR MÁS MOLESTO EN ENCONTRADAS CORRESPONDENCIAS, AMAR O ABORRECER

QUE no me quiera Fabio, al verse amado,
es dolor sin igual en mí sentido;
mas que me quiera Silvio, aborrecido,
es menor mal, más no menos enfado.

¿Qué sufrimiento no estará cansado
si siempre le resuenan al oído
tras la vana arrogancia de un querido
el cansado gemir de un desdeñado?

---

[1] *vía:* forma contracta de *veía.*

Si de Silvio me cansa el rendimiento,
a Fabio canso con estar rendida;
si de éste busco el agradecimiento,

a mí me busca el otro agradecida:
por activa y pasiva es mi tormento,
pues padezco en querer y en ser querida.

PROSIGUE EL MISMO ASUNTO, Y DETERMINA QUE PREVALEZCA LA RAZÓN CONTRA EL GUSTO

AL que ingrato me deja, busco amante;
al que amante me sigue, dejo ingrata;
constante adoro a quien mi amor maltrata;
maltrato a quien mi amor busca constante.

Al que trato de amor, hallo diamante,
y soy diamante al que de amor me trata;
triunfante quiero ver al que me mata,
y mato al que me quiere ver triunfante.

Si a éste pago, padece mi deseo;
si ruego a aquél, mi pundonor enojo:
de entrambos modos infeliz me veo.

Pero yo, por mejor partido, escojo
de quien no quiero ser violento empleo,
que, de quien no me quiere, vil despojo.

QUE DAN ENCARECIDA SATISFACCIÓN A UNOS CELOS

PUES estoy condenada,
Fabio, a la muerte, por decreto tuyo,
y la sentencia airada

ni la apelo, resisto ni la huyo,
óyeme, que no hay reo tan culpado
a quien el confesar le sea negado.

Porque te han informado,
dices, de que mi pecho te ha ofendido,
me has, fiero, condenado.
¿Y pueden, en tu pecho endurecido,
más la noticia incierta, que no es ciencia,
que de tantas verdades la experiencia?

Si a otros crédito has dado,
Fabio, ¿por qué a tus ojos se lo niegas,
y el sentido trocado
de la ley, al cordel mi cuello entregas,
pues liberal me amplías los rigores
y avaro me restringes los favores?

Si a otros ojos he visto,
mátenme, Fabio, tus airados ojos;
si a otro cariño asisto,
asístanme implacables tus enojos;
y si otro amor del tuyo me divierte,
tú, que has sido mi vida, me des muerte.

Si a otro, alegre, he mirado,
nunca alegre me mires ni te vea;
si le hablé con agrado,
eterno desagrado en ti posea;
y si otro amor inquieta mi sentido,
sáquesme el alma tú, que mi alma has sido.

Mas, supuesto que muero,
sin resistir a mi infelice suerte,
que me des sólo quiero
licencia de que escoja yo mi muerte;
deja la muerte a mi elección medida,
pues en la tuya pongo yo la vida.

No muera de rigores,
Fabio, cuando morir de amores puedo;
pues con morir de amores
tú acreditado y yo bien puesta quedo:
que morir por amor, no de culpada,
no es menos muerte, pero es más honrada.

Perdón, en fin, te pido
de las muchas ofensas que te he hecho
en haberte querido;
que ofensas son, pues son a tu despecho;
y con razón, te ofendes de mi trato,
pues que yo, con quererte, te hago ingrato.

POESÍA DE TIPO TRADICIONAL

POR la mar abajo
van los mis ojos;
quiérome ir con ellos,
no vayan solos.

* * *

PASAS por mi calle,
no me quieres ver;
corazón de acero
debes de tener.

* * *

SI tuviera figura
mi pensamiento,
¡qué de veces le hallaras
en tu aposento!

* * *

MIRA lo que debo,
niña, a tus labios,
pues me resucitan
si me desmayo.

* * *

RÍO de Sivilla,
rico de olivas,
dile cómo lloro
lágrimas vivas.

* * *

EN la cumbre madre,
tal aire me dio,
que el amor que tenía
aire se volvió.

Madre, allá en la cumbre
de la gentileza
miré un belleza
fuera de costumbre,
cuya nueva lumbre
ciega me dejó,
que el amor, etc.

Quísolo mi suerte,
fragua de mis males,
que con ansias tales
llegase a la muerte;
mas un aire fuerte
así me trocó,
que el amor, etc.

Dulce ausente mío,
no te alejes tanto,
mueva ya mi llanto
ese pecho frío;
mas ay que un desvío
tal pena me dio,
que el amor, etc.

LETRA

A la sombra de mis cabellos
mi querido se adurmió,
¿si le recordaré o no?

Peinaba yo mis cabellos
con cuidado cada día
y el viento los esparcía,
robándome los más bellos,
y a su soplo y sombra dellos
mi querido se adurmió,
¿si le recordaré o no?

Díceme que la da pena
el ser en extremo ingrata,
que le da vida y le mata
esta mi color morena,
y llamándome sirena
él junto a mí se adurmió,
¿si le recordaré o no?

* * *

MIENTRAS duerme la niña,
flores y rosas,
azucenas y lirios
le hacen sombra.

En el prado verde,
la niña reposa,
donde Manzanares
sus arroyos brota.
No se mueve el viento,
ramas ni hojas,
que azucenas y lirios
le hacen sombra.

El sol la obedece
y a su paso acorta,
que son rayos bellos
sus ojos y boca.
Las aves no cantan
viendo tal gloria,
que azucenas y lirios
le hacen sombra.

NEOCLASICISMO Y PRERROMANTICISMO
(Siglo XVIII)

JUAN DE IRIARTE

(1702-1771)

NACIÓ en el Puerto de la Cruz, en la isla de Tenerife. Después de educarse en Francia, se estableció en Madrid en 1724. Fue bibliotecario real y miembro de la Real Academia Española. Realizó trabajos muy eruditos y críticos, y llegó a escribir una Gramática latina en verso castellano. Defendió la literatura del Siglo de Oro, en especial la de Góngora, contra los ataques de Ignacio de Luzán. Cultivó la poesía latina y castellana, destacando en la epigramática. Murió en Madrid.

EPIGRAMAS

Ad formosam blandamque Cynthiam

TE Paris aut Adam vidisset, Cynthia, pomum
sumeret hic a te, traderet ille tibi.

Si Paris o Adán te viese,
Cintia, tan bella y humana,
la manzana aquél te diera,
éste de ti la tomara.

Sobre las hermosuras, que siempre tienen algún defecto

MUJER hermosa no espero
encontrar sin tacha humana:
Eva tuvo su manzana,
las demás tienen su pero.

JUAN BAUTISTA AGUIRRE

(Ecuador, 1725-1786)

LOS últimos años de este jesuita, como los de tantos otros, transcurrieron en Italia, donde murió, como consecuencia de la expulsión dictada en 1767. Mientras en sus tratados en prosa manifiesta el gusto por la expresión sencilla y racional, propia del neoclasicismo, en su poesía persiste el barroquismo hispánico. Cultivó con soltura formas estróficas y temas variadísimos, incluso un impersonal erotismo teórico, cercano al rococó.

A UNA DAMA IMAGINARIA

Romance

QUÉ linda cara que tienes,
válgate Dios por muchacha,
que si te miro, me rindes
y si me miras, me matas.

Esos tus hermosos ojos
son en ti, divina ingrata,
harpones cuando los flechas,
puñales cuando los clavas.

Esa tu boca traviesa,
brinda entre coral y nácar,
un veneno que da vida
y una dulzura que mata.

En ella las gracias viven;
novedad privilegiada,
que haya en tu boca hermosura
sin que haya en ella desgracia.

Primores y agrados hay
en tu talle y en tu cara
todo tu cuerpo es aliento,
y todo tu aliento es alma.

El licencioso cabello
airosamente declara,
que hay en lo negro hermosura,
y en lo desairado hay gala.

Arco de amor son tus cejas,
de cuyas flechas tiranas,
ni quien se defiende es cuerdo,
ni dichoso quien se escapa.

¡Qué desdeñosa te burlas!
y ¡qué traidora te ufanas,
a tantas fatigas firme,
y a tantas finezas falsa!

¡Qué mal imitas al cielo
pródigo contigo en gracias,
pues no sabes hacer una
cuando sabes tener tantas!

FRAY DIEGO TADEO GONZÁLEZ

(1732-1794)

NACIÓ en Ciudad Rodrigo (Salamanca). Se hizo agustino, llegando a ocupar importantes cargos en la orden. Con el seudónimo de *Delio* fue poeta destacado de la escuela salmantina del siglo XVIII y quien animó a Jovellanos a que abandonara la poesía amorosa para dedicarse a la filosófica y religiosa.

A MELISA

Yo vi una fuentecilla
de manantial tan lento y tan escaso
que toda el agua pura que encerraba
pudiera reducilla
al recinto brevísimo de un vaso.
Del pequeño arroyuelo que formaba,
por ver en qué paraba,
el curso perezoso fui siguiendo,
y vi que sin cesar iba creciendo
con el socorro de agua pasajera
en tal forma y manera
que cuando lo he intentado
ya no pude pasar del otro lado.

Yo vi una centellita
que por caso a mi puerta había caído,
y de su pequeñez no haciendo cuento,
me fui a dormir sin cuita;
y estando ya en el sueño sumergido
a deshoras, ¡ay Cielos!, sopla el viento,
y excita en un momento
tal incendio que el humo me dispierta;
la llama se apodera de mi puerta

y mis ajuares quema sin tardanza;
y yo sin esperanza,
confuso y chamuscado,
sólo pude salir por el tejado.

Yo vi un vapor ligero
que al impulso del sol se levantaba
de la tierra, do apenas sombra hacía.
No hice caso primero;
mas vi que por momentos se aumentaba,
y luego cubrió el cielo, robó el día,
y al suelo descendía
en gruesos hilos de agua que inundaron
mis campos y las mieses me robaron;
y a mí que en su socorro fui a la era
me llevó la ribera
do hubiera perecido
si no me hubiese de una zarza asido.

En fin, yo vi en mi pecho
nacer tu amor, Melisa, y fácil fuera
en el principio haberlo contenido;
mas poco satisfecho
con ver su origen, quise ver cuál era
su fin; y de mi daño no advertido,
hallo un río crecido,
que a toda libertad me corta el paso;
hallo un voraz incendio en que me abraso;
hallo una tempestad que me arrebata,
y de anegarme trata.
¡Ay! con cuánta inclemencia
Cupido castigó mi negligencia!

VICENTE GARCÍA DE LA HUERTA

(1734-1787)

NATURAL de Zafra (Badajoz), estudió en Salamanca y llegó a Madrid cuando más dura era la polémica teatral entre antiguos y modernos. Protegido en Madrid por el duque de Alba, obtiene cargos oficiales y llega a ser académico de la Española. En 1767, por atacar al duque de Aranda, es encarcelado en Orán, de donde no regresa hasta 1777; su amargura le lleva a enemistarse con los escritores más famosos (Samaniego, Forner, Jovellanos, etc.) y a vivir sus últimos años envuelto en reyertas literarias. Además de poeta y traductor teatral, destacó por escribir varias tragedias, entre las que destaca su sobresaliente *Raquel.*

EL VERDADERO AMOR

ANTES al cielo faltarán estrellas,
al mar peligros, pájaros al viento,
al sol su resplandor y movimiento,
y al fuego abrasador vivas centellas;

antes al campo producciones bellas,
al monte horror, al llano esparcimiento,
torpes envidias al merecimiento,
y al no admitido amor, tristes querellas;

antes sus flores a la primavera,
ardores inclementes al estío,
al otoño abundancia lisonjera,

y al aterido invierno hielo y frío;
que ceda un punto de su fe primera,
cuanto menos que falte, el amor mío.

JOSÉ CADALSO

(1741-1782)

HIJO de un comerciante acomodado, nació en Cádiz. Se educó allí y luego en París y Madrid. Su carrera militar le permitió dedicarse a las letras y concurrir asiduamente a la tertulia de la Fonda de San Sebastián. Mantuvo amores con la actriz María Ignacia Ibáñez. Además de importantes obras en prosa (*Cartas marruecas, Los eruditos a la violeta, Noches lúgubres* y varias tragedias), en la poesía destacó con el seudónimo de *Dalmiro* por sus anacreónticas, llegando a ser considerado como guía y maestro por los poetas de la escuela de Salamanca. Alcanzó el grado de coronel poco antes de su muerte, que se produjo cuando el ejército sitiaba Gibraltar. Es considerado como uno de los introductores del espíritu romántico en España.

SOBRE EL PODER DEL TIEMPO

TODO lo muda el tiempo, Filis mía,
todo cede al rigor de sus guadañas;
ya transforma los valles en montañas,
ya pone un campo donde un mar había.

Él muda en noche opaca el claro día,
en fábulas pueriles las hazañas,
alcázares soberbios en cabañas,
y el juvenil ardor en vejez fría.

Doma el tiempo al caballo desbocado,
detiene al mar y viento enfurecido,
postra al león y rinde al bravo toro.

Sola una cosa al tiempo denodado
ni cederá, ni cede, ni ha cedido,
y es el constante amor con que te adoro.

A LA PELIGROSA ENFERMEDAD DE FILIS

Si el cielo está sin luces,
el campo está sin flores,
los pájaros no cantan,
los arroyos no corren,
no saltan los corderos,
no bailan los pastores,
los troncos no dan frutos,
los ecos no responden...
es que enfermó mi Filis
y está suspenso el orbe.

RENUNCIANDO AL AMOR Y A LA POESÍA LÍRICA CON MOTIVO DE LA MUERTE DE FILIS

Mientras vivió la dulce prenda mía,
Amor, sonoros versos me inspiraste;
obedecí la ley que me dictaste,
y sus fuerzas me dio la poesía.

Mas ¡ay! que desde aquel aciago día
que me privó del bien que tú admiraste,
al punto sin imperio en mí te hallaste,
y hallé falta de ardor a mi Talía.

Pues no borra su ley la Parca dura,
a quien el mismo Jove no resiste,
olvido el Pindo y dejo la hermosura.

Y tú también de tu ambición desiste,
y junto a Filis tengan sepultura
tu flecha inútil y mi lira triste.

JOSÉ IGLESIAS DE LA CASA

(1748-1791)

NACIÓ en Salamanca, de familia noble venida a menos. Posiblemente trabajase de platero en su ciudad antes de ordenarse sacerdote en 1783. Perteneció a la escuela de Salamanca, sobresaliendo por sus delicados poemas anacreónticos y bucólicos, y también por sus incisivas sátiras y epigramas. En 1793 se editaron en Salamanca dos volúmenes de *Poesías póstumas*.

FUEGO AMOROSO

MAÑANITA alegre
del señor San Juan,
al pie de la fuente
del rojo arenal,

con un listón verde
que eché por sedal
y un alfiler corvo
me puse a pescar.

Llegóse al estanque
mi tierno zagal,
y en estas palabras
me empezó a burlar:

«Cruel pastorcilla,
¿dónde pez habrá
que a tan dulce muerte
no quiera llegar?»

Yo así de él y dije:
«¿Tú también querrás?
Y este pececillo
no, no se me irá.»

JUAN MELÉNDEZ VALDÉS

(1754-1817)

NACIDO en Ribera del Fresno (Badajoz), estudió en Salamanca y pronto se integró en el grupo de Tadeo González, Iglesias, Jovellanos y Cadalso. Fue profesor de humanidades en Salamanca y luego magistrado. Partidario de José Bonaparte en la Guerra de la Independencia, se vio obligado a emigrar al terminar la contienda. Destacó por sus anacreónticas y poesías amorosas de exquisita elegancia rococó y también por sus odas sobre temas filosóficos y religiosos.

LOS BESOS DE AMOR

III

CUANDO mi blanda Nise
lasciva me rodea
con sus nevados brazos,
y mil veces me besa;
cuando a mi ardiente boca
su dulce labio aprieta
tan del placer rendida
que casi a hablar no acierta;
y yo por alentarla
corro con mano inquieta
de su nevado vientre
las partes más secretas;
y ella entre dulces ayes
se mueve más, y alterna
ternuras y suspiros
con balbuciente lengua;
ora hijito me llama,
ya que cese me ruega,
ya al besarnos me muerde,

y moviéndose anhela.
Entonces, ¡ay!, si alguno
contó del mar la arena,
cuente, cuente, las glorias
en que el amor me anega.

SONETO

QUÉDENSE de tu templo ya colgados
vistiendo sus paredes mis despojos
ya basta Amor de engaños y de enojos
no quiero más tu guerra y tus cuidados.

Dos años te he seguido mal gastados
que inútilmente lloran hoy mis ojos;
flores pensé coger y halléme abrojos
vuelvo atrás de mis pasos mal andados.

Tuya es, oh Amor, la culpa (y yo la pena
llevo de te servir arrepentido)
que halagas blando y te descubres fiero.

Mas, ay, romper no puedo la cadena;
¡Oh tirano cruel que al que has rendido
guardas toda la vida prisionero!

CONDE DE NOROÑA

(1760-1815)

GASPAR María de Nava Álvarez nació en Castellón de la Plana, fue militar y diplomático, dramaturgo y poeta. Aunque participa de la moda por la poesía anacreóntica, se propuso afianzar en la poesía castellana la moda sepulcral y el exotismo prerromántico, traduciendo y adaptando en sus *Poesías asiáticas* textos ingleses de J. D. Carlyle y de S. Rousseau, y latinos de sir William Jones.

ANACREÓNTICAS

CHASCO CRUEL

ENTRE sueños anoche
me figuraba un prado
en donde unas muchachas
un baile concertaron;
saltaban y reían,
hacía yo otro tanto,
cuando de pronto miro
a Lisis a mi lado;
al verla tan hermosa,
suspensos nos quedamos,
como si nos hiriera
Júpiter con su rayo.
Vuelvo del susto, busco
la causa de mi pasmo,
la encuentro, y la alegría
retozaba en mis labios;
voy a dar a mi Lisis
mil besos, mil abrazos;
despierto, y con el lecho
encuéntrome abrazado.

A LISIS

De tu boca a la mía
pasa, Lisis, el vaso...
Pero tú, ¿qué veneno
mantienes en los labios,
que como fuego activo
el borde está quemando?
—Al Amor, que allí posa
y lo abrasó al tocarlo.

ALBERTO LISTA Y ARAGÓN

(1775-1848)

NACIÓ en Sevilla, de familia humilde. Después de apoyar la causa nacional al principio de la Guerra de la Independencia, se pasó al bando contrario y tuvo que emigrar a Francia en 1813, donde pasó cuatro años. Se hizo clérigo y se dedicó sobre todo a la enseñanza en Sevilla y Madrid. Junto con Blanco, Arjona, Reinoso y otros formó la escuela sevillana del siglo XVIII. Cultivador exquisito de la forma, siguió las pautas de Meléndez en cuanto a poesía filosófica y amorosa. Entre sus discípulos se cuentan Ventura de la Vega, Patricio de la Escosura, Espronceda y Bécquer. Murió en Sevilla siendo decano de la Facultad de Filosofía.

SEGUIDILLAS

YO le digo a mi ingrata
tierno y rendido:
«¿Cuándo serán favores
tantos desvíos?»

Y ella responde:
«Cuando olvide que saben
mentir los hombres.»

* * *

LUCIÉRNAGAS brillantes
son tus amores,
que se eclipsan de día,
viven de noche;

y en la tiniebla
suelen lucir un poco,
más no calientan.

JOSÉ SOMOZA

(1781-1852)

NACIÓ y murió en Piedrahíta (Ávila), donde poseía un castillo que visitaba con frecuencia la duquesa de Alba. Ella fue quien le introdujo en la vida literaria. Fue amigo de Jovellanos, Meléndez y Quintana. Diputado por Ávila, fue perseguido por sus ideas liberales, por lo que se retiró a su pueblo natal.

LA DURMIENTE

LA luna mientras duermes te acompaña,
tiende su luz por tu cabello y frente,
va del semblante al cuello, y lentamente
cumbres y valles de tu seno baña.

Yo, Lesbia, que al umbral de tu cabaña
hoy velo, lloro y ruego inútilmente,
el curso de la luna refulgente,
dichoso he de seguir o amor me engaña.

He de entrar cual la luna en tu aposento,
cual ella al lienzo en que tu faz reposa,
y cual ella a tus labios acercarme;

cual ella respirar tu dulce aliento,
y cual el disco de la casta diosa,
puro, trémulo, mudo, retirarme.

MARIANO MELGAR

(Perú, 1791-1815)

NATURAL de Arequipa, se enamoró perdidamente de una joven de trece años (la «*Silvia*» de sus versos), después de haber recibido las órdenes menores. Su familia lo alejó a Lima para estudiar Derecho y para olvidarse de la joven; al tanto de las propuestas liberales de las Cortes de Cádiz (1812) regresa a Arequipa. Rechazado por *Silvia,* participa en una fallida sublevación independentista y Melgar es fusilado en el pueblo serrano de Huamachiri, con veinticuatro años de edad. Debe su fama a las canciones elegíacas dedicadas a *Silvia,* en las que fundió la tradición española con la herencia poética indígena del *yaraví.*

SONETO

No nació la mujer para querida,
por esquiva, por falsa y por mudable;
y porque es bella, débil, miserable,
no nació para ser aborrecida.

No nació para verse sometida,
porque tiene carácter indomable;
y pues prudencia en ella nunca es dable,
no nació para ser obedecida.

Porque es flaca no puede ser soltera,
porque es infiel no puede ser casada,
por mudable no es fácil que bien quiera,

Si no es, pues, para amar o ser amada,
sola o casada, súbdita o primera,
la mujer no ha nacido para nada.

YARAVÍ

¡Ay, amor!, dulce veneno,
¡ay, tema de mi delirio,
solicitado martirio
y de todos males lleno.

¡Ay, amor! lleno de insultos,
centro de angustias mortales,
donde los bienes son males
y los placeres tumultos.

¡Ay, amor! ladrón casero
de la quietud más estable.
¡Ay, amor, falso y mudable!
¡Ay, que por tu causa muero!

¡Ay, amor! glorioso infierno
y de infernales injurias,
león de celosas furias,
disfrazado de cordero.

¡Ay, amor!, pero ¿qué digo,
que conociendo quién eres,
abandonando placeres,
soy yo quien a ti te sigo?

ROMANTICISMO Y REALISMO
(Siglo XIX)

JUAN AROLAS

(1805-1849)

NACIÓ en Barcelona. Trasladado de niño a Valencia, estudió en las Escuelas Pías, orden en la que ingresó a los dieciocho años. Fundó el *Diario Mercantil* de Valencia y apoyó al liberalismo isabelino (1833). Con escasa vocación religiosa y con un acentuado temperamento sensual, tuvo una vida interior conflictiva y murió trastornado mentalmente. Sus poesías amorosas anticipan rasgos modernistas, por el orientalismo y la sensualidad de sus imágenes.

OBRA POÉTICA: *Poesías caballerescas y orientales* (1840), *Poesías* (1942 y 1943), *Poesías religiosas, caballerescas amatorias y orientales* (1860).

A UNA BELLA

SOBRE pupila azul, con sueño leve
tu párpado cayendo, amortecido,
se parece a la pura y blanca nieve
que sobre las violetas reposó.
Yo el sueño del placer nunca he dormido:
sé más feliz que yo.

Se asemeja tu voz, en la plegaria,
al canto del zorzal de indiano suelo,
que sobre la pagoda solitaria
los himnos de la tarde suspiró.
Yo sólo esta oración dirijo al cielo:
«Sé más feliz que yo».

Es tu aliento la esencia más fragante
de los lirios del Arno caudaloso,

que brotan sobre un junco vacilante
cuando el céfiro blando los meció.
Yo no gozo su aroma delicioso:
sé más feliz que yo.

El amor, que es espíritu de fuego
que de callada noche se aconseja
y se nutre con lágrimas y ruego,
en tus purpúreos labios se escondió.
Él te guarde placer y a mí la queja:
sé más feliz que yo.

Bella es tu juventud en sus albores,
como un campo de rosas del Oriente;
al ángel del recuerdo pedí flores
para adornar tu sien, y me las dio.
Yo decía al ponerlas en tu frente:

«Sé más feliz que yo».
Tu mirada vivaz es de paloma:
como la adormidera del desierto,
causa dulce embriaguez, hurí de aroma
que el cielo de topacio abandonó.
Mi suerte es dura, mi destino incierto:
sé más feliz que yo.

JOSÉ DE ESPRONCEDA

(1808-1842)

NACIDO en Almendralejo (Badajoz), era hijo de un coronel de caballería. Discípulo en Madrid de Alberto Lista, ya de estudiante dio muestras de rebeldía, fundando con Escosura y otros amigos una sociedad secreta, «Los Numantinos»; descubierto, fue recluido por un tiempo en un convento de Guadalajara. Por motivos políticos huyó en 1826 a Lisboa, donde conoció y se enamoró perdidamente de Teresa Mancha, casi una niña. Al año siguiente la siguió a Londres, donde Teresa se había trasladado con su familia. Entusiasmado por la causa liberal, estuvo luchando en el París de las barricadas en 1830. Entre tanto, Teresa se había casado con un rico comerciante. Espronceda la rapta y se fuga con ella. Participa luego en una invasión guerrillera contra España. Acogido a una amnistía, regresa a España; Teresa le abandona dejándole una hija, Blanca. Cuando parece que iba a sentar cabeza casándose con una señorita burguesa, muere repentinamente en Madrid, de una enfermedad de laringe.

OBRA POÉTICA: *Poesías* (1840), *El Diablo Mundo* (1840).

CANTO A TERESA

(Fragmentos)

¿POR qué volvéis a la memoria mía,
tristes recuerdos de placer perdido,
a aumentar la ansiedad y la agonía
de este desierto corazón herido?
¡Ay! que de aquellas horas de alegría
le quedó al corazón sólo un gemido,
y el llanto que al dolor los ojos niegan
lágrimas son de hiel que el alma anegan.

¿Dónde volaron ¡ay! aquellas horas
de juventud, de amor y de ventura,
regaladas de músicas sonoras,
adornadas de luz y de hermosura?
Imágenes de oro bullidoras,
sus alas de carmín y nieve pura,
al sol de mi esperanza desplegando,
pasaban ¡ay! a mi alrededor cantando.

Gorjeaban los dulces ruiseñores,
el sol iluminaba mi alegría,
el aura susurraba entre las flores,
el bosque mansamente respondía,
las fuentes murmuraban sus amores...
¡Ilusiones que llora el alma mía!
¡Oh, cuán suave resonó en mi oído
el bullicio del mundo y su ruido!

Mi vida entonces, cual guerrera nave
que el puerto deja por la vez primera,
y al soplo de los céfiros suave
orgullosa despliega su bandera,
y al mar dejando que sus pies alabe
su triunfo en roncos cantos, va velera,
una ola tras otra bramadora
hollando y dividiendo vencedora.

¡Ay! en el mar del mundo, en ansia ardiente
de amor volaba; el sol de la mañana
llevaba yo sobre mi tersa frente,
y el alma pura de su dicha ufana:
dentro de ella el amor, cual rica fuente
que entre frescuras y arboledas mana,
brotaba entonces abundante río
de ilusiones y dulce desvarío.

Yo amaba todo: un noble sentimiento
exaltaba mi ánimo, y sentía
en mi pecho un secreto movimiento,
de grandes hechos generoso guía:

la libertad con su inmortal aliento,
santa diosa, mi espíritu encendía,
contino imaginando en mi fe pura
sueños de gloria al mundo y de ventura (...)

Yo, desterrado en extranjera playa,
con los ojos extático seguía
la nave audaz que en argentada raya
volaba al puerto de la patria mía:
yo, cuando en Occidente el sol desmaya,
solo y perdido en la arboleda umbría,
oír pensaba el armonioso acento
de una mujer, al suspirar del viento.

¡Una mujer! En el templado rayo
de la mágica luna se colora,
del sol poniente al lánguido desmayo
lejos entre las nubes se evapora;
sobre las cumbres que florece mayo
brilla fugaz al despuntar la aurora,
cruza tal vez por entre el bosque umbrío
juega en las aguas del sereno río.

¡Una mujer! Deslízase en el cielo
ella en la noche desprendida estrella,
si aroma el aire recogió en el suelo,
es el aroma que le presta ella.
Blanca es la nube que en callado vuelo
cruza la esfera, y que su planta huella,
y en la tarde la mar olas le ofrece
de plata y de zafir, donde se mece (...)

¡Pobre Teresa! Cuando ya tus ojos
áridos ni una lágrima brotaban;
cuando ya su color tus labios rojos
en cárdenos matices se cambiaban:
cuando de tu dolor tristes despojos
la vida y su ilusión te abandonaban,
y consumía lenta calentura

tu corazón al par de tu amargura;
si en tu penosa y última agonía
volviste a lo pasado el pensamiento;
si arrojó a tu dolor tu fantasía
tus hijos ¡ay! en tu postrer momento
a otra mujer tal vez acariciando,
madre tal vez a otra mujer llamando;

si el cuadro de tus breves glorias viste
pasar como fantástica quimera,
y si la voz de tu conciencia oíste
dentro de ti gritándote severa;
si, en fin, entonces tú llorar quisiste
y no brotó una lágrima siquiera
tu seco corazón, y a Dios llamaste,
y no te escuchó Dios, y blasfemaste;

¡oh! ¡cruel! ¡muy cruel! ¡martirio horrendo!
¡espantosa expiación de tu pecado!
Sobre un lecho de espinas, maldiciendo,
morir, el corazón desesperado.
Tus mismas manos de dolor mordiendo,
presente a tu conciencia lo pasado,
buscando en vano, con los ojos fijos,
y extendiendo tus brazos a tus hijos.

¡Oh! ¡cruel! ¡muy cruel!... ¡Ay! yo entre tanto
dentro del pecho mi dolor oculto,
enjugo de mis párpados el llanto
y doy al mundo el exigido culto;
yo escondo con vergüenza mi quebranto,
mi propia pena con mi risa insulto,
y me divierto en arrancar del pecho
mi mismo corazón pedazos hecho.

Gocemos, sí; la cristalina esfera
gira bañada en luz: ¡bella es la vida!
¿Quién a parar alcanza la carrera
del mundo hermoso que al placer convida?

Brilla radiante el sol, la primavera
los campos pinta en la estación florida:
truéquese en risa mi dolor profundo...
que haya un cadáver más, ¿qué importa al mundo?

JOSÉ BATRES MONTÚFAR

(Guatemala, 1809-1844)

ESCRITOR guatemalteco a pesar de haber nacido en El Salvador. En sus versos domina la tradición clásica. En sus *Poesías*, publicadas en 1845, destacan sus «Leyendas de Guatemala», escritas en octavas reales e inspiradas en tradiciones de la época colonial.

OBRA POÉTICA: *Poesías* (1845).

YO PIENSO EN TI

Yo pienso en ti, tú vives en mi mente,
sola, fija, sin tregua, a toda hora,
aunque tal vez el rostro indiferente
no deje reflejar sobre mi frente
la llama que en silencio me devora.

En mi lóbrega y yerta fantasía
brilla tu imagen apacible y pura,
como el rayo de luz que el sol envía
a través de una bóveda sombría
al roto mármol de una sepultura.

Callado, inerte, en estupor profundo,
mi corazón se embarga y se enajena,
y allá en su centro vibra moribundo
cuando entre el vano estrépito del mundo
la melodía de tu nombre suena.

Sin lucha, sin afán y sin lamento,
sin agitarme en ciego frenesí,
sin proferir un solo, un leve acento,
las largas horas de la noche cuento
y pienso en ti!

GERTRUDIS GÓMEZ DE AVELLANEDA

(Cuba-España, 1814-1873)

NACIÓ en Camagüey (Cuba). A los veintidós años se trasladó a España y vivió sucesivamente en La Coruña, Lisboa, Cádiz y Sevilla. A partir de 1840 participó activamente en la vida literaria española. Se casó dos veces y se trasladó a Cuba, donde dirigió la revista *El álbum cubano.* En 1864 regresó a Madrid, donde vivió sus últimos años entre desgracias familiares y crisis nerviosas. En su tiempo fue considerada la mejor expresión del romanticismo femenino. Además de poeta, es autora de varias novelas y obras de teatro.

OBRA PÉTICA: *Poesías* (1841).

A ÉL

No existe lazo ya: todo está roto.
Plúgole al cielo así: ¡bendito sea!
Amargo cáliz con placer agoto;
mi alma reposa al fin: nada desea.

Te amé, no te amo ya; piénsolo al menos.
¡Nunca, si fuere error, la verdad miré!
Que tantos años de amargura llenos
trague el olvido; el corazón respire.

Lo has destrozado sin piedad: mi orgullo
una vez y otra vez pisaste, insano...
Mas nunca el labio exhalará un murmullo
para acusar tu proceder tirano.

De graves faltas vengador terrible,
dócil llenaste tu misión: ¿lo ignoras?
No era tuyo el poder que, irresistible,
postró ante ti mis fuerzas vencedoras.

Quísolo Dios y fue: ¡gloria a su nombre!
Todo se terminó; recobro aliento.
¡Ángel de las venganzas!: ya eres hombre...
Ni amor ni miedo al contemplarte siento.

¡Vive dichoso tú! Si en algún día
ves este «adiós» que te dirijo, eterno,
sabe que aún tienes en el alma mía
generoso perdón, cariño tierno.

Cayó tu cetro, se embotó tu espada...
Mas, ¡ay!, ¡cuán triste libertad respiro!
Hice un mundo de ti, que hoy se anonada,
y en honda y vasta soledad me miro.

JOSÉ ZORRILLA

(1817-1893)

NACIÓ en Valladolid, hijo de una familia influyente. Empezó la carrera de Derecho en las Universidades de Toledo y Valladolid, pero no terminó sus estudios, debido a su afición literaria que le llevó a huir en 1836 de la casa paterna. Se dio a conocer como poeta en el entierro de Larra leyendo unos versos. Tras su fracaso matrimonial con una mujer que le llevaba dieciséis años, en 1850 se fue a Francia y en 1855 se trasladó a México, donde logró la protección del emperador Maximiliano, que le nombró director del Teatro Nacional. En 1866 regresó a España siendo recibido calurosamente. En 1869 contrajo segundas nupcias con Juana Pacheco y luego residió un tiempo en Francia. En 1882 ingresó en la Academia y leyó su discurso en verso. Fue coronado en 1889 solemnemente en Granada. Murió en Madrid, rodeado de gran popularidad, pero sin lograr salir nunca de sus apuros económicos.

OBRA POÉTICA: *Cantos del trovador* (1940), *Recuerdos y fantasías* (1944), *Granada* (1852), *Serenata morisca* (1852), *La flor de los recuerdos* (1857), *Álbum de un loco* (1867).

ORIENTAL

DUEÑA de la negra toca,
la del morado monjil,
por un beso de tu boca
diera a Granada Boabdil.

Diera la lanza mejor
del Zenete más bizarro,
y con un fresco verdor
toda una orilla del Darro.

Diera la fiesta de toros,
y si fueran en sus manos,
con la zambra de los moros
el valor de los cristianos.

Diera alfombras orientales,
y armaduras y pebetes,
y diera... ¡que tanto vales!,
hasta cuarenta jinetes.

Porque tus ojos son bellos,
porque la luz de la aurora
sube al Oriente desde ellos,
y el mundo su lumbre dora.

Tus labios son un rubí,
partido por gala en dos...
Le arrancaron para ti
de la corona de Dios.

De tus labios, la sonrisa,
la paz de tu lengua mana...
leve, aérea, como brisa
de purpurina mañana.

¡Oh, qué hermosa nazarena
para un harén oriental,
suelta la negra melena
sobre el cuello de cristal,

en lecho de terciopelo,
entre una nube de aroma,
y envuelta en el blanco velo
de las hijas de Mahoma!

Ven a Córdoba, cristiana,
sultana serás allí,
y el sultán será, ¡oh sultana!,
un esclavo para ti.

Te dará tanta riqueza,
tanta gala tunecina,
que ha de juzgar tu belleza
para pagarle, mezquina.

Dueña de la negra toca,
por un beso de tu boca
diera un reino Boabdil;
y yo por ello, cristiana,
te diera de buena gana
mil cielos, si fueran mil.

RAMÓN DE CAMPOAMOR

(1817-1901)

NACIÓ en Navia (Asturias) y quedó huérfano siendo niño. Comenzó en Madrid la carrera de Medicina, pero la abandonó pronto para dedicarse a las letras. Como miembro del partido moderado, fue sucesivamente gobernador de Alicante y de Valencia, oficial de Hacienda y diputado a Cortes. Su popularidad le permitió ingresar en la Academia Española en 1861.

OBRA POÉTICA: *Ternezas y flores* (1840), *Ayes del alma* (1842), *Fábulas morales y políticas* (1842), *Doloras* (1846), *Pequeños poemas* (1864), *Humoradas* (1885).

AMOR Y GLORIA

¡SOBRE arena y sobre viento
lo ha fundado el cielo todo!
Lo mismo el mundo del lodo
que el mundo del sentimiento.
De amor y gloria el cimiento
sólo aire y arena son.
¡Torres con que la ilusión
mundo y corazones llena;
las del mundo sois arena,
y aire las del corazón!

CANTARES

MÁS cerca de ti me siento
cuanto más huyo de ti,
pues tu imagen es en mí
sombra de mi pensamiento.

Nunca, aunque estés quejumbrosa,
tus quejas puedo escuchar,
pues como eres tan hermosa,
no te oigo, te miro hablar.

Ten paciencia, corazón,
que es mejor, a lo que veo,
deseo sin posesión
que posesión sin deseo.

Porque en dulce confianza
contigo una vez hablé,
toda la vida pasé
hablando con mi esperanza.

Vuélvemelo hoy a decir,
pues, embelesado, ayer
te escuchaba sin oír
y te miraba sin ver.

Tras ti cruzar un bulto
    vi por la alfombra;
ciego, el puñal sepulto...
    y era tu sombra.
¡Cuánto, insensato,
te amo, que hasta de celos
    tu sombra mato!

ADELARDO LÓPEZ DE AYALA

(1828-1879)

NACIÓ en Guadalcanal (Sevilla). Tras estudiar Leyes en Sevilla, marchó a Madrid donde encontró la protección de Cañete, de García Gutiérrez y del conde de San Luis. Como político, pasó del partido conservador al liberal y fue ministro de la Restauración con Amadeo de Saboya. Ingresó en la Academia Española en 1870. Fue, junto con Tamayo y Baus, el principal representante de la alta comedia decimonónica. Murió en Madrid siendo presidente del Congreso.

SIN PALABRAS

MIL veces con palabras de dulzura
esta pasión comunicarte ansío;
mas, ¿qué palabras hallaré, bien mío,
que no haya profanado la impostura?

Penetre en ti callada mi ternura,
sin detenerse en el menor desvío,
como rayo de luna en claro río,
como aroma sutil en aura pura.

Ábreme el alma silenciosamente,
y déjame que inunde satisfecho
sus regiones, de amor y encanto llenas...

Fiel pensamiento, animaré tu mente;
afecto dulce, viviré en tu pecho;
llama suave, correré en tus venas.

GUILLERMO BLEST GANA

(Chile, 1829-1904)

PERTENECIÓ a la «generación de 1842». Su poesía, que empezó siendo romántica, pronto evolucionó hacia el clasicismo.

OBRA POÉTICA: *Poesías* (1854) y *Armonías* (1884).

SONETO

SI a veces silencioso y pensativo
a tu lado me ves, querida mía,
es porque hallo en tus ojos la armonía
de un lenguaje tan dulce y expresivo.

Y eres tan mía entonces, que me privo
hasta de oír tu voz, porque creería
que rompiendo el silencio, desunía
mi ser del tuyo, cuando en tu alma vivo.

¡Y estás tan bella; mi placer es tanto,
es tan completo cuando así te miro;
siento en mi corazón tan dulce encanto,

que me parece, a veces, que en ti admiro
una visión celeste, un sueño santo
que va a desvanecerse si respiro!

GASPAR NÚÑEZ DE ARCE

(1832-1903)

NACIDO en Valladolid, estudió en Toledo y en Madrid. Fue cronista de la campaña de África (1859-1860). Como político, fue gobernador civil de Barcelona, diputado a Cortes y ministro de Ultramar. Miembro de la Academia Española desde 1874, murió en Madrid.

OBRA POÉTICA: *Gritos del combate* (1875), *Raimundo Lulio* (1875), *Un idilio y una elegía* (1878), *La selva oscura* (1879), *El vértigo* (1879), *La visión de Fray Martín* (1880), *La pesca* (1884), *Maruja* (1896), *Poemas cortos* (1895), *¡Sursum corda!...*

¡AMOR!

¡Oh, eterno amor, que en tu inmortal carrera
das a los seres vida y movimiento,
con qué entusiasta admiración te siento,
aunque invisible, palpitar doquiera!

Esclava tuya, la creación entera
se estremece y anima con tu aliento;
y es tu grandeza tal, que el pensamiento
te proclamara Dios si Dios no hubiera.

Los impalpables átomos combinas
con tu soplo magnético y fecundo:
tú creas, tú transformas, tú iluminas;

y en el cielo infinito, en el profundo
mar, en la tierra atónita dominas,
¡amor, eterno amor, alma del mundo!

AUGUSTO FERRÁN

(1835-1880)

HIJO de una rica familia, derrochó su herencia y murió alcoholizado y demente. Amigo de Bécquer, contribuye como éste a la renovación de la lírica española en la segunda mitad del siglo XIX. Traduce e imita al poeta alemán Heine, de importancia decisiva en la poesía de Bécquer. En la poesía de Augusto Ferrán se refleja, junto a la influencia del poeta alemán, la de la poesía popular, que él trata de imitar.

OBRA POÉTICA: *La soledad* (1861), *La pereza* (1871).

LA SOLEDAD

XXVIII

AL saber que me engañabas,
fuime a la orilla del mar;
quise llorar y no pude,
y en ti me puse a pensar.

En ti me puse a pensar,
y por fin llegué a entender
cómo una mujer que quiere
puede olvidar su querer.

Puede olvidar su querer;
y al ver que esto era verdad,
mis lágrimas se perdieron
en lo profundo del mar.

XXIX

TU aliento es mi única vida,
y son tus ojos mi luz;
mi alma está donde tu pecho,
mi patria donde estás tú.

XXX

DEL fuego que por tu gusto
encendimos hace tiempo,
las cenizas sólo quedan,
y en el corazón las llevo.

XXXII

¿Cómo quieres que yo queme
las prendas que me has devuelto,
si el corazón me lo has dado
tú misma cenizas hecho?

GUSTAVO ADOLFO BÉCQUER

(1836-1870)

NACIDO en Sevilla, Gustavo Adolfo Domínguez Bastida adoptó el apellido *Bécquer* que era el segundo de su padre, de quien quedó huérfano a los cinco años. Cuatro años después murió su madre y Gustavo Adolfo fue tutelado por su tío Juan de Vargas y luego por su madrina, señora de posición que poseía una buena biblioteca en la que el muchacho se aficionó a la lectura. Contra el deseo de su madrina, marchó ilusionado a Madrid en 1854. Allí sufrió privaciones y duros empleos. En 1857 contrajo una tuberculosis de la que nunca se llegaría a curar. Al año siguiente se enamoró de Julia Espín, mujer de alta posición. Le inspiró algunas de sus *Rimas,* pero nunca le declararía su amor debido a la gran diferencia social. En 1860 conoció a Casta Esteban Navarro, hija del médico que le atendía, y a los pocos meses se casó con ella. Pronto se van a vivir separados y Bécquer pasa largas temporadas en Noviercas (Soria), en una casa de la familia de su mujer. Son sus años más fecundos. En 1868 se disuelve el matrimonio, al parecer por incompatibilidad entre la mujer y Valeriano, hermano del poeta que vivía con ellos. Todavía dirigirá en la capital *La Ilustración de Madrid.* Muere Valeriano en septiembre de 1870 y Casta vuelve con el poeta, quien moriría a los tres meses.

OBRA POÉTICA: *Rimas* (1871).

RIMAS

TE vi un punto, y, flotando ante mis ojos
la imagen de tus ojos se quedó,
como la mancha oscura, orlada en fuego,
que flota y ciega, si se mira el sol.

Adondequiera que la vista fijo,
torno a ver sus pupilas llamear;

mas no te encuentro a ti; que es tu mirada:
unos ojos, los tuyos, nada más.

De mi alcoba en el ángulo los miro
desasidos fantásticos lucir:
cuando duermo los siento que se ciernen
de par en par abiertos sobre mí.

Yo sé que hay fuegos fatuos que en la noche
llevan al caminante a perecer;
yo me siento arrastrado por tus ojos,
pero adónde me arrastran, no lo sé.

* * *

Cuando sobre el pecho inclinas
la melancólica frente,
una azucena tronchada
me pareces.

Porque al darte la pureza
de que es símbolo celeste,
como a ella te hizo Dios
de oro y nieve.

* * *

DOS rojas lenguas de fuego
que a un mismo tronco enlazadas,
se aproximan, y al besarse
forman una sola llama;

Dos notas que del laúd
a un tiempo la mano arranca,
y en el espacio se encuentran
y armoniosas se abrazan;

Dos olas que vienen juntas
a morir sobre una playa,
y que al romper se coronan
con un penacho de plata;

Dos jirones de vapor
que del lago se levantan,
y al juntarse allí en el cielo
forman una nube blanca;

Dos ideas que al par brotan,
dos besos que a un tiempo estallan,
dos ecos que se confunden...
eso son nuestras dos almas.

* * *

¡NO me admiró tu olvido! Aunque de un día
me admiró tu cariño mucho más;
porque lo que hay en mí que vale algo,
eso... ¡ni lo pudiste sospechar!

Los suspiros son aire, y van al aire,
las lágrimas son agua, y van al mar.
dime, mujer: cuando el amor se olvida,
¿sabes tú adónde va?

* * *

ME ha herido recatándose en las sombras,
sellando con un beso su traición.
Los brazos me echó al cuello, y por la espalda
partióme a sangre fría el corazón.

Y ella prosigue alegre su camino,
feliz, risueña, impávida; ¿y por qué?
porque no brota sangre de la herida...
¡porque el muerto está en pie!

Como se arranca el hierro de una herida
su amor de las entrañas me arranqué,
aunque sentí al hacerlo que la vida
me arrancaba con él.

Del altar que le alcé en el alma mia
la voluntad su imagen arrojó,
y la luz de la fe que en ella ardía
ante el ara desierta se apagó.

Aun para combatir mi firme empeño
viene a mi mente su visión tenaz...
¡cuándo podré dormir con ese sueño
en que acaba el soñar!

ROSALÍA DE CASTRO

(1837-1885)

NACIÓ en Santiago de Compostela, hija de una hidalga soltera y de un seminarista que llegaría a ser capellán de Iria. Su infancia transcurrió en Santiago y Padrón, donde estaba la casa solariega de su madre. A los quince años una crisis moral influirá decisivamente en la melancolía de su carácter. En Santiago entra en contacto con una juventud romántica, de ideales igualitaristas y galleguistas. En 1856 marcha a Madrid y allí se casa dos años después con el escritor e historiador gallego Manuel Martínez Murguía. En Castilla no se siente a gusto y la familia se traslada a Galicia, donde llevará una vida retirada y con penurias económicas. Murió en Padrón, de cáncer.

OBRA POÉTICA: *La flor* (1857), *Cantares gallegos* (1863), *Follas novas* (1880), *En las orillas del Sar* (1884).

EN los ecos del órgano, o en el rumor del viento,
en el fulgor de un astro o en la gota de lluvia,
te adivinaba en todo, y en todo te buscaba,
sin encontrarte nunca.
Quizás después te ha hallado, te ha hallado y ha
[perdido
otra vez de la vida en la batalla ruda,
ya que sigue buscándote y te adivina en todo,
sin encontrarte nunca.
Pero sabe que existes y no eres vano sueño,
hermosura sin nombre, pero perfecta y única.
Por eso vive triste, porque te busca siempre,
sin encontrarte nunca.

MODERNISMO Y NUEVAS PROMOCIONES DEL SIGLO XX

JOSÉ MARTÍ

(Cuba, 1853-1895)

NACIÓ en La Habana, hijo de españoles de condición modesta. En 1869 empezó a colaborar en *El Diablo Cojuelo* y en *La Patria Libre* (único número). Encarcelado, fue deportado a España en 1871 donde estudió Derecho y Filosofía y Letras. Vivió luego en México y Guatemala, como profesor de literatura. En 1879 es detenido de nuevo en La Habana y deportado otra vez a España. Trabaja como periodista en Nueva York, en Caracas, y en 1882 funda *Patria*, órgano del partido revolucionario cubano, trasladándose a Cuba para iniciar el levantamiento por la independencia. Fue muerto en Dos Ríos (Cuba). Es el inaugurador del Modernismo, aunque la crítica lo considera frecuentemente como precursor del movimiento.

OBRA POÉTICA: *Ismaelillo* (1882), *Versos libres, Versos sencillos* (1891), *Flores del destierro, Versos varios, Versos en la «Edad de Oro»* y *Versos de circunstancias.*

POMONA

¡Oh, ritmo de la carne, oh melodía,
oh licor vigorante, oh filtro dulce
de la hechicera forma! ¡No hay milagro
en el cuento de Lázaro, si Cristo
llevó a su tumba una mujer hermosa!

¿Qué soy, quién es, sino Memnón en donde
toda la luz del Universo canta,
y cauce humilde en el que van revueltas
las eternas corrientes de la vida?

Iba, como arroyuelo que cansado
de regar plantas ásperas fenece,

y, de amor por el noble sol transido,
a su fuego con gozo se evapora;

iba, cual jarra que el licor ligero
en el fermento rompe,
y en silenciosos hilos abandona:

iba, cual gladiador que sin combate
del incólume escudo ampara el rostro
y el cuerpo rinde en la ignorada arena.

...Y súbito, las fuerzas juveniles
de un nuevo amor, el pecho rebosante
hinchan y embargan, el cansado brío
arde otra vez, y puebla el aire sano
música suave y blando olor de mieles!

Porque hasta mí los brazos olorosos
en armónico gesto alzó Pomona.

COPA CON ALAS

UNA copa con alas ¿quién la ha visto
antes que yo? Yo ayer la vi. Subía
con lenta majestad, como quien vierte
óleo sagrado; y a sus dulces bordes
mis regalados labios apretaba.
Ni una gota siquiera, ni una gota
del bálsamo perdí que hubo en tu beso!

Tu cabeza de negra cabellera
¿te acuerdas? con mi mano requería
porque de mí tus labios generosos
no se apartaran. Blanca como el beso
que a ti me transfundía, era la suave
atmósfera en redor; la vida entera
sentí que a mí abrazándote, abrazaba!
Perdí el mundo de vista, y sus ruidos
y su envidiosa y bárbara batalla!

Una copa en los aires ascendía
y yo, en brazos no vistos reclinado
tras ella, asido de sus dulces bordes,
por el espacio azul me remontaba!

Oh, amor, oh inmenso, oh acabado artista!
En rueda o riel funde el herrero el hierro;
una flor o mujer o águila o ángel
en oro o plata el joyador cincela;
tú solo, sólo tú, sabes el modo
de reducir el Universo a un beso!

ÁRBOL DE MI ALMA

COMO un ave que cruza el aire claro,
siento hacia mí venir tu pensamiento
y acá en mi corazón hacer su nido.
Ábrese el alma en flor; tiemblan sus ramas
como los labios frescos de un mancebo
en su primer abrazo a una hermosura;
cuchichean las hojas; tal parecen
lenguaraces obreras y envidiosas,
a la doncella de la casa rica
en preparar el tálamo ocupadas.
Ancho es mi corazón, y es todo tuyo.
Todo lo triste cabe en él, y todo
cuanto en el mundo llora, y sufre, y muere!
De hojas secas, y polvo, y derruidas
ramas; lo limpio; bruño con cuidado
cada hoja, y los tallos; de las flores
los gusanos y el pétalo comido
separo; creo el césped en contorno
y a recibirte, oh pájaro sin mancha,
apresto el corazón enajenado!

SALVADOR DÍAZ MIRÓN

(México, 1853-1928)

NACIÓ en Veracruz. Era hombre de temperamento altivo, violento e impulsivo. Enrolado en la política, estuvo exiliado en España; el presidente Carranza le permitió volver a su país a condición de que se mantuviera al margen del mundo político. Cumplió su palabra enclaustrándose en su Veracruz natal, rechazando incluso el homenaje que un día se le quiso rendir. Díaz Mirón fue el primero en introducir motivos realmente sensoriales y carnales en la poesía amorosa americana. Sus pinceladas realistas supusieros la emancipación de la poesía hispanoamericana de sus abrumadores modelos clásicos europeos. Se le considera uno de los precursores del Modernismo.

OBRA POÉTICA: *Poesías* (1886), *Lascas* (1901), *Poemas* (1918).

DESEOS

Yo quisiera salvar esa distancia,
ese abismo fatal que nos divide,
y embriagarme de amor con la fragancia
mística y pura que tu ser despide.

Yo quisiera ser uno de los lazos
con que decoras tus radiantes sienes;
yo quisiera en el cielo de tus brazos
beber la gloria que en los labios tienes.

Yo quisiera ser agua y que en mis olas,
que en mis olas vinieras a bañarte,
para poder, como lo sueño a solas,
a un mismo tiempo por doquier besarte!

Yo quisiera ser lino y en tu lecho,
allá en la sombra, con ardor cubrirte,
temblar con los temblores de tu pecho
y morir de placer al comprimirte!

¡Oh, yo quisiera mucho más! Quisiera
llevarte en mí como la nube al fuego,
mas no como la nube en su carrera
para estallar y separarse luego!

Yo quisiera en mí mismo confundirte,
confundirte en mí mismo y entrañarte;
yo quisiera en perfume convertirte,
convertirte en perfume y aspirarte!

Aspirarte en un soplo como esencia,
y unir a mis latidos tus latidos,
y unir a mi existencia tu existencia,
y unir a mis sentidos tus sentidos!

Aspirarte en un soplo del ambiente,
y ver así sobre mi vida en calma
toda la llama de tu cuerpo ardiente
y todo el éter del azul de tu alma!

CLEOPATRA

LA vi tendida de espaldas
entre púrpura revuelta...
Estaba toda desnuda
aspirando humo de esencias
en largo tubo escarchado
de diamantes y de perlas.

Sobre la siniestra mano
apoyada la cabeza,
y cual el ojo de un tigre
un ópalo daba en ella
vislumbres de sangre y fuego
al oro de su ancha trenza.

Tenía un pie sobre el otro
y los dos como azucenas,
y cerca de los tobillos
argollas de finas piedras,
y en el vientre un denso triángulo
de rizada y rubia seda.

En un brazo se torcía
como cinta de centella
un áspid de filigrana
salpicado de turquesas,
con dos carbunclos por ojos
y un dardo de oro en la lengua.

Tibias estaban sus carnes,
y sus altos pechos eran
cual blanca leche vertida
dentro de dos copas griegas,
convertida en alabastro,
sólida ya pero aun trémula.

¡Ah!, hubiera yo dado entonces
todos mis lauros de Atenas
por entrar en esa alcoba
coronado de violetas,
dejando con los eunucos
mis coturnos a la puerta.

MANUEL REINA

(1856-1905)

NACIÓ y murió en Puente-Genil (Granada), donde su familia poseía una rica hacienda. Sus poesías se hicieron pronto populares, y desde los primeros poemas se destaca su carácter parnasiano. Junto con Salvador Rueda es un precursor del Modernismo antes de que desembarcara en España la poesía de Rubén Darío.

OBRA POÉTICA: *Andantes y Allegros* (1877), *Cromos y Acuarelas* (1878), *El dedal de plata* (1885), *La vida inquieta* (1894), *La canción de las estrellas* (1895), *Poemas paganos* (1896), *Rayo de sol, Poema, Y otras composiciones* (1897), *El jardín de los poetas* (1899), *Robles de la selva sagrada* (1906).

TUS OJOS

SON tus ojos, mi bien, negros diamantes
en que relumbra el sol del mediodía;
ojos llenos de erótica poesía,
de llamas y promesas embriagantes.

Tus ojos son espejos fulgurantes
que reflejan la hermosa Andalucía
con su pompa, su gracia y alegría,
sus campos y sus cielos deslumbrantes.

Cuando me asomo a tus pupilas bellas,
miro vergeles, árabes palacios,
mares de plata y luz, noches de estrellas,

patios floridos, ferias bulliciosas,
la Giralda riendo en los espacios,
y el amor sobre céspedes y rosas.

MANUEL JOSÉ OTHÓN

(México, 1856-1906)

NACIÓ en San Luis Potosí. Estudio Derecho y, como abogado, ejerció en pequeños pueblos. Una riqueza repentina le llevó a la capital. Fue diputado en 1900. El paisaje de su poesía anucia el regionalismo mexicano de los primeros años del siglo xx.

OBRA POÉTICA: *Poemas rústicos* (1882), *Idilio salvaje* (1905), *Noche turística de Walpurgis* (1907).

IDILIO SALVAJE

I

¿POR qué a mi helada soledad viniste
cubierta con el último celaje
de un crepúsculo gris...? Mira el paisaje
árido y triste, inmensamente triste.

Si vienes del dolor y en él nutriste
tu corazón, bien vengas al salvaje
desierto, donde apenas un miraje
de lo que fue mi juventud existe.

Mas si acaso no vienes de tan lejos
y en tu alma aún del placer quedan dos dejos,
puedes tornar a tu revuelto mundo.

Si no, ven a lavar tu ciprio manto
en el mar amarguísimo y profundo
de un triste amor, o de un inmenso llanto.

II

MIRA el paisaje: inmensidad abajo,
inmensidad, inmensidad arriba;
en el hondo perfil, la sierra altiva
al pie minada por horrendo tajo.

Bloques gigantes que arrancó de cuajo
el terremoto, de la roca viva;
y en aquella sabana pensativa
y adusta, ni una senda ni un atajo.

Asoladora atmósfera candente,
do se incrustan las águilas serenas,
como clavos que se hunden lentamente.

Silencio, lobreguez, pavor tremendos
que viene sólo a interrumpir apenas
el galope triunfal de los berrendos.

III

EN la estepa maldita, bajo el peso
de sibilante brisa que asesina,
yergues tu talla escultural y fina,
como un relieve en el confín impreso.

El viento, entre los médanos opreso,
canta cual una música divina,
y finge, bajo la húmeda neblina,
un infinito y solitario beso.

Vibran en el crepúsculo tus ojos,
un dardo negro de pasión y enojos
que en mi carne y mi espíritu se clava;

y, destacada contra el sol muriente,
como un airón, flotando inmensamente,
tu bruna cabellera de india brava.

MIGUEL DE UNAMUNO

(1864-1936)

NACIÓ en Bilbao, ciudad en la que cursó bachillerato. Estudió Filosofía y Letras en Madrid y en 1891 obtuvo la cátedra de Griego en la Universidad de Salamanca, de la que fue varias veces rector y en donde residió casi toda su vida. Conoció a fondo en sucesivos viajes toda la península. Por su oposición a la dictadura de Primo de Rivera, en 1924 fue desterrado a Fuerteventura (Canarias) de donde huyó a los pocos meses a París y luego a Hendaya por estar cerca de España. En 1930, antes de la llegada de la Segunda República, regresa a su cátedra de Salamanca y se le restituye como rector hasta el comienzo de la guerra civil. Apoyó en un principio la causa nacionalista, dado el caos existente, pero pronto se distancia del franquismo («¡Venceréis, pero no convenceréis!», anunció en la inauguración del curso académico 1936-37) y vive recluido en su casa de Salamanca hasta su muerte, el 31 de diciembre de 1936.

OBRA POÉTICA: *Poesías* (1907), *Rosario de sonetos líricos* (1911), *El Cristo de Velázquez* (1920), *Andanzas y visiones españolas* (1922), *Rimas de dentro* (1923), *Teresa* (1924), *De Fuerteventura a París* (1925), *Romancero del destierro* (1928), *Cancionero, Diario poético* (1953).

VERÉ POR TI

«Me desconozco», dices; mas mira, ten por cierto
que a conocerse empieza el hombre cuando clama
«me desconozco», y llora;
entonces a sus ojos el corazón abierto
descubre de su vida la verdadera trama;
entonces es su aurora.

No, nadie se conoce, hasta que no le toca
la luz de un alma hermana que de lo eterno llega
y el fondo le ilumina;
tus íntimos sentires florecen en mi boca,
tu vista está en mis ojos, mira por mí, mi ciega,
mira por mí y camina.

«Estoy ciega», me dices; apóyate en mi brazo
y alumbra con tus ojos nuestra escabrosa senda
perdida en lo futuro;
veré por ti, confía; tu vista es este lazo
que a ti me ató, mis ojos son para ti la prenda
de un caminar seguro.

¿Qué importa que los tuyos no vean el camino,
si dan luz a los míos y me lo alumbran todo
con su tranquila lumbre?
Apóyate en mis hombros, confíate al Destino,
veré por ti, mi ciega, te apartaré del lodo,
te llevaré a la cumbre.

Y allí, en la luz envuelta, se te abrirán los ojos,
verás cómo esta senda tras de nosotros lejos,
se pierde en lontananza
y en ella de esta vida los míseros despojos,
y abrírsenos radiante del cielo a los reflejos
lo que es hoy esperanza.

[TERESA, 48]

Tú no puedes morir aunque me muera;
tú eres, Teresa, mi parte inmortal;
tú eres mi vida, que viviendo espera,
la estrella de mi flor breve y fatal

«¿Y ésa fuí yo —dirás—, pues no sabía
«que hubiese tantos méritos en mí»...
Es que viviste en mí, Teresa mía,
y entraste en tierra sin saber de ti.

Mientras me hacías te hice yo; mirabas
a mis miradas llenas de pasión,
sin saber qué buscabas, te buscabas,
y así entraste en la edad del corazón.

Aprendiste a leer en las pupilas
de mis ojos sedientos de tu amor,
y en las tardes doradas y tranquilas
del otoño supiste del dolor.

Supiste del dolor de conocerte
las ansias de mi pecho al conocer,
supiste que la vida acaba en muerte
cuando en ti me sentiste renacer.

Mirándome a los ojos tu inocencia
de niña adormecida se anegó;
con la mujer naciste a la conciencia,
tu espíritu en el mío despertó.

Hecha mujer por mí quedaste presa
de la razón eterna del vivir,
y al hacer que no mueras, mi Teresa.
aunque me muera yo no he de morir.

(CANCIONERO, 1725)

Nos partimos en un beso;
¡ay si el último será!
el corazón se nos parte
¡con las penas que nos da!
Besos que vienen riendo
luego llorando se van,
y en ellos se va la vida,
que nunca más volverá.
Vuelve la vida —me dices—;
pero no la que se va:
nos partimos en un beso;
¡ay si el último será!

JOSÉ ASUNCIÓN SILVA

(Colombia, 1865-1896)

NACIÓ y murió en Bogotá. Bohemio por inclinación, a los diecinueve años realizó un viaje por Europa en que conoció a Oscar Wilde y a los simbolistas franceses. A su regreso a su Bogotá sufrió una serie de desgracias como la ruina del negocio familiar, la muerte del padre, la de tres hermanos y luego la de su hermana Elvira, motivo del famosísimo «Nocturno III». En uno de sus viajes naufragó en el barco *Amérique,* perdiendo «lo mejor de su obra». Un nuevo fracaso económico le llevó a suicidarse a los treinta y un años.

OBRA POÉTICA: *Obra completa de José Asunción Silva: prosa y verso* (Ministerio de Educación Nacional de Colombia, 1956).

NOCTURNO I

Poeta! di paso
los furtivos besos!...

La sombra! Los recuerdos! La luna no vertía
allí ni un solo rayo... Temblabas y eras mía.
Temblabas y eras mía bajo el follaje espeso;
una errante luciérnaga alumbró nuestro beso,
el contacto furtivo de tus labios de seda...
La selva negra y mística fue la alcoba sombría,
en aquel sitio el musgo tiene olor de reseda...
Filtró luz por las ramas cual si llegara el día;
entre las nieblas pálidas la luna aparecía...

Poeta! di paso
los íntimos besos!...

¡Ah, de las noche dulces me acuerdo todavía.
En señorial alcoba, do la tapicería
amortiguaba el ruido con sus hilos espesos,
desnuda tú en mis brazos fueron míos tus besos;
tu cuerpo de veinte años entre la roja seda,
tus cabellos dorados y tu melancolía,
tus frescuras de virgen y tu olor de reseda...
Apenas alumbraba la lámpara sombría
los desteñidos hilos de la tapicería...

Poeta! di paso
el último beso!...

¡Ah, de la noche trágica me acuerdo todavía!
El ataúd heráldico en el salón yacía;
mi oído fatigado por vigilias y excesos
sintió como a distancia los monótonos rezos!
Tú, mustia, yerta y pálida entre la negra seda,
la llama de los cirios temblaba y se movía,
perfumaba la atmósfera un olor de reseda,
un crucifijo pálido los brazos extendía,
y estaba helada y cárdena tu boca que fue mía!

NOCTURNO III

UNA noche,
una noche toda llena de murmullos, de perfumes
(y de música de alas;
una noche
en que ardían en la sombra nupcial y húmeda las
(luciérnagas fantásticas,
a mi lado lentamente, contra mí ceñida toda,
(muda y pálida,
como si un presentimiento de amarguras infinitas
hasta el más secreto fondo de las fibras te agitara,
por la senda florecida que atraviesa la llanura
caminabas;
y la luna llena
por los cielos azulosos, infinitos y profundos
(esparcía su luz blanca;

y tu sombra,
fina y lánguida,
y mi sombra
por los rayos de la luna proyectadas,
sobre las arenas tristes
de la senda se juntaban,
y eran una,
y eran una,
y eran una sola sombra larga,
y eran una sola sombra larga,
y eran una sola sombra larga...
Esta noche
sólo; el alma
llena de las infinitas amarguras y agonías de tu
(muerte,
separado de ti misma por el tiempo, por la tumba
(y la distancia,
por el infinito negro
donde nuestra voz no alcanza,
mudo y solo
por la senda caminaba...
Y se oían los ladridos de los perros a la luna,
a la luna pálida,
y el chirrido de las ranas...
Sentí frío, era el frío que tenían en tu alcoba
tus mejillas y tus sienes y tus manos adoradas,
entre las blancuras níveas
de las mortuorias sábanas.
Era el frío del sepulcro, era el hielo de la muerte,
era el frío de la nada.
Y mi sombra
por los rayos de la luna proyectada,
iba sola,
iba sola,
iba sola por la estepa solitaria;
y tu sombra esbelta y ágil,
fina y lánguida,
como en esa noche tibia de la muerta primavera,
como en esa noche llena de murmullos, de
(perfumes y de música de alas,

se acercó y marchó con ella,
se acercó y marchó con ella,
se acercó y marchó con ella... ¡Oh las sombras
(enlazadas!
¡Oh las sombras de los cuerpos que se juntan con
(las sombras de las almas!
¡Oh las sombras que se buscan en las noches de
(tristezas y de lágrimas!...

DELMIRA AGUSTINI

(Uruguay, 1866-1914)

NACIÓ en Montevideo, en el seno de una familia burguesa descendiente de alemanes, franceses y porteños. Mujer de gran sensibilidad y sensualismo, asombró en Buenos Aires con sus libros de versos. Se enamoró y se desilusionó muy pronto, pues se separó en octubre de 1913, dos meses después de casarse. Murió al año siguiente asesinada por su marido, quien se suicidó a continuación.

OBRA POÉTICA: *El libro blanco* (1907), *Cantos de la mañana* (1910), *Los cálices vacíos* (1913), *El rosario de Eros* (1924) y *Los astros del abismo* (1924), *Poesías completas* (Barcelona, Labor, 1971).

LA CITA

EN tu alcoba techada de ensueños, haz derroche
de flores y de luces de espíritu; mi alma
calzada de silencio y vestida de calma
irá a ti por la senda más negra de esta noche.

Apaga las bujías para ver cosas bellas;
cierra todas las puertas para entrar la Ilusión;
arranca del Misterio un manojo de estrellas
y enflora como un vaso triunfal tu corazón.

Y esperarás sonriendo, y esperarás llorando!...
Cuando llegue mi alma, tal vez reces pensando
que el cielo dulcemente se derrama en tu pecho...

Para el amor divino ten un diván de calma,
o con el lirio místico que es su arma, mi alma
apagará una a una las rosas de tu lecho.

OTRA ESTIRPE

EROS, yo quiero guiarte, Padre ciego...
Pido a tus manos todopoderosas
¡su cuerpo excelso derramado en fuego
sobre mi cuerpo desmayado en rosas!

La eléctrica corola que hoy despliego
brinda el nectario de un jardín de Esposas;
para sus buitres en mi carne entrego
todo un enjambre de palomas rosas.

Da a las dos sierpes de su abrazo, crueles,
mi gran tallo febril... Absintio, mieles,
viérteme de sus venas, de su boca...

¡Así tendida, soy un surco ardiente
donde puede nutrirse la simiente
de otra Estirpe sublimemente loca!

MIS AMORES

HOY ha vuelto.
Por todos los senderos de la noche han venido
a llorar en mi lecho.
¡Fueron tantos, son tantos!
Yo no sé cuáles viven, yo no sé cuál ha muerto.
Me lloraré yo misma para llorarlos todos.
La noche bebe el llanto como un pañuelo negro.

Hay cabezas doradas a sol, como maduras...
Hay cabezas tocadas de sombra y de misterio,
cabezas coronadas de una espina invisible,
cabezas que sonrosa la rosa del ensueño,
cabezas que se doblan a cojines de abismo,
cabezas que quisieran descansar en el cielo,
algunas que no alcanzan a oler a primavera,
y muchas que trascienden a las flores de invierno.
Todas esas cabezas me duelen como llagas...

Me duelen como muertos...
¡Ah...! y los ojos... los ojos me duelen más: ¡son
(dobles...!
Indefinidos, verdes, grises, azules, negros,
abrasan si fulguran,
son caricias, dolor, constelación, infierno.
Sobre toda su luz, sobre todas sus llamas,
se iluminó mi alma y se templó mi cuerpo.
Ellos me dieron sed de todas esas bocas...
de todas esas bocas que florecen mi lecho:
vasos rojos o pálidos de miel o de amargura
con lises de armonía o rosas de silencio,
de todos esos vasos donde bebí la vida.
De todos esos vasos donde la muerte bebo...
El jardín de sus bocas venenoso, embriagante,
en donde respiraba «sus» almas y «sus» cuerpos,
Humedecido en lágrimas
ha rodeado mi lecho...

Y las manos, las manos colmadas de destinos,
secretos y alhajadas de anillos de misterio...
Hay manos que nacieron con guantes de caricia,
manos que están colmadas de la flor del deseo,
manos en que se siente un puñal nunca visto,
manos en que se ve un intangible cetro;
pálidas o morenas, voluptuosas o fuertes,
en todas, todas ellas, puede engarzar un sueño.
Con tristeza de almas,
se doblegan los cuerpos,
sin velos, santamente
vestidos de deseo.
Imanes de mis brazos, panales de mi entraña
como a invisible abismo se inclinan a mi lecho...
¡Ah, entre todas las manos, yo he buscado tus
(manos!
Tu boca entre las bocas, tus cuerpo entre los
(cuerpos,
de todas las cabezas yo quiero tu cabeza,
de todos esos ojos, ¡tus ojos solos quiero!
Tú eres el más triste, por ser el más querido,

tú has llegado el primero por venir de más lejos...
¡Ah, la cabeza oscura que no he tocado nunca
y las pupilas claras que miré tanto tiempo!
Las ojeras que ahondamos la tarde y yo inconscientes,
la palidez extraña que doblé sin saberlo,
        ven a mí: mente a mente;
        ven a mí: ¡cuerpo a cuerpo!
Tú me dirás qué has hecho de mi primer suspiro.
Tú me dirás qué has hecho del sueño de aquel beso...
Me dirás si lloraste cuando te dejé solo...
        ¡Y me dirás si has muerto...!

            Si has muerto,
mi pena enlutará la alcoba lentamente,
y estrecharé tu sombra hasta apagar mi cuerpo.
Y en el silencio ahondado de tinieblas,
y en la tiniebla ahondada de silencio,
nos velará llorando, llorando hasta morirse
        nuestro hijo: el recuerdo.

FABIO FIALLO

(República Dominicana, 1866-1942)

AUNQUE nació en Santo Domingo y murió en La Habana, fue poeta y narrador dominicano. Su sensibilidad era netamente romántica. Fue amigo personal de Rubén Darío.

OBRA POÉTICA: *La canción de una vida* (1926).

PLENILUNIO

A Américo Lugo

POR la verde alameda, silenciosos,
ibamos ella y yo,
la luna tras los montes ascendía,
en la fronda cantaba el ruiseñor.
Y le dije... No sé lo que le dijo
mi temblorosa voz...
En el éter detúvose la luna,
interrumpió su canto el ruiseñor,
y la amada gentil, turbada y muda,
al cielo interrogó.
¿Sabéis de esas preguntas misteriosas
que una respuesta son?
Guarda, ¡oh, luna, el secreto de mi alma;
cállalo, ruiseñor!

ASTRO MUERTO

LA luna, anoche, como en otro tiempo,
como una nueva amada me encontró;
también anoche, como en otro tiempo,

cantaba el ruiseñor.
Si como en otro tiempo, hasta la luna
hablábame de amor,
¿por qué la luna, anoche, no alumbraba
dentro mi corazón?

RUBÉN DARÍO

(Nicaragua, 1867-1916)

NACIÓ en Metapa, hoy Ciudad-Darío (Nicaragua). Es, sin duda, el poeta hispanoamericano que más decisivamente ha cambiado el rumbo de las letras hispánicas. Publicó sus primeros versos a los once años. En 1881 se traslada a Managua, trabaja en la Biblioteca Nacional e inicia su intensa actividad literaria. En 1888 se traslada a Chile y publica *Azul*, obra con la que comienza «oficialmente» el Modernismo hispanoamericano. En los años siguientes colabora con *La Nación* de Buenos Aires, dirige *La Unión Contemporánea* de Nicaragua y *El Correo de la Tarde* de Guatemala. En 1892 viaja a España, representando a su país con motivo del Cuarto Centenario del Descubrimiento, y al año siguiente a París. Entre 1893 y 1898 reside en Buenos Aires donde pública *Los raros* y *Prosas profanas*. Vuelve a España en 1899, ya consagrado, y entra en contacto con los hombres del 98. En 1900 se traslada a París como corresponsal: empieza su vida bohemia. Viaja en los años siguientes por Europa y América como diplomático. Las desgracias familiares y su problema con el alcohol le van hundiendo en un pozo sin salida. En su país y en Guatemala (el presidente Estrada Cabrera) intentan utilizarlo políticamente. En 1914 se traslada a Nueva York, recae en el alcohol y enferma gravemente. Regresa a su país y muere, olvidado de todos, en León (Nicaragua).

OBRA POÉTICA: *Epístolas y poemas* (1885), *Abrojos* (1887), *Rimas* (1888), *Azul* (1888), *Prosas profanas* (1896), *Cantos de vida y esperanza* (1905), *Oda a Mitre* (1906), *El canto errante* (1907), *Poema del otoño y otros poemas* (1910), *Canto a la Argentina y otros poemas* (1910), *Poesías inéditas* (Visor, 1988).

SOBRE el diván dejé la mandolina
y fui a besar la boca purpurina,
la boca de mi hermosa florentina.

Y es ella dulce y rosa y muerde y besa;
y es una boca roja, fresa;
y Amor no ha visto boca como esa.

Sangre, rubí, coral, carmín, claveles,
hay en sus labios finos y crueles,
pimientas fuertes, aromadas mieles.

Los dientes blancos riman como versos,
y saben esos finos dientes tersos,
mordiscos caprichosos y perversos.

VENUS

En la tranquila noche, mis nostalgias amargas sufría,
En busca de quietud, bajé al fresco y callado jardín.
En el obscuro cielo, Venus bella temblando lucía,
como incrustado en ébano un dorado y divino jazmín.

A mi alma enamorada, una reina oriental parecía,
que esperaba a su amante, bajo el techo de su
(camarín,
o que, llevada en hombros, la profunda extensión
(recorría,
triunfante y luminosa, recostada sobre un palanquín.

«¡Oh reina rubia! —díjele—, mi alma quiere dejar
(su crisálida
y volar hacia ti, y tus labios de fuego besar;
y flotar en el nimbo que derrama en tu frente luz
(pálida,
y en siderales éxtasis no dejarte un momento de amar.»
El aire de la noche, refrescaba la atmósfera cálida.
Venus, desde el abismo, me miraba con triste mirar.

«ITE, MISSA EST»

A Reynaldo de Rafael

Yo adoro a una sonámbula con alma de Eloísa,
virgen como la nieve y honda como la mar;
su espíritu es la hostia de mi amorosa misa,
y alzo al son de una dulce lira crepuscular.

Ojos de evocadora, gesto de profetisa,
en ella hay la sagrada frecuencia del altar;
su risa es la sonrisa suave de Monna Lisa,
sus labios son los únicos labios para besar.

Y he de besarla un día con rojo beso ardiente;
apoyada en mi brazo como convaleciente,
me mirará asombrada con íntimo pavor;

la enamorada esfinge quedará estupefacta,
apagaré la llama de la vestal intacta,
¡y la faunesa antigua me rugirá de amor!

MÍA

Mía: así te llamas.
¿Qué más harmonía?
Mía: luz del día;
Mía: rosas, llamas.

¡Qué aromas derramas
en el alma mía,
si sé que me amas,
oh Mía!, oh Mía!

Tu sexo fundiste
con mi sexo fuerte,
fundiendo dos bronces.

Yo, triste; tú, triste...
¿No has de ser, entonces,
Mía hasta la muerte?

[¡CARNE, CELESTE CARNE...]

¡CARNE, celeste carne de la mujer! Arcilla
—dijo Hugo—; ambrosía má bien, ¡oh maravilla!,
la vida se soporta,
tan doliente y tan corta,
solamente por eso:
roce, mordisco o beso
en ese pan divino
para el cual nuestra sangre es nuestro vino.
En ella está la lira,
en ella está la rosa,
en ella está la ciencia armonïosa,
en ella se respira
el perfume vital de toda cosa.

Eva y Cipris[1] concentran el misterio
del corazón del mundo.
Cuando el áureo Pegaso[2]
en la victoria matinal se lanza
con el mágico ritmo de su paso
hacia la vida y hacia la esperanza,
si alza la crin y las narices hincha
y sobre las montañas pone el casco sonoro
y hacia la mar relincha,
y el espacio se llena
de un gran temblor de oro,
es que ha visto desnuda a Anadiomena.

---

[1] *Cipris:* nombre que se da a Afrodita, diosa del amor y la belleza.

[1] *Pegaso:* caballo alado que se alzó de la sangre de Medusa cuando Perseo le cortó la cabeza.

Gloria, ¡oh Potente a quien las sombras temen!
¡Que las más blancas tórtolas te inmolen,
pues por ti la floresta está en el polen
y el pensamiento en el sagrado semen!

Gloria, !oh Sublime, que eres la existencia
por quien siempre hay futuros en el útero eterno!
¡Tu boca sabe al fruto del árbol de la Ciencia
y al torcer tus cabellos apagaste el infierno!

Inútil es el grito de la legión cobarde
del interés, inútil el progreso
yankee, si te desdeña,
Si el proceso es de fuego, por ti arde.
¡Toda lucha del hombre va a tu beso,
por ti se combate o se sueña!

Pues en ti existe Primavera para el triste,
labor gozosa para el fuerte,
néctar, ánfora, dulzura amable.
¡Porque en ti existe
el placer de vivir hasta la muerte
ante la eternidad de lo probable...!

ENRIQUE GONZÁLEZ MARTÍNEZ

(México, 1871-1952)

NACIÓ en la ciudad mexicana de Guadalajara, donde estudió y ejerció como médico. En 1911 se trasladó a la ciudad de México y ese mismo año ingresó en la Academia Mexicana de la Lengua. Encabezó la depuración simbolista del Modernismo, rechazando los exotismos artificiales, galas verbales, temáticas excéntricas... Es célebre su soneto «Tuércele el cuello al cisne». Fundó la revista *Argos* y ocupó puestos públicos importantes. De 1924 a 1931 residió en España como embajador de su país.

OBRA POÉTICA: *Preluidios* (1903), *Lirismos* (1907), *La hora inútil* (1907), *Silenter* (1909), *Los senderos ocultos* (1911), *La muerte del cisne* (1915).

VIENES A MÍ...

VIENES a mí, te acercas y te anuncias
con tan leve rumor, que mi reposo
no turbas, y es un canto milagroso
cada una de las frases que pronuncias.

Vienes a mí, no tiemblas, no vacilas,
y hay al mirarnos atracción tan fuerte,
que lo olvidamos todo, vida y muerte,
suspensos en la luz de tus pupilas.

Y mi vida penetras y te siento
tan cerca de mi propio pensamiento
y hay en la posesión tan honda calma,

que interrogo al misterio en que me abismo
si somos dos reflejos de un ser mismo,
la doble encarnación de una sola alma.

LEOPOLDO LUGONES

(Argentina, 1874-1938)

NACIÓ en Santa María del Río Seco (Córdoba, Argentina). Está considerado como uno de los escritores argentinos más importantes de todos los tiempos. En 1896 se trasladó a Buenos Aires donde trabajó como periodista y como inspector del Ministerio de Educación. En 1913 fundó en París junto a Rubén Darío y Jaimes Freyre la *Revue Sudaméricaine.* Colaboró con el periódico *La Nación* de Buenos Aires durante toda su vida. En los últimos años fue director de la Biblioteca del Consejo Nacional de Educación. Se suicidó con cianuro en Buenos Aires.

OBRA POÉTICA: *Las montañas del oro* (1897), *Los crepúsculos del jardín* (1905), *Lunario sentimental* (1909), *Odas seculares* (1910), *El libro fiel* (1912), *Libro de los paisajes* (1917), *Las horas doradas* (1922), *Poemas solariegos* (1927), *Romances de Río Seco* (1938).

LOS DOCE GOZOS

Paradisiaca

CABE una rama en flor busqué tu arrimo.
La dorada serpiente de mis males
circuló por tus púdicos cendales
con la invasora suavidad de un mimo.

Sutil vapor alzábase del limo
sulfurando las tintas otoñales
del Poniente, y brillaba en los parrales
la transparencia ustoria del racimo.

Sintiendo que el azul nos impelía
algo de Dios, tu boca con la mía
se unieron en la tarde luminosa,

bajo el caduco sátiro de yeso.
Y como de una cinta milagrosa
ascendí suspendido de tu beso.

CONJUNCIÓN

SAHUMARÓNTE los pétalos de acacia
que para adorno de tu frente arranco,
y tu nervioso zapatito blanco
llenó toda la tarde con su gracia.

Abrióse con erótica eficacia
tu enagua de surá, y el viejo banco
sintió gemir sobre tu activo flanco
el vigor de mi torva aristocracia.

Una resurrección de primaveras,
llenó la tarde gris, y tus ojeras,
que avivó la caricia fatigada,

que fantasearon en penumbra fina,
las alas de una leve golondrina
suspensa en la inquietud de tu mirada.

VENUS VICTA

PIDIÉNDOME la muerte, tus collares
desprendiste con trágica alegría
y en su pompa fluvial la pedrería
se ensangrentó de púrpuras solares.

Sobre tus bizantinos alamares
gusté infinitamente tu agonía,
a la hora en que el crepúsculo surgía
como un vago jardín tras de los mares.

Cincelada por mi estro, fuiste bloque
sepulcral, en tu lecho de difunta;
y cuando por tu seno entró el estoque

con argucia feroz su hilo de hielo,
brotó un clavel bajo su fina punta
en tu negro jubón de terciopelo.

MACEDONIO FERNÁNDEZ

(Argentina, 1874-1952)

AUNQUE por edad debió ser modernista, se incorpora a la vida literaria a través del grupo ultraísta de la revista porteña *Martín Fierro*. Compartió con la vanguardia el culto por la imagen, pero intentó una poesía de mayor trascendencia apoyada en una posición espiritualista o idealista extrema.

OBRA POÉTICA: *Muerte en beldad* (1942), *Poemas* (1953), *Papeles de Macedonio Fernández* (1965), *Poesías completas* (Visor, 1991).

SUAVE ENCANTAMIENTO

PROFUNDOS y plenos
cual dos graciosas, breves inmensidades
moran tus ojos en tu rostro
como dueños;
y cuando en su fondo
veo jugar y ascender
la llama de un alma radiosa
parece que la mañana se incorpora
luminosa, allá entre mar y cielo,
sobre la línea que soñando se mece
entre los dos azules imperios,
la línea que en nuestro corazón se detiene
para que sus esperanzas la acaricien
y la bese nuestra mirada;
cuando nuestro «ser» contempla
enjugando sus lágrimas
y, silenciosamente,
se abre a todas las brisas de la Vida;
cuando miramos
las amigas de los días que fueron

flotando en el Pasado
como en el fondo del camino
el polvo de nuestras peregrinaciones.
Ojos que se abren como las mañanas
y que cerrándose dejan caer la tarde.

CREÍA YO

No a todo alcanza Amor, pues que no puedo
romper el gajo con que Muerte toca.
Mas poco Muerte puede
si en corazón de Amor su miedo muere,
Mas poco Muerte puede, pues no puede
entrar su miedo en pecho donde Amor.
Que Muerte rige a Vida; Amor a Muerte.

MANUEL MACHADO

(1874-1947)

NACIDO en Sevilla, era el hijo mayor del folclorista Antonio Machado Álvarez, y sobrino nieto de Agustín Durán, el gran recopilador del romancero. En 1883 la familia Machado se traslada a Madrid. Manuel —junto a su hermano Antonio— estudia en la Institución Libre de Enseñanza en unos años en que se suceden las desgracias familiares (muerte del padre y del abuelo). Consigue la licenciatura de Filosofía y Letras por la Universidad de Sevilla (1897). Viajó a París en 1899 y 1902. Allí trabajó como traductor de casa Garnier y conoció a Rubén Darío. Colaboró en las revistas modernistas de Madrid e ingresó en 1910 por oposición en el Cuerpo de Archiveros, Bibliotecarios y Arqueólogos. Trabajó primero en Santiago de Compostela, pero pronto volvió a Madrid, a la Biblioteca Nacional. La guerra civil le sorprendió en Burgos, zona nacional, y hasta su muerte en 1947 permaneció fiel a la causa franquista. En plena guerra civil, en 1938, fue elegido miembro de la Real Academia Española.

OBRA POÉTICA: *Tristes y alegres* (1894), *Etcétera* (1895), *Alma* (1902), *Caprichos* (1905), *La fiesta nacional* (906), *El mal poema* (1909), *Trofeos* (1910), *Apolo* (1911), *Cante hondo* (1912), *Canciones y dedicatorias* (1915), *Sevilla y otros poemas* 1918), *Ars moriendi* (1922), *Phoenix* (1936), *Horas de oro* (1938), *Cadencias de cadencias* (1943), *Horario* (1947).

SECRETOS

ANTÍFONA

VEN, reina de los besos, flor de la orgía,
amante sin amores, sonrisa loca...
Ven, que yo sé la pena de tu alegría
y el rezo de amargura que hay en tu boca.

Yo no ofrezco amores que tú no quieres;
conozco tu secreto, virgen impura:
amor es enemigo de los placeres
en que los dos ahogamos nuestra amargura.

Amarnos... ¡Ya no es tiempo de que me ames!
A ti y a mí nos llevan olas sin leyes.
¡Somos a un mismo tiempo santos e infames,
somos a un mismo tiempo pobres y reyes!

¡Bah! Yo sé que los mismos que nos adoran
en el fondo nos guardan algún desprecio.
Y justas son las voces que nos desdoran...
Lo que vendemos ambos no tiene precio.

Así, los dos, tú amores, yo poesía,
damos por oro a un mundo que despreciamos...
¡Tú, tu cuerpo de diosa; yo, el alma mía!...
Ven y reiremos juntos mientras lloramos.

Joven quiere en nosotros Naturaleza
hacer, entre poemas y bacanales,
el imperial regalo de la belleza,
luz, a la oscura senda de los mortales.

¡Ah! Levanta la frente, flor siempreviva,
que das encanto, aroma, placer, colores...
Diles con esa fresca boca lasciva...
¡que no son de este mundo nuestros amores!

Igual camino en suerte nos ha cabido.
Un ansia igual que nos lleva, que no se agota,
hasta que se confundan en el olvido
tu hermosura podrida, mi lira rota.

Crucemos nuestra calle de amargura
levantadas las frentes, juntas las manos...
¡Ven tú conmigo, reina de la hermosura;
hetairas y poetas somos hermanos!

ANTONIO MACHADO

(1875-1939)

SU infancia en Sevilla corre paralela a la de su hermano Manuel. En 1883 se trasladó con su familia a Madrid y estudia en la Institución Libre de Enseñanza. En 1893 muere su padre y dos años más tarde su abuelo, quien sostenía la familia. La familia sufre penurias económicas. Viajó a París con su hermano Manuel y allí conoció a Rubén Darío. Colabora con las revistas modernistas madrileñas y entabla amistad con Juan Ramón Jiménez y Unamuno. En 1907 se traslada al instituto de Soria como catedrático de Francés. En 1909 se casa con Leonor Izquierdo, casi una niña. Estando en París, en el verano de 1911, enfermó su mujer, muriendo en agosto del año siguiente. Machado se traslada a Baeza (Jaén) desde donde sigue colaborando con la prensa progresista. En 1919 se trasladó a Segovia, y desde 1924 colabora con su hermano Manuel en una serie de obras teatrales que se estrenan aproximadamente a razón de una por año. Nombrado miembro de la Real Academia en 1927, no se llega a producir su ingreso. Cuando se proclama la Segunda República todavía está en Segovia, pero consigue trasladarse a Madrid al curso siguiente. Durante la guerra civil participó activamente a favor de la causa republicana. Cuando ya todo estaba perdido, salió desde Barcelona para Francia, muriendo en Collioure (Francia) a los pocos días. Su madre, que le acompañaba, murió allí mismo cuatro días después.

OBRA POÉTICA: *Soledades* (1903), *Soledades. Galerías. Otros poemas* (1907), *Campos de Castilla* (1912), *Nuevas canciones* (1924).

YO voy soñando caminos
de la tarde. ¡Las colinas
doradas, los verdes pinos,
las polvorientas encinas!...
¿Adónde el camino irá?

Yo voy cantando, viajero
a lo largo del sendero...
—La tarde cayendo está—.
«En el corazón tenía
la espina de una pasión;
logré arrancármela un día:
ya no siento el corazón.»

Y todo el campo un momento
se queda, mudo y sombrío,
meditando. Suena el viento
en los álamos del río.

La tarde más se oscurece;
y el camino que serpea
y débilmente blanquea,
se enturbia y desaparece.

Mi cantar vuelve a plañir:
«Aguda espina dorada,
quién te pudiera sentir
en el corazón clavada.»

* * *

SOÑÉ que tú me llevabas
por una blanca vereda,
en medio del campo verde,
hacia el azul de las sierras,
hacia los montes azules,
una mañana serena.

Sentí tu mano en la mía,
tu mano de compañera,
tu voz de niña en mi oído
como una campana nueva,
como una campana virgen
de un alba de primavera.
¡Eran tu voz y tu mano,
en sueño, tan verdaderas!...

Vive, esperanza, ¡quién sabe
lo que se traga la tierra!

* * *

En un jardín te he soñado,
alto, Guiomar, sobre el río,
jardín de un tiempo cerrado
con verjas de hierro frío.

Un ave insólita canta
en el almez, dulcemente,
junto al agua viva y santa,
toda sed y toda fuente.
En ese jardín, Guiomar,
el mutuo jardín que inventan
dos corazones al par,
se funden y complementan
nuestras horas. Los racimos
de un sueño —juntos estamos—
en limpia copa exprimimos,
y el doble cuento olvidamos.

(Uno: Mujer y varón,
aunque gacela y león,
llegan juntos a beber.
El otro: No puede ser
amor de tanta fortuna:
dos soledades en una,
ni aun de varón y mujer.)

DOS SONETOS A GUIOMAR

I

PERDÓN, Madona del Pilar, si llego
al par que nuestro amado florentino,
con una mata de serrano espliego,
con una rosa de silvestre espino.

¿Qué otra flor para ti de tu poeta
si no es la flor de la melancolía?
Aquí, sobre los huesos del planeta
pule el sol, hiela el viento, diosa mía.

¡Con qué divino acento
me llega a mi rincón de sombra y frío
tu nombre, al acercarme el tibio aliento

de otoño el hondo resonar del río!
Adiós: cerrada mi ventana, siento
junto a mí un corazón... ¿Oyes el mío?

II

DE mar a mar entre los dos la guerra,
más honda que la mar. En mi parterre,
miro a la mar que el horizonte cierra.
Tú, asomada, Guiomar, a un finisterre,

miras hacia otro mar, la mar de España
que Camoens cantara, tenebrosa.
Acaso a ti mi ausencia te acompaña.
A mí me duele tu recuerdo, diosa.

La guerra dio al amor el tajo fuerte.
Y es la total angustia de la muerte,
con la sombra iracunda de tu llama

y la soñada miel de amor tardío,
y la flor imposible de la rama
que ha sentido del hacha el corte frío.

JULIO HERRERA Y REISSIG

(Uruguay, 1875-1910)

NACIÓ en Montevideo, de una familia ilustre venida a menos. La enfermedad de corazón, que padeció desde niño, y la inadaptación a su entorno explican en parte su temperamento neurótico. Estas circunstancias le llevaron a un aislamiento altivo por el que se hizo famoso entre los modernistas hispanoamericanos.

OBRA POÉTICA: *Wagnerianas* (1900), *Las pascuas del tiempo* (1900), *Los maitines de la noche* (1902), *Sonetos vascos* (1906), *Los parques abandonados* (1908), *Clepsidras* (1910), *Los éxtasis de la montaña* (1910 y 1913).

CONSAGRACIÓN

SURGIÓ tu blanca majestad de raso,
toda sueño y fulgor, en la espesura;
y era en vez de mi mano —atenta al caso—
mi alma quien oprimía tu cintura...

De procaces sulfatos, una impura
fragancia conspiraba a nuestro paso,
en tanto que propicio a tu aventura
llenóse de amapolas el ocaso.

Pálida de inquietud y casto asombro,
tu frente declinó sobre mi hombro...
Uniéndome a tu ser, con suave impulso,

al fin de mi especioso simulacro,
de un largo beso te apuré convulso
¡hasta las heces, como un vino sacro!

FIAT LUX

SOBRE el rojo diván de seda intacta,
con dibujos de exótica gramínea,
jadeaba entre mis brazos tu virgínea
y exangüe humanidad de curva abstracta...

Miró el felino con sinuosa línea
de ópalo; y en la noche estupefacta,
desde el jardín, la Venus curvilínea
manifestaba su esbeltez compacta.

Ante el alba, que izó nimbos grosellas,
ajáronse las últimas estrellas...
El Cristo de tu lecho estaba mudo.

Y como un huevo, entre el plumón de armiño
que un cisne fecundara, tu desnudo
seno brotó del virginal corpiño...

AMOR SÁDICO

YA no te amaba, sin dejar por eso
de amar la sombra de tu amor distante.
Ya no te amaba, y sin embargo el beso
de la repulsa nos unió un instante...

Agrio placer y bárbaro embeleso
crispó mi faz, me demudó el semblante;
ya no te amaba, y me turbé no obstante,
como una virgen en un bosque espeso.

Y ya perdida para siempre, al verte
anochecer en el eterno luto,
mudo el amor, el corazón inerte,

huraño, atroz, inexorable, hirsuto,
jamás viví como en aquella muerte,
nunca te amé como en aquel minuto!

FRANCISCO VILLAESPESA

(1877-1936)

NACIÓ en Laujar (Almería) y estudió en la Universidad de Granada. A los veinte años se instala ya en Madrid para dedicarse por entero a la literatura; lleva una vida bohemia, publica sus primeros libros, colabora en las principales revistas de la época y promueve la creación de otras nuevas. En 1917 se traslada a México, donde actúa de empresario y autor teatral, y luego a otros países de América Central y del Sur. Fácil versificador, confluye en él la herencia del Romanticismo y la del Modernismo más superficial.

OBRA POÉTICA: *Intimidades* (1893), *La copa del rey de Thule* (1898), *Luchas* (1899), *El alto de los bohemios* (1902), *Rapsodias* (1905), *Tristitiae Rerum* (1906), *Saudades* (1910), *Los nocturnos del Generalife* (1915), *Amor* (1916), *Panderetas sevillanas* (1917), *Sonetos amorosos* (1918), *La gruta azul* (1918)...

NOCTURNO DE PLATA

CRUZAS por mis recuerdos como rayo de luna
que lo ilumina todo de una blanca poesía...
El ruiseñor cantaba su amor. Colgaba una
fina escala de seda desde tu celosía.

Era la noche un río cristalino y sonoro,
que arrastraba en sus ondas, hacia la Eternidad,
nuestro amor como una carabela de oro,
palpitantes las velas bajo la tempestad.

Entre un deshojamiento de románticas rosas
de luz, juntos surcamos Venecias fabulosas,
en un olvido eterno de todo... Tu laúd

desgranaba en la noche su inmortal serenata...
¡Y al pie de la marmórea y altiva escalinata
nos esperaba el paje de nuestra Juventud!

JUAN RAMÓN JIMÉNEZ

(1881-1958)

NACIÓ en Moguer (Huelva). Cursó el bachillerato con los jesuitas del Puerto de Santa María (Cádiz) y Derecho en la Universidad de Sevilla, donde se aficionó al cultivo de la pintura. Se trasladó a Madrid en 1900 llamado por Villaespesa para «luchar por el modernismo». Hizo viajes por Francia e Italia para establecerse luego en Moguer entre 1905 y 1912. Pasa tres años en la Residencia de Estudiantes de Madrid y en 1916 marcha a los Estados Unidos, casándose con Zenobia Camprubí Aymar, su abnegada compañera y colaboradora de toda la vida. Entre 1917 y 1936 reside en Madrid. Sale de España al comienzo de la guerra civil y vive sucesivamente en Puerto Rico, La Habana, Florida y Washington. Viajó en 1948 a Argentina donde fue recibido con aclamación. Los últimos años del poeta transcurren en Puerto Rico, en cuya Universidad dictó cursos de Literatura Española. En 1956 recibió el premio Nobel. Días después murió Zenobia, cayendo el poeta en una profunda desolación de la que ya no saldría.

OBRA POÉTICA: *Almas de violeta* (1900), *Ninfeas* (1900), *Rimas* (1902), *Arias tristes* (1903), *Jardines lejanos* (1904), *Elejías* (1908, 1909 y 1910), *Olvidanzas* (1909), *Baladas de primavera* (1910), *La soledad sonora* (1911), *Pastorales* (1911). *Poemas májicos y dolientes* (1911), *Melancolía* (1912), *Laberinto* (1913), *Estío* (1916), *Sonetos espirituales* (1917), *Diario de un poeta recién casado* (1917), *Eternidades* (1918), *Piedra y cielo* (1919),... *La estación total, con las Canciones de la nueva luz* (1946), *Romances de Coral Gables* (1948), *Animal de fondo* (1949),... *Dios deseado y deseante* (1964),... *En el otro costado* (1974).

REPROCHES

COMO el cansancio se abandona al sueño,
así mi vida a ti se confiaba...

Cuando estaba en tus brazos, dulce sueño,
te quería dejar..., y no acababa...

Y no acabada... ¡Y tú te desasiste,
sorda y ciega a mi llanto y a mi anhelo,
y me dejaste, desolado y triste,
cual un campo sin flores y sin cielo!

¿Por qué huiste de mí? ¡Ay, quién supiera
componer una rosa deshojada;
ver de nuevo, en la aurora verdadera,
la realidad de la ilusión soñada!

...¿Adónde te llevaste, negro viento,
entre las hojas secas de la vida,
aquel nido de paz y sentimiento
que gorjeaba al alba estremecida?

¿En qué jardín, de qué rincón, de dónde
rosalearán aquellas manos bellas?
¿Cuál es la mano pérfida que esconde
los senos de celindas y de estrellas?

¡Ay!, ¡quién pudiera hacer que el sueño fuese
la vida!, ¡que esta vida fría y vana
que me anega de sombra, fuera ese
sueño que desbarata mi mañana!

¿REMORDIMIENTO?

LA tarde será un sueño de colores...
Tu fantástica risa de oro y plata
derramará en la gracia de las flores
su leve y cristalina catarata.

Tu cuerpo, ya sin mis amantes huellas,
errará por los grises olivares,
cuando la brisa mueva las estrellas
allá sobre la calma de los mares...

¡Sí, tú, tú misma...! Irás por los caminos
y el naciente rosado de la luna
te evocará, subiendo entre los pinos,
mis tardes de pasión y de fortuna.

Y mirarás, en pálido embeleso,
sombras en pena, ronda de martirios,
allí donde el amor, beso tras beso,
fue como un agua plácida entre lirios...

¡Agua, beso que no dejó una gota
para el retorno de la primavera;
música sin sentido, seca y rota;
pájaro muerto en lírica pradera!

... ¡Te sentirás, tal vez, dulce, transida,
y verás, al pasar, en un abismo
al que pobló las frondas de tu vida
de flores de ilusión y de lirismo!

DE TU LECHO ALUMBRADO

DE tu lecho alumbrado de luna me venían
no sé qué olores tristes de deshojadas flores;
heridas por la luna, las arañas reían
lijeras sonatinas de lívidos colores...

Se iba por los espejos la hora amarillenta...;
frente al balcón abierto, entre la madrugada,
tras la suave colina verdosa y soñolienta,
se ponía la luna, grande, triste, dorada...

La brisa era infinita. Tú dormías, desnuda...;
tus piernas se enlazaban en cándido reposo,
y tu mano de seda, celeste, ciega, muda,
tapaba, sin tocarlo, tu sexo tenebroso.

RENACERÉ YO

RENACERÉ yo piedra,
y aún te amaré mujer a ti.
Renaceré yo viento,
y aún te amaré mujer a ti.
Renaceré yo ola,
y aún te amaré mujer a ti.
Renaceré yo fuego,
y aún te amaré mujer a ti.
Renaceré yo hombre,
y aún te amaré mujer a ti.

CUANDO, DORMIDA TÚ,

CUANDO, dormida tú, me echo en tu alma
y escucho, con mi oído
en tu pecho desnudo,
tu corazón tranquilo, me parece
que, en su latir hondo, sorprendo
el secreto del centro
del mundo. Me parece
que lejiones de ánjeles,
en caballos celestes
—como cuando, en la alta
noche escuchamos, sin aliento
y el oído en la tierra,
trotes distantes que no llegan nunca—,
que lejiones de ánjeles,
vienen por ti, de lejos
—como los Reyes Magos
al nacimiento eterno
de nuestro amor—,
vienen por ti, de lejos,
a traerme, en tu ensueño,
el secreto del centro
del cielo.

BALDOMERO FERNÁNDEZ MORENO

(Argentina, 1886-1950)

HIJO de españoles, nació y murió en Buenos Aires. Pasó parte de su infancia en España. Licenciado en Medicina en 1912, en 1924 se traslada a Buenos Aires como profesor de literatura. Desde su incial modernismo evoluciona al *sencillismo,* una poesía realista relacionada con la vida de los barrios modestos, y en su madurez hacia una expresión íntima y simbólica. Su obra poética es muy abundante.

OBRA POÉTICA: *Las iniciales del misal* (1915), *Ciudad* (1917), *Campo argentino* (1919), *Versos de negrita* (1920), *Aldea española* (1925), *Buenos Aires* (1941), *Yo médico, Yo catedrático* (1941)...

LOS AMANTES

VED en sombras el cuarto, y en el lecho
desnudos, sonrosados, rozagantes,
el nudo vivo de los dos amantes
boca con boca y pecho contra pecho.

Se hace más apretado el nudo estrecho,
bailotean los dedos delirantes,
suspéndese el aliento unos instantes...
y he aquí el nudo sexual deshecho.

Un desorden de sábanas y almohadas,
dos pálidas cabezas despeinadas,
una suelta palabra indiferente,

un poco de hambre, un poco de tristeza,
un infantil deseo de pureza
y un vago olor cualquiera en el ambiente.

GABRIELA MISTRAL

(Chile, 1889-1957)

NACIDA en Vicuña, su verdadero nombre fue el de Lucila Godoy Alcayaga. Con una infancia difícil (su padre abandonó el hogar cuando tenía tres años), empezó a enseñar en una escuela a los quince años. En 1906 se enamoró de un modesto empleado de ferrocarriles que se suicidó, hecho que la marcó profundamente. En 1922 dejó su país para trasladarse a México, invitada por José Vasconcelos para colaborar en una reforma educativa. Llegó a ser cónsul de su país en Nápoles y Lisboa. En 1945 recibió el premio Nobel de Literatura. Viajó luego incansablemente por Europa y América. La soledad y la angustia de sus primeros poemas dejó paso luego a una efectividad que se volcó en los seres más desprotegidos. Murió en Nueva York.

OBRA POÉTICA: *Desolación* (1922), *Ternura* (1924), *Tala* (1938), *Poemas de las madres* (1950), *Lagar* (1954).

ÍNTIMA

TÚ no oprimas mis manos.
Llegará el duradero
tiempo de reposar con mucho polvo
y sombra en los entretejidos dedos.

Y dirías: —«No puedo
amarla, porque ya se desgranaron
como mieses sus dedos.»

Tú no beses mi boca.
Vendrá el instante lleno
de luz menguada, en que estaré sin labios
sobre un mojado suelo.

Y dirías: —«La amé, pero no puedo
amarla más, ahora que no aspira
el olor de retamas de mi beso.»
Y me angustiara oyéndote,
y hablaras loco y ciego,
que mi mano será sobre tu frente
cuando rompan mis dedos,
y bajará sobre tu cara llena
de ansia mi aliento.

No me toques, por tanto. Mentiría
al decir que te entrego
mi amor en estos brazos extendidos,
en mi boca, en mi cuello,
y tú, al creer que lo bebiste todo,
te engañarías como un niño ciego.

Porque mi amor no es sólo esta gavilla
reacia y fatigada de mi cuerpo,
que tiembla entera al roce del cilicio
y que se me rezaga en todo vuelo.

Es lo que está en el beso, y no es el labio;
lo que rompe la voz, y no es el pecho:
¡es un viento de Dios, que pasa hendiéndome
el gajo de las carnes, volandero!

VERGÜENZA

Si tú me miras, yo me vuelvo hermosa
como la hierba a que bajó el rocío
y desconocerán mi faz gloriosa
las altas cañas cuando baje al río.

Tengo vergüenza de mi boca triste,
de mi voz rota y mis rodillas rudas;
ahora que me miraste y que viniste,
me encontré pobre y me palpé desnuda.

Ninguna piedra en el camino hallaste
más desnuda de luz en la alborada,
que esta mujer a la que levantaste,
porque oíste su canto, la mirada.

Yo callaré para que no conozcan
mi dicha los que pasan por el llano
en el fulgor que da mi frente tosca
y en la tremolación que hay en mi mano...

Es noche y baja a la hierba el rocío:
mírame largo y habla con ternura,
¡que ya mañana al descender el río
la que besaste llevará hermosura!

BALADA

ÉL pasó con otra;
yo le vi pasar.
Siempre dulce el viento
y el camino en paz.
¡Y estos ojos míseros
le vieron pasar!

Él va amando a otra
por la tierra en flor.
Ha abierto el espino;
pasa una canción.
¡Y él va amando a otra
por la tierra en flor!

El besó a la otra
a orillas del mar;
resbaló en las olas
la luna de azahar.
¡Y no untó mi sangre
la extensión del mar!

Él irá con otra
por la eternidad.
Habrá cielos dulces.
(Dios quiere callar.)
¡Y él irá con otra
por la eternidad!

PEDRO SALINAS

(1891-1951)

ESTUDIÓ Derecho y Filosofía y Letras en la Universidad Central de Madrid, su ciudad natal. Fue lector de español en la Sorbona y en Cambridge. Desde 1918 fue catedrático sucesivamente de las Universidades de Murcia, Sevilla —donde ejerció cierta influencia en jóvenes poetas— y Madrid. De 1933 a 1936 fue secretario de la Universidad Internacional de Santander (luego, Menéndez y Pelayo). En 1936 marchó a América, enseñando y dando conferencias en varias universidades de Estados Unidos y Puerto Rico. Murió en Boston, pero fue enterrado junto al mar en el cementerio de San Juan de Puerto Rico.

OBRA POÉTICA: *Presagios* (1923), *Seguro azar* (1929), *Fábula y signo* (1931), *La voz a ti debida* (1933), *Razón de amor,* (1936), *El contemplado* (1946), *Todo más claro y otros poemas* (1949), *Confianza* (1955), *Largo lamento* [incluido en las *Poesías completas* (Barcelona, 1971), debe situarse después de *Razón de amor*].

PARA vivir no quiero
islas, palacios, torres.
¡Qué alegría más alta:
vivir en los pronombres!
Quítate ya los trajes,
las señas, los retratos;
yo no te quiero así,
disfrazada de otra,
hija siempre de algo.
Te quiero pura, libre,
irreductible: tú
Sé que cuando te llame
entre todas las gentes
del mundo,

sólo tú serás tú.
Y cuando me preguntes
quién es el que te llama,
el que te quiere suya,
enterraré los nombres,
los rótulos, la historia.
Iré rompiendo todo
lo que encima me echaron
desde antes de nacer.
Y vuelto ya al anónimo
eterno del desnudo,
de la piedra, del mundo,
te diré:
«Yo te quiero, soy yo.»

* * *

PERDÓNAME por ir así buscándote
tan torpemente, dentro
de ti.
Perdóname el dolor, alguna vez.
Es que quiero sacar
de ti tu mejor tú.
Ese que no te viste y que yo veo,
nadador por tu fondo, preciosísimo.
Y cogerlo
y tenerlo yo en alto como tiene
el árbol la luz última
que le ha encontrado al sol.
Y entonces tú
en su busca vendrías, a lo alto.
Para llegar a él
subida sobre ti, como te quiero,
tocando ya tan sólo a tu pasado
con las puntas rosadas de tus pies,
en tensión todo el cuerpo, ya ascendiendo
de ti a ti misma.

Y que a mi amor entonces, le conteste
la nueva criatura que tú eras.

* * *

Lo que eres
me distrae de lo que dices.

Lanzas palabras veloces,
empavesadas de risas,
invitándome
a ir adonde ellas me lleven.
No te atiendo, no las sigo:
estoy mirando
los labios donde nacieron.

Miras de pronto a lo lejos.
Clavas la mirada allí,
no sé en qué, y se te dispara
a buscarlo ya tu alma
afilada, de saeta.
Yo no miro adonde miras:
yo te estoy viendo mirar.

Y cuando deseas algo
no pienso en lo que tú quieres,
ni lo envidio: es lo de menos.
Lo quieres hoy, lo deseas;
mañana lo olvidarás
por una querencia nueva.
No. Te espero más allá
de los fines y los términos.
En lo que no ha de pasar
me quedo, en el puro acto
de tu deseo queriéndote.
Y no quiero ya otra cosa
más que verte a ti querer.

* * *

¿SERÁS, amor,
un largo adiós que no se acaba?
Vivir, desde el principio, es separarse.
En el mismo encuentro

con la luz, con los labios,
el corazón percibe la congoja
de tener que estar ciego y sólo un día.
Amor es el retraso milagroso
de su término mismo:
es prolongar el hecho mágico
de que uno y uno sean dos, en contra
de la primer condena de la vida.
Con los besos,
con la pena y el pecho se conquistan,
en afanosas lides, entre gozos
parecidos a juegos,
días, tierras, espacios fabulosos,
a la gran disyunción que está esperando,
hermana de la muerte o muerte misma.
Cada beso perfecto aparta el tiempo,
le echa hacia atrás, ensancha el mundo breve
donde puede besarse todavía.
Ni en el llegar, ni en el hallazgo
tiene el amor su cima:
es en la resistencia a separarse
en donde se le siente,
desnudo, altísimo, temblando.
Y la separación no es el momento
cuando brazos, o voces,
se despiden con señas materiales.
Es de antes, de después.
Si se estrechan las manos, si se abraza,
nunca es para apartarse,
es porque el alma ciegamente siente
que la forma posible de estar juntos
es una despedida larga, clara
Y que lo más seguro es el adiós.

OLIVERIO GIRONDO

(Argentina, 1891-1967)

FUE una figura muy destacada en su tiempo y el principal teórico de la revista *Martín Fierro* en la década de los años veinte. Permaneció siempre fiel a los ideales de la vanguardia artística, y su poesía está llena de experimentos expresivos nuevos. Pero su poesía no se agota en lo formal, pues el humor, la ironía, la angustia y el escepticismo hacen de él un poeta perdurable.

OBRA POÉTICA: *Veinte poemas para ser leídos en el tranvía* (1922), *Calcomanías* (1925), *Espantapájaros (al alcance de todos)* (1932), *Interludio* (1937), *Persuasión de los días* (1942), *Campo nuestro* (1946), *En la masmédula* (1956), *Topatumba* (1958). *Obras completas,* 1968.

SE MIRAN, SE PRESIENTEN, SE DESEAN...

SE miran, se presienten, se desean,
se acarician, se besan, se desnudan,
se respiran, se acuestan, se olfatean,
se penetran, se chupan, se desnudan,
se adormencen, despiertan, se iluminan,
se codician, se palpan, se fascinan,
se mastican, se gustan, se babean,
se confunden, se acoplan, se disgregan,
se distienden, se enarcan, se menean,
se retuercen, se estiran, se caldean,
se estrangulan, se aprietan, se estremecen,
se tantean, se juntan, desfallecen,
se repelen, se enervan, se apetecen,
se acometen, se enlazan, se entrechocan,
se agazapan, se apresan, se dislocan,

se perforan, se incrustan, se acribillan,
se remachan, se injertan, se atornillan,
se desmayan, reviven, resplandecen,
se contemplan, se inflaman, se enloquecen,
se derriten, se sueldan, se calcinan,
se desgarran, se muerden, se asesinan,
resucitan, se buscan, se refriegan,
se rehúyen, se evaden y se entregan.

JOSÉ P. H. HERNÁNDEZ

(Puerto Rico, 1892-1922)

NACIÓ en Hatillo y murió en Río Grande (Puerto Rico). Fue músico, farmacéutico y poeta. Su poesía está aún en la órbita del Modernismo. Su temprana muerte, debida a la tisis, truncó una de las voces más originales de la poesía puertorriqueña.

OBRA POÉTICA: *Coplas de la vereda* (1919), *El último combate* (1921), *Cantos de la sierra* (1925).

OJOS ASTRALES

SI Dios, un día,
cegara toda fuente de luz,
el universo se alumbraría
con esos ojos que tienes tú.
Pero si —lleno de agrios enojos
por tal blasfemia— tus lindos ojos
Dios te arrancase,
para que el mundo con la alborada
de tus pupilas no se alumbrase,
aunque quisiera, Dios no podría
tender la noche sobre la nada,
¡porque aún el mundo se alumbraría
con el recuerdo de tu mirada!

ALFONSINA STORNI

(Argentina, 1892-1938)

NACIÓ en Capriasca (Suiza), pero a los cuatro años fue llevada a Argentina y pasó su niñez en las provincias de San Juan y Santa Fe. Como Gabriela Mistral, de quien fue amiga, trabajó en la enseñanza primaria. Engañada por un hombre al que quiso intensamente, se refugió en Buenos Aires, donde en 1912 le nació su hijo Alejandro. Su desgracia le hizo ser una firme defensora de los derechos de la mujer. Viajó a Europa en 1930 y 1934. Enferma de cáncer, se suicidó adentrándose en las aguas del Mar del Plata.

OBRA POÉTICA: *La inquietud del rosal* (1916), *El dulce daño* (1918), *Irremediablemente* (1919), *Languidez* (1920), *Ocre* (1925), *Mundo de siete pozos* (1934), *Mascarilla y trébol* (1938).

EL ENGAÑO

SOY tuya, Dios lo sabe por qué, ya que comprendo
que habrás de abandonarme, fríamente, mañana,
y que bajo el encanto de mis ojos, te gana
otro encanto el deseo, pero no me defiendo.

Espero que esto un día cualquiera se concluya,
pues intuyo, al instante, lo que piensas o quieres.
Con voz indiferente te hablo de otras mujeres
y hasta ensayo el elogio de alguna que fue tuya.

Pero tú sabes menos que yo, y algo orgulloso
de que te pertenezca, en tu juego engañoso
persistes, con un aire de actor del papel dueño.

Yo te miro callada con mi dulce sonrisa,
y cuando te entusiasmas, pienso: no te des prisa,
no eres tú el que me engaña; quien me engaña
(es mi sueño.

TU ME QUIERES BLANCA...

Tú me quieres alba,
me quieres de espumas,
me quieres de nácar.
Que sea azucena
sobre todas, casta.
De perfume tenue.
Corola cerrada.
Ni un rayo de luna
filtrado me haya.
Ni una margarita
se diga mi hermana.
Tú me quieres blanca,
tú me quieres nívea,
tú me quieres casta.
Tú que hubiste todas
las copas a mano,
de frutos y mieles
los labios morados.
Tú que en el banquete
cubierto de pámpanos
dejaste las carnes
festejando a Baco.
Tú que en los jardines
negros del Engaño
vestido de rojo
corriste al Estrago.
Tú, que el esqueleto
conservas intacto,
no sé todavía
por cuáles milagros,
me pretendes blanca

(Dios te lo perdone)
me pretendes casta
(Dios te lo perdone)
me pretendes alba!
Huye hacia los bosques;
vete a la montaña;
límpiate la boca;
vive en las cabañas;
toca con las manos
la tierra mojada;
alimenta el cuerpo
con raíz amarga;
bebe de las rocas;
duerme sobre escarcha;
renueva tejidos
con salitre y agua;
habla con los pájaros
y lévate al alba.
Y cuando las carnes
te sean tornadas,
y cuando hayas puesto
en ellas el alma
que por las alcobas
se quedó enredada,
entonces, buen hombre,
preténdeme blanca,
preténdeme nívea,
preténdeme casta.

AHORA QUIERO AMAR ALGO LEJANO

AHORA quiero amar algo lejano...
a algún hombre divino
que sea como un ave por lo dulce,
que haya habido mujeres infinitas
y sepa de otras tierras, y florezca
su palabra en sus labios perfumada:
suerte de selva virgen bajo el viento...

Y quiero amarlo ahora. Está la tarde
blanca y tranquila como musgo espeso.
Tiembla mi boca y en mis dedos finos
se deshacen mis trenzas lentamente.

Siento un vago rumor... Toda la tierra
está cantando dulcemente... Lejos
los bosques se han cargado de corolas,
desbordan los arroyos de sus cauces
y las aguas se filtran en la tierra
así como mis ojos en los ojos
que estoy soñando embelesada... Pero
ya está bajando el sol tras de los montes...

Las aves se acurrucan en sus nidos...
la tarde ha de morir, y él está lejos...
Lejos como este sol que para nunca
se marcha, y me abandona, con las manos
hundidas en las trenzas, con la boca
húmeda y temblorosa, con el alma
sutilizada, ardida en la esperanza
de este amor infinito que me vuelve
dulce y hermosa...

CÉSAR VALLEJO

(Perú, 1892-1938)

NACIÓ en Santiago de Chuco, pequeño pueblo de la montaña andina. Realizó estudios secundarios en Huamachuco y universitarios en las Universidades de Trujillo y Lima, alternados con diversos trabajos: preceptor, ayudante de cajero, bibliotecario y profesor. Un saqueo e incendio en su pueblo natal le llevó a la cárcel por cuatro meses, acusado de «instigador intelectual». La cárcel, la muerte de su madre, y sus problemas sentimentales con Otilia Villanueva le llevan a la desesperación y a un intento de suicidio. La angustia de estos años (1919-21) da lugar a *Trilce,* su obra más asombrosa. En 1923 se embarca para Europa y se establece en París. Con su amigo Juan Larrea funda en 1925 la revista *Favorables Paris Poema.* Expulsado de Francia por motivos políticos, llega a Madrid en 1931, donde se afilia al Partido Comunista y estrecha su amistad con García Lorca y otros poetas del 27. Se le permite regresar a Francia a condición de que se mantenga al margen de la política. En la Guerra Civil española colabora desde Francia con el Frente Popular y asiste al Congreso de Escritores para la Defensa de la Cultura (Valencia, 1937). Después de una vida de estrecheces económicas y tras una larga enfermedad, murió en París.

OBRA POÉTICA: *Los heraldos negros* (1918), *Trilce* (1922), *España, aparta de mí este cáliz* (1939), *Poemas humanos* (1939).

AMOR

AMOR, ya no vuelves a mis ojos muertos;
y cuál mi idealista corazón te llora.
Mis cálices todos aguardan abiertos
tus hostias de otoño y vinos de aurora.

Amor, cruz divina, riega mis desiertos
con tu sangre de astros que sueña y que llora.
¡Amor, ya no vuelves a mis ojos muertos
que temen y ansían tu llanto de aurora!

Amor, no te quiero cuando estás distante
rifado en afeites de alegre bacante,
o en frágil y chata facción de mujer.

Amor, ven sin carne, de un icor que asombre;
y que yo, a manera de Dios, sea el hombre
que ama y engendra sin sensual placer!

PARA EL ALMA IMPOSIBLE DE MI AMADA

AMADA: no has querido plasmarte jamás
como lo ha pensado mi divino amor.

Quédate en la hostia,
ciega e impalpable,
como existe Dios.

Si he cantado mucho, he llorado más
por ti ¡oh mi parábola excelsa de amor!

Quédate en el seso,
y en el mito inmenso
de mi corazón!

Es la fe, la fragua donde yo quemé
el terroso hierro de tanta mujer;
y en un yunque impío te quise pulir.

Quédate en la eterna
nebulosa, ahí,

en la multicencia de un dulce no ser,
Y si no has querido plasmarte jamás
en mi metafísica emoción de amor.

deja que me azote,
como un pecador.

TRILCE, XIII

PIENSO en tu sexo.
Simplificado el corazón, pienso en tu sexo,
ante el ijar maduro del día.
Palpo el botón de dicha, está en sazón.
Y muere un sentimiento antiguo
degenerado en seso.

Pienso en tu sexo, surco más prolífico
y armonioso que el vientre de la Sombra.
aunque la Muerte concibe y pare
de Dios mismo.
Oh Conciencia,
pienso, sí, en el bruto libre
que goza donde quiere, donde puede.

Oh, escándalo de miel de los crepúsculos.
Oh estruendo mudo.

¡Odumodneurtse!

TRILCE, XXXV

EL encuentro con la amada
tanto alguna vez, es un simple detalle,
casi un programa hípico en violado,
que de tan largo no se puede doblar bien.

El almuerzo con ella que estaría
poniendo el plato que nos gustara ayer
y se repite ahora,
pero con algo más de mostaza;
el tenedor absorto, su doneo radiante
de pistilo en mayo, y su verecundia

de a centavito, por quítame allá esa paja.
Y la cerveza lírica y nerviosa
a la que celan sus dos pezones sin lúpulo.
y que no se debe tomar mucho!

Y los demás encantos de la mesa
que aquella núbil campaña borda
con sus propias baterías germinales
que han operado toda la mañana,
según me consta, a mí,
amoroso notario de sus intimidades,
y con las diez varillas mágicas
de sus dedos pancreáticos.

Mujer que, sin pensar en nada más allá,
suelta el mirlo y se pone a conversarnos
sus palabras tiernas
como lancinantes lechugas recién cortadas.
Otro vaso y me voy. Y nos marchamos,
ahora sí, a trabajar.

Entre tanto, ella se interna
entre los cortinajes y ¡oh aguja de mis días
desgarrados! se sienta a la orilla
de una costura, a coserme el costado
a su costado,
a pegar el botón de esa camisa,
que se ha vuelto a caer. Pero háse visto!

JUANA DE IBARBOUROU

(Uruguay, 1892-1979)

NACIÓ en la ciudad de Melo (Cerro Largo). Su verdadero nombre era Juana Fernández Morales. Se casó a los veinte años con el capitán Lucas Ibarbourou, adoptando desde entonces el apellido de su marido. Su primer libro, *Las lenguas de diamante* (1919), lleva a su autora a la fama más resonante. En 1929, por iniciativa del poeta Santos Chocano, en solemne ceremonia, se le dio el sobrenombre de «Juana de América» en reconocimiento de su labor poética. Si su primer libro nos revela una mujer apasionada y sensual dentro de la órbita modernista, luego se vincula al vanguardismo y con el paso del tiempo su verso gana en serenidad y melancolía. En 1947 ingresó en la Academia uruguaya, y en 1959 obtuvo el premio Nacional de Literatura de su país.

OBRA POÉTICA: *Las lenguas de diamante* (1919), *El cántaro fresco* (1920), *Raíz salvaje* (1922), *La rosa de los vientos* (1930), *Chico Carlo* (1944), *Perdida* (1950), *Azor* (1953), *Dualismo, Mensajes del escriba, Romances del destino* (1955), *Oro y tormenta* (1956), *Elegía* (1966), *La pasajera* (1967).

LA HORA

TÓMAME ahora que aún es temprano
y que llevo dalias nuevas en la mano.

Tómame ahora que aún es sombría
esta taciturna cabellera mía.

Ahora que tengo la carne olorosa
y los ojos limpios y la piel de rosa.

Ahora que calza mi planta ligera
la sandalia viva de la primavera.

Ahora que en mis labios repica la risa
como una campana sacudida a prisa.

Después..., ¡ah, yo sé
que ya nada de eso más tarde tendré!

Que entonces inútil será tu deseo,
como ofrenda puesta sobre un mausoleo.

¡Tómame ahora que aún es temprano
y que tengo rica de nardos la mano!

Hoy, y no más tarde. Antes que anochezca
y se vuelva mustia la corola fresca.

Hoy, y no mañana. ¡Oh amante!, ¿no ves
que la enredadera crecerá ciprés?

TE DOY MI ALMA...

Te doy mi alma desnuda,
como estatua a la cual ningún cendal escuda.

Desnuda con el puro impudor
de un fruto, de una estrella o una flor;
de todas esas cosas que tienen la infinita
serenidad de Eva antes de ser maldita.

De todas esas cosas,
frutos, astros y rosas,
que no sienten vergüenza del sexo sin celajes
y a quienes nadie osara fabricarles ropajes.

Sin velos, como el cuerpo de una diosa serena
¡que tuviera una intensa blancura de azucena!

¡Desnuda, y toda abierta de par en par
por el ansia de amar!

LA CITA

ME he ceñido toda con un manto negro.
Estoy toda pálida, la mirada extática.
Y en los ojos tengo partida una estrella.
¡Dos triángulos rojos en mi faz hierática!

Ya ves que no luzco siquiera una joya,
ni un lazo rosado, ni un ramo de dalias.
Y hasta me he quitado las hebillas ricas
de las correhuelas de mis dos sandalias.

Mas soy esta noche, sin oros ni sedas,
esbelta y morena como un lirio vivo.
Y estoy toda ungida de esencias de nardos,
y soy toda suave bajo el manto esquivo.

Y en mi boca pálida florece ya el trémulo
clavel de mi beso que aguarda tu boca.
Y a mis manos largas se enrosca el deseo
como una invisible serpentina loca.

¡Descíñeme, amante! ¡Descíñeme, amante!
Bajo tu mirada surgiré como una
estatua vibrante sobre un plinto negro
hasta el que se arrastra, como un can, la luna.

EL DULCE MILAGRO

¿QUÉ es esto? ¡Prodigio! Mis manos florecen.
Rosas, rosas, rosas a mis dedos crecen.
Mi amante besóme las manos, y en ellas
¡oh gracia!, brotaron rosas como estrellas.

Y voy por la senda voceando el encanto
y de dicha alterno sonrisa con llanto

y bajo el milagro de mi encantamiento
se aroman de rosas las alas del viento.

Y murmura al verme la gente que pasa:
«¿No veis que está loca? Tornadla a su casa.
¡Dice que en las manos le han nacido rosas
y las va agitando como mariposas!»

¡Ah, pobre la gente que nunca comprende
un milagro de éstos y que sólo entiende
que no nacen rosas más que en los rosales
y que no hay más trigo que el de los trigales!

Que requiere líneas y color y forma,
y que sólo admite realidad por norma.
Que cuando uno dice: «Voy con la dulzura»,
de inmediato buscan a la criatura.

Que me digan loca, que en celda me encierren,
que con siete llaves la puerta me cierren,
que junto a la puerta pongan un lebrel,
carcelero rudo, carcelero fiel.

Cantaré lo mismo: «Mis manos florecen,
rosas, rosas, rosas a mis dedos crecen».
¡Y toda mi celda tendrá la fragancia
de un inmenso ramos de rosas de Francia!

JORGE GUILLÉN

(1893-1984)

NACIÓ en Valladolid. Estudió Filosofía y Letras en Madrid, aunque se licenció en Granada en 1913. Muy pronto se inició su gran amistad con Pedro Salinas. Lector de español en la Sorbona entre 1917 y 1923. Catedrático de Lengua y Literatura españolas en la Universidad de Murcia entre 1926 y 1929. Pasó dos años en Oxford, y en 1931 se trasladó a la Universidad de Sevilla, donde le sorprendió la Guerra Civil. Después de pasar por la cárcel, consiguió salir de España en 1938 y establecerse en Estados Unidos. Fue profesor en varias universidades americanas, incluida la de Harvard (1957-58). Desde 1949 visitó con frecuencia España, Francia e Italia. En 1976 se le concedió el premio Cervantes. Se le considera el principal representante de la poesía pura en España. A la muerte de Franco fijó su residencia en Málaga, donde murió.

OBRA POÉTICA: *Cántico* (1928 y sucesivas ampliaciones en 1936, 1945 y 1950), *Clamor. Maremágnum* (1957), *Clamor... Que van a dar en la mar* (1960), *Clamor. A la altura de las circunstancias* (1963), *Homenaje. Reunión de vidas* (1967), *Aire Nuestro* (1968, contiene *Cántico, Clamor y Homenaje*), *Y otros poemas* (1973), *Final* (1982) .

LOS AMANTES

Tallos. Soledades
Ligeras. ¿Balcones
En volandas? —Montes,
Bosques, aves, aires.

Tanto, tanto espacio
Ciñe de presencia

Móvil de planeta
Los tercos abrazos.

¡Gozos, masas, gozos,
Masas, plenitud,
Atónita luz
Y rojos absortos!

¿Y el día? —Lo plano
Del cristal. La estancia
Se ahonda, callada.
Balcones en blanco.

Sólo, Amor. tú mismo,
Tumba. Nada, nadie,
Tumba. Nada, nadie,
Pero... —¿Tú conmigo?

GERARDO DIEGO

(1896-1987)

NACIÓ en Santander. Estudió Filosofía y Letras, doctorándose en la Universidad Central de Madrid. Participó, con Juan Larrea y Vicente Huidobro, en el movimiento creacionista. Fue catedrático de Instituto en Soria, Gijón, Santander y Madrid. Viajó por Francia, Hispanoamérica y Filipinas. Excelente pianista y musicólogo. Con *Versos humanos* obtuvo en 1925 —*ex aequo* con R. Alberti— el premio Nacional de Literatura, al que han seguido otros galardones importantes, especialmente el premio Cervantes en 1979. Fue uno de los más activos organizadores del homenaje a Góngora en 1927. Fundó y dirigió la revista *Carmen* y su suplemento *Lola,* vehículos de la nueva poesía. Su antología *Poesía española contemporánea,* ya clásica, consagró a los poetas del 27 como generación. En 1947 fue nombrado miembro de la Real Academia. Su producción poética, repartida en una cincuentena de libros, destaca por su versatilidad y su facilidad para asimilar las nuevas tendencias.

OBRA POÉTICA: *El romancero de la novia* (1920), *Imagen* (1922), *Soria* (1923), *Manual de espumas* (1924), *Versos humanos* (1925), *Viacrucis* (1931), *Fábula de Equis y Zeda* (1932), *Poemas adrede* (1932), *Ángeles de Compostela* (1940), *Alondra de verdad* (1941), *La luna en el desierto y otros poemas* (1948),... *Amazona* (1959), *La suerte o la muerte* (1963), *El Jándalo* (1964),... *La fundación del querer* (1970), *Cementerio civil* (1972)...

ELLA

¿No la conocéis? Entonces
imaginadla, soñadla.
¿Quién será capaz de hacer
el retrato de la amada?

Yo sólo podría hablaros
vagamente de su lánguida
figura, de su aureola
triste, profunda y romántica.

Os diría que sus trenzas
rizadas sobre la espalda
son tan negras que iluminan
en la noche. Que cuando anda,
no parece que se apoya,
flota, navega, resbala...
Os hablaría de un gesto
muy suyo,... de sus palabras,
a la vez desdén y mimo,
a un tiempo reproche y lágrimas,
distantes como en un éxtasis,
como en un beso cercanas...

Pero no: cerrad los ojos,
imaginadla, soñadla,
reflejada en el cambiante
espejo de vuestra alma.

AHOGO

DÉJAME hacer un árbol con tus trenzas.

Mañana me hallarán ahorcado
en el nudo celeste de tus venas.

Se va a casar la novia
del marinerito.

Haré una gran pajarita
con sus cartas cruzadas.
Y luego romperé
la luna de una pedrada.
Neurastenia, dice el doctor.

Gulliver
ha hundido todos sus navíos.

Codicilo: dejo a mi novia
un puñal y una carcajada.

SUCESIVA

DÉJAME acariciarte lentamente,
déjame lentamente comprobarte,
ver que eres de verdad, un continuarte
de ti misma a ti misma extensamente.

Onda tras onda irradian de tu frente
y mansamente, apenas sin rizarte,
rompen sus diez espumas al besarte
de tus pies en la playa adolescente.

Así te quiero, fluida y sucesiva,
manantial tú de ti, agua furtiva,
música para el tacto perezosa.

Así te quiero, en límites pequeños,
aquí y allá, fragmentos, lirio, rosa,
y tu unidad después, luz de mis sueños.

TUYA

YA sólo existe una palabra: tuya.
Ángeles por el mar la están salvando
cuando ya se iba a hundir, la están alzando,
calentando en sus alas. ¡Aleluya!

Las criaturas cantan: —Aunque huya,
aunque se esconda a ciegas sollozando,
es tuya, tuya, tuya. Aunque nevando
se borre, aunque en el agua se diluya—.

«Tuya», cantan los pájaros, los peces
mudos lo escriben con sus colas de oro:
Te, u, y griega, a,, sí, tuya, tuya.

Cantádmela otra vez y tantas veces,
a ver si a fuerza de cantar a coro.
—¿Tú? ¿Ya? ¿De veras? —Sí. Yo, Tuya. Tuya.

FEDERICO GARCÍA LORCA

(1898-1936)

NACIÓ en Fuentevaqueros (Granada). Estudió Filosofía y Letras y Derecho en la Universidad de Granada. En 1919 se estableció en la Residencia de Estudiantes de Madrid, ciudad en la que vivió habitualmente. Su primera incursión en el teatro —*El maleficio de la mariposa*— fue un fracaso. Logró una gran popularidad con el *Romancero gitano*, publicado en 1928. En la primavera de 1929 hizo un viaje a Estados Unidos, donde escribió los poemas de su libro *Poeta en Nueva York*. Después de una breve estancia en Cuba, regresa a España y funda en 1931 el teatro ambulante "La Barraca", que hace representaciones de los clásicos por los pueblos de España. Entre 1931 y 1935 desarrolló una intensa actividad poética y teatral consiguiendo importantes éxitos con el estreno de *Bodas de sangre* (1933) y *Yerma* (1934). En 1933 y 1934 realizó una gira por Argentina, Uruguay y Brasil dictando conferencias. Al mes de empezar la guerra civil, el 19 de agosto de 1936, fue detenido y fusilado en Viznar, cerca de Granada.

OBRA POÉTICA: *Impresiones y paisajes* (1918), *Libro de poemas* (1921), *Canciones* (1927), *Romancero gitano* (1928), *Poema del cante jondo* (1931), *Llanto por Ignacio Sánchez Mejías* (1935), *Seis poemas galegos* (1935), *Poeta en Nueva York* (1940). Abundantes poemas póstumos, entre ellos el *Diván de Tamarit* y los *Sonetos del amor oscuro*. *Obras completas* (Madrid, Aguilar, 1987).

LA CASADA INFIEL

Y que yo me la llevé al río
creyendo que era mozuela,
pero tenía marido.

Fue la noche de Santiago
y casi por compromiso.

Se apagaron los faroles
y se encendieron los grillos.
En las últimas esquinas
toqué sus pechos dormidos,
y se me abrieron de pronto
como ramos de jacintos.
El almidón de su enagua
me sonaba en el oído
como una pieza de seda
rasgada por diez cuchillos.
Sin luz de plata en sus copas
los árboles han crecido,
y un horizonte de perros
ladra muy lejos del río.

Pasadas las zarzamoras,
los juncos y los espinos,
bajo su mata de pelo
hice un hoyo sobre el limo.
Yo me quité la corbata.
Ella se quitó el vestido.
Yo, el cinturón con revólver.
Ella sus cuatro corpiños.
Ni nardos ni caracolas
tienen el cutis tan fino,
ni los cristales con luna
relumbran con ese brillo.

Sus muslos se me escapaban
como peces sorprendidos
la mitad llenos de lumbre,
la mitad llenos de frío.
Aquella noche corrí
el mejor de los caminos
montado en potra de nácar
sin bridas y sin estribos.
No quiero decir por hombre,
las cosas que ella me dijo.
La luz del entendimiento
me hace ser muy comedido.

Sucia de besos y arena,
yo me la llevé del río.
Con el aire se batían
las espadas de los lirios.

Me porté como quien soy.
Como un gitano legítimo.
La regalé un costurero
grande, de raso pajizo,
y no quise enamorarme
porque teniendo marido
me dijo que era mozuela
cuando la llevaba al río.

CASIDA DE LA MUJER TENDIDA

VERTE desnuda es recordar la tierra.
La tierra lisa, limpia de caballos.
La tierra sin un junco, forma pura
cerrada al porvenir: confín de plata.

Verte desnuda es comprender el ansia
de la lluvia que busca débil talle,
o la fiebre del mar de inmenso rostro
sin encontrar la luz de su mejilla.

La sangre sonará por las alcobas
y vendrá con espadas fulgurantes,
pero tú no sabrás dónde se ocultan
el corazón de sapo o la violeta.

Tu vientre es una lucha de raíces,
tus labios son un alba sin contorno.
Bajo las rosas tibias de la cama
los muertos gimen esperando turno.

EL POETA PIDE A SU AMOR QUE LE ESCRIBA

AMOR de mis entrañas, viva muerte,
en vano espero tu palabra escrita
y pienso, con la flor que se marchita,
que si vivo sin mí quiero perderte.

El aire es inmortal. La piedra inerte
ni conoce la sombra ni la evita.
Corazón interior no necesita
la miel helada que la luna vierte.

Pero yo te sufrí. Rasgué mis venas,
tigre y paloma, sobre tu cintura
en duelo de mordiscos y azucenas.

Llena, pues, de palabras mi locura
o déjame vivir en mi serena
noche del alma para siempre oscura.

SONETO DE LA DULCE QUEJA

TENGO miedo a perder la maravilla
de tus ojos de estatua y el acento
que de noche me pone en la mejilla
la solitaria rosa de tu aliento.

Tengo pena de ser en esta orilla
tronco sin ramas; y lo que más siento
es no tener la flor, pulpa o arcilla,
para el gusano de mi sufrimiento.

Si tú eres el tesoro oculto mío,
si eres mi cruz y mi dolor mojado,
si soy el perro de tu señorío,

no me dejes perder lo que he ganado
y decora las aguas de tu río
con hojas de mi otoño enajenado.

VICENTE ALEIXANDRE

(1898-1984)

NACIDO en Sevilla, su infancia transcurrió en Málaga; la presencia del mar iba a dejar una huella profunda en su poesía. A los trece años se traslada con su familia a Madrid y en esta ciudad vivió desde entonces. Algunos de sus libros deben mucho al paisaje de Miraflores de la Sierra, pueblo madrileño donde el poeta pasaba los veranos. Estudió Comercio y Derecho. Profesor de Derecho Mercantil, una grave enfermedad le obligó a abandonar toda actividad. En 1934 obtuvo el premio Nacional de Literatura por *La destrucción o el amor.* En 1949 ingresó en la Real Academia Española. Recibió el premio Nobel de Literatura en 1977.

OBRA POÉTICA: *Ámbito* (1928), *Espadas como labios* (1932), *Pasión de la tierra* (1935), *La destrucción o el amor* (1935), *Sombra del paraíso* (1944), *Mundo a solas* (1950), *Poemas paradisiacos* (1952), *Nacimiento último* (1953), *Historia del corazón* (1954), *Picasso* (1961), *Antigua casa madrileña* (1961), *En un vasto dominio* (1962), *Presencias* (1965), *Retratos con nombre* (1965), *Dos vidas* (1967), *Poemas de la consumación* (1968), *Sonido de la guerra* (1972), *Diálogos del conocimiento* (1974), *En gran noche* (1991).

UNIDAD EN ELLA

CUERPO feliz que fluye entre mis manos,
rostro amado donde contemplo el mundo,
donde graciosos pájaros se copian fugitivos,
volando a la región donde nada se olvida.

Tu forma externa, diamante o rubí duro,
brillo de un sol que entre mis manos deslumbra,
cráter que me convoca con su música íntima,
con esa indescifrable llamada de tus dientes.

Muero porque me arrojo, porque quiero morir,
porque quiero vivir en el fuego, porque este aire de
(fuera
no es mío, sino el caliente aliento
que si me acerco quema y dora mis labios desde
(un fondo.

Deja, deja que mire, teñido del amor,
enrojecido el rostro por tu purpúrea vida,
deja que mire el hondo clamor de tus entrañas
donde muero y renuncio a vivir para siempre.

Quiero amor o la muerte, quiero morir del todo,
quiero ser tú, tu sangre, esa lava rugiente
que regando encerrada bellos miembros extremos
siente así los hermosos límites de la vida.

Este beso en tus labios como una lenta espina,
como un mar que voló hecho un espejo,
como el brillo de un ala,
es todavía unas manos, un repasar de tu crujiente pelo,
un crepitar de la luz vengadora,
luz o espada mortal que sobre mi cuello amenaza,
pero que nunca podrá destruir la unidad de este
(mundo.

SE QUERÍAN

Se querían.
Sufrían por la luz, labios azules en la madrugada,
labios saliendo de la noche dura,
labios partidos, sangre, ¿sangre dónde?
Se querían en un lecho navío, mitad noche, mitad luz.

Se querían como las flores a las espinas hondas,
a esa amorosa gema del amarillo nuevo,
cuando los rostros giran melancólicamente
giralunas que brillan recibiendo aquel beso.

Se querían de noche, cuando los perros hondos
laten bajo la tierra y los valles se estiran
como lomos arcaicos que se sienten repasados:
caricia, seda, mano, luna que llega y toca.

Se querían de amor entre la madrugada,
entre las duras piedras cerradas de la noche,
duras como los cuerpos helados por las horas,
duras como los besos de diente a diente sólo.

Se querían de día, playa que va creciendo,
ondas que por los pies acarician los muslos,
cuerpos que se levantan de la tierra y flotando...
Se querían de día, sobre el mar, bajo el cielo.

Mediodía perfecto, se querían tan íntimos,
mar altísimo y joven, intimidad extensa,
soledad de lo vivo, horizontes remotos
ligados como cuerpos en soledad cantando.

Amando. Se querían como la luna lúcida,
como ese mar redondo que se aplica a ese rostro,
dulce eclipse de agua, mejilla oscurecida,
donde los peces rojos van y vienen sin música.

Día, noche, ponientes, madrugadas, espacios,
ondas nuevas, antiguas, fugitivas, perpetuas,
mar o tierra. navío, lecho, pluma, cristal,
metal, música, labio, silencio, vegetal,
mundo, quietud, su forma. Se querían, sabedlo.

MANO ENTREGADA

PERO otro día toco tu mano. Mano tibia.
Tu delicada mano silente. A veces cierro
mis ojos y toco leve tu mano, leve toque
que comprueba su forma, que tienta
su estructura, sintiendo bajo la piel alada el duro
(hueso

insobornable, el triste hueso adonde no llega nunca
el amor. Oh carne dulce, que sí se empapa del
(amor hermoso.

Es por la piel secreta, secretamente abierta,
(invisiblemente entreabierta,
por donde el calor tibio propaga su voz, su afán dulce;
por donde mi voz penetra hasta tus venas tibias,
para rodar por ellas en tu escondida sangre,
como otra sangre que sonara oscura, que
(dulcemente oscura te besara
por dentro, recorriendo despacio como sonido puro
ese cuerpo, que ahora resuena mío, mío poblado
(de mis voces profundas,
oh resonado cuerpo de mi amor, oh poseído
(cuerpo, oh cuerpo sólo sonido
(de mi voz poseyéndole.

Por eso, cuando acaricio tu mano, sé que sólo
(el hueso rehúsa
mi amor —el nunca incandescente hueso del
(hombre—.
Y que una zona triste de tu ser se rehúsa,
mientras tu carne entera llega un instante lúcido
en que total flamea, por virtud de ese lento
(contacto de tu mano,
de tu porosa mano suavísima que gime,
tu delicada mano silente, por donde entro
despacio, despacísimo, secretamente en tu vida,
hasta tus venas hondas totales donde bogo,
donde te pueblo y canto completo entre tu carne.

DÁMASO ALONSO

(1898-1990)

NACIÓ y murió en Madrid. Estudió Derecho y Filosofía y Letras. No podemos reseñar aquí su fecunda labor como crítico literario, historiador de la literatura, lingüista, editor de clásicos, antólogo, traductor, etc. Profesor y conferenciante en varias universidades de Europa y América. Miembro de la Real Academia desde 1945, ha sido director de la misma desde 1968 hasta 1982. Perteneció además a la Academia de la Historia y fue doctor *Honoris causa* de varias universidades. Se le concedió el premio Cervantes en 1978.

OBRA POÉTICA: *Poemas puros. Poemillas de la ciudad* (1921), *El viento y el verso* (1925), *Oscura noticia* e *Hijos de la ira* (1944), *Hombre y Dios* (1955), *Gozos de la vista* (1981), *Duda y amor sobre el Ser Supremo* (1985).

CIENCIA DE AMOR

NO sé. Sólo me llega, en el venero
de tus ojos, la lóbrega noticia
de Dios: sólo en tus labios, la caricia
de un mundo en mies, de un celestial granero.

¿Eres limpio cristal. o ventisquero
destructor? No, no sé... De esta delicia,
yo sólo sé su cósmica avaricia,
el sideral latir con que te quiero.

Yo no sé si eres muerte o si eres vida,
si toco rosa en ti, si toco estrella,
si llamo a Dios o a ti cuando te llamo.

Junco en el agua o sorda piedra herida,
sólo sé que la tarde es ancha y bella,
sólo sé que soy hombre y que te amo.

ORACIÓN POR LA BELLEZA DE UNA MUCHACHA

TÚ le diste esa ardiente simetría
de los labios, con brasa de tu hondura,
y en dos enormes cauces de negrura,
simas de infinitud, luz de tu día;

esos bultos de nieve, que bullía
al soliviar del lino la tersura,
y, prodigios de exacta arquitectura,
dos columnas que cantan tu armonía.

Ay, tú, Señor, le diste esa ladera
que en un álabe dulce se derrama,
miel secreta en el humo entredorado.

¿A qué tu poderosa mano espera?
Mortal belleza eternidad reclama.
¡Dale la eternidad que le has negado!

EMILIO PRADOS

(1899-1962)

NACIÓ en Málaga. Enfermo del pecho desde niño, en 1920 tuvo que pasar una larga temporada en un sanatorio de Suiza. Amplió estudios en las Universidades de Friburgo y Berlín. Entre 1914 y 1923, salvo el paréntesis de Suiza, permaneció en la Residencia de Estudiantes de Madrid. En compañía de Manuel Altolaguirre, también malagueño, fundó y dirigió la revista *Litoral* (1926-1929) y publicó en la imprenta que le regaló su padre varios libros de sus compañeros de generación. De ideología próxima al comunismo, durante la república y la Guerra Civil realizó una importante labor propagandista en la radio y sobre todo como editor. Terminada la guerra, fijó su residencia en México, donde murió.

OBRA POÉTICA: *Tiempo. Veinte poemas en verso* (1925), *Seis estampas para un rompecabezas* (1925), *Nadador sin cielo* (¿1926?), *Canciones del farero* (1926), *Vuelta* (1927), *Andando, andando por el mundo* (1935), *El llanto subterráneo* (1936), *Llanto en la sangre* (1937), *Memoria del olvido* (1940), *Mínima muerte* (1944), *Dormido en la yerba* (1953)... *Poesías completas* (Madrid, Aguilar, 1975, 2 vols.)

RESURRECCIÓN

COMO ahora te vas durmiendo
despacio; perdiendo suelo
de la vida por tus ojos;
derramándote por ellos
sobre tu memoria; hundiéndote
casi ahogada bajo el sueño
por dentro de ti... Así un día
te irás durmiendo también
despacio, y hacia otro sueño
te saldrás: te irás subiendo,

perdiendo pie de tus ojos,
volando, alzándote de ellos
por fuera de ti, desnuda,
igual que un aura en el cielo.
¡Qué clara luz de tu carne
saldrá con tu sueño al viento!
La sombra quedará abajo,
presa dentro de tu cuerpo,
igual que al dormirte ahora
queda sobre ti...
¡Que espejo,
prendida tu alma en tu sangre,
dentro de ti irá encendiendo!
Fuera —cuando seas del aire...
¡Qué cristal de vida, eterno!

Desvanecida en mi hombro,
como ahora, te irás perdiendo
va para siempre: ganándote
a ti misma en tu silencio.
Me irá pesando tu carne;
hundiéndoseme en el pecho
como una piedra en el agua...
Se irán llevando tu cuerpo
necesariamente a tierra:
lo irán metiendo en la sombra...
Pero tú por fuera —sueño
puro— volarás latiendo
sobre mis pulsos,
desnudo alzándome de ellos,
a unirme a ti, sólo alma,
ya de nuestros dos reflejos.
¡Qué flor de luz nuestro abrazo
brillando en el cielo abierto!
¡Qué doble espejo en el mundo
mi carne entre tus recuerdos!

CLAUDIA LARS

(El Salvador, 1899-1974)

NACIÓ en Armenia Sonsonate (El Salvador). Su verdadero nombre era Carmen Brannon Vega. Mujer de finísima intuición lírica y de una elegancia idiomática que revela su compleja cultura. Cantó el amor, el paisaje, la infancia y los recuerdos.

OBRA POÉTICA: *Estrellas en el pozo* (1934), *Canción redonda* (1937), *La casa de vidrio* (1942), *Romances de norte a sur* (1946), *Sonetos* (1947), *Ciudad bajo mi voz, Donde llegan los pasos* (1953) *Escuela de pájaros* (1955), *Fábula de una verdad* (1959), *Canciones* (1960), *Presencia en el tiempo* (1962), *Sobre el ángel y el hombre, Del fino amanecer* (1965), *Nuestro planeta mundo* (1969)...

PALABRAS DE LA NUEVA MUJER

COMO abeja obstinada
exploro inefables reinos
que desconoces
y al entrar en la memoria de tu corazón
señalo parajes virginales.

¡Aquí la eternidad
modificando nuestro minuto!
No puedo ser abismo:
con la luz se hacen viñedos
y retamas.

Pertenezco a la desnudez
de mi lenguaje
y he quemado silencios y mentiras
sabiendo que transformo
la historia de las madres.

Mujer.
Sólo mujer.
¿Entiendes?
Ni pajarilla del necesario albergue,
ni alimento para deseosos animales,
ni bosque de campánulas donde el cielo se olvida
ni una hechicera con sus pequeños monstruos.

¡Oh poderes del hombre
alzando mutaciones
de frágiles rostros!
¡Oh esplendor oculto en mi santuario
ya bajo la excelencia
de íntimos ángeles!
¿Logra mi amor decirte
que busco un amante
con frente inmortal?

CARLOS PELLICER

(México 1899-1977)

NACIÓ en Villahermosa (Tabasco). Estuvo en relación con el grupo de la revista *Contemporáneos* (1928-1931), pero pronto se apartó de él. Después de sufrir prisión en los años 30 por motivos políticos, viajó por Europa, Asia y América. Ocasionalmente ha ejercido como profesor de Literatura y de Historia. Su relación con las Bellas Artes, la Arqueología y la Musicología se refleja en sus poemas.

OBRA POÉTICA: *Colores en el mar y otros poemas* (1921), *Piedra de sacrificios* (1924), *Hora y 20* (1927), *Camino,* (1929), *Esquemas para una oda tropical* (1933), *Hora de junio* (1937), *Recinto y otras imágenes* (1941), *Exágonos* (1941), *Discurso por las flores* (1946), *Reincidencias* (1979)...

CANTO DESTRUIDO

¿EN qué rayo de luz, amor ausente
tu ausencia se posó? Toda en mis ojos
brilla la desnudez de tu presencia.
Dúos de soledad dicen mis manos
llenas de ácidos fríos
y desgarrados horizontes.
Veo el otoño lleno de esperanzas
como una atardecida primavera
en que una sola estrella
vive el cielo ambulante de la tarde.
Te llamo, amor, y nada estoy diciendo
para llamarte. Siento
que me duelen los ojos de no llorar. Y veo
que tu ausencia me encuentra con el cielo encendido
y una alegría triste de no usarla

como esos días en que nada ocurre
y está toda la casa
inútilmente iluminada.

En la destruida alcoba de tu ausencia
pisoteados crepúsculos reviven
sus harapos, morados de recuerdos.
En el alojamiento de tu ausencia
todo lo ocupo yo, clavando clavos
en las cuatro paredes de la ausencia.
Y este mundo cerrado
que se abre al interior de un bosque antiguo
ve marchitarse el tiempo,
despolvorearse la luz y mira a todos lados
sin encontrar el punto de partida.

Aunque vengas mañana
en tu ausencia de hoy perdí algún reino.
Tu cuerpo es el país de las caricias,
en donde yo, viajero desolado
—todo el itinerario de mis besos—
paso el otoño para no morirme
sin conocer el valor de tu ausencia
como un diamante oculto en lo más triste.

QUE SE CIERRE ESA PUERTA...

QUE se cierre esa puerta
que no me deja estar a solas con tus besos.
Que se cierre esa puerta
por donde campos, sol y rosas quieren vernos.
Esa puerta por donde
la cal azul de los pilares entra
a mirar como niños maliciosos
la timidez de nuestras dos caricias
que no se dan porque la puerta, abierta...

Por razones serenas
pasamos largo tiempo a puerta abierta.

Y arriesgado es besarse
y oprimirse las manos, ni siquiera
mirarse demasiado, ni siquiera
callar en buena lid...

Pero en la noche
la puerta se echa encima de sí misma
y se cierra tan ciega y claramente
que nos sentimos ya, tú y yo, en campo abierto,
escogiendo caricias como joyas
ocultas en la noche con jardines
puestos en las rodillas de los montes,
pero solos tú y yo.
La mórbida penumbra
enlaza nuestros cuerpos y saquea
mi inédita ternura,
la fuerza de mis brazos que te agobian
tan dulcemente, el gran beso insaciable
que se bebe a sí mismo
y en su espacio redime
lo pequeño de ilímites distancias...

Dichosa puerta que nos acompañas
cerrada, en nuestra dicha. Tu obstrucción
es la liberación de estas dos cárceles;
la escapatoria de las dos pisadas
idénticas que saltan a la nube
de la que se regresa en la mañana.

FRANCISCO LUIS BERNÁRDEZ

(Argentina, 1900-1978)

SUS estancias en España y Portugal (1920-25), lo vincularon en una primera etapa al ultraísmo y a otras vanguardias. En Buenos Aires dirigió la revista *Proa* y formó parte del grupo "Martín Fierro". Su evolución posterior le lleva a retornar a los clásicos con marcado acento católico.

OBRA POÉTICA: *Orto* (1922), *Bazar* (1922), *Poemas ingenuos* (1923), *Kindergarten* (1924), *Alcándara. Imágenes* (1925), *El buque* (1935), *Cielo de tierra* (1937), *La ciudad sin Laura* (1938), *Poemas elementales* (1942), *Poemas de carne y hueso* (1943), *El ruiseñor* (1945)..., *Poemas de cada día,* (1963).

ESTAR ENAMORADO

ESTAR enamorado, amigos, es encontrar el nombre
justo de la vida.
Es dar al fin con la palabra que para hacer frente a
la muerte se precisa.
Es cobrar la llave oculta que abre la cárcel en que
el alma está cautiva.
Es levantarse de la tierra con una fuerza que
reclama desde arriba.
Es respirar el ancho viento que por encima de la
carne se respira.
Es contemplar desde la cumbre de la persona la
razón de las heridas.
Es advertir en unos ojos una mirada verdadera que
nos mira.
Es escuchar en una boca la propia voz
profundamente repetida.
Es sorprender en unas manos ese calor de la
perfecta compañía.

Es sospechar que, para siempre, la soledad de
nuestra sombra está vencida.

Estar enamorado, amigos, es descubrir dónde se
juntan cuerpo y alma.
Es percibir en el desierto la cristalina voz de un río
que nos llama.
Es ver el mar desde la torre donde ha quedado
prisionera nuestra infancia.
Es apoyar los ojos tristes en un paisaje de cigüeñas
y campanas.
Es ocupar un territorio donde conviven los
perfumes y las armas.
Es dar la ley a cada rosa y al mismo tiempo recibirla
de su espada.
Es confundir el sentimiento con una hoguera que
del pecho se levanta.
Es gobernar la luz del fuego y al mismo tiempo ser
esclavo de la llama.
Es entender la pensativa conversación del corazón y
la distancia.
Es encontrar el derrotero que lleva al reino de la
música sin tasa.

Estar enamorado, amigos, es adueñarse de las
noches y los días.
Es olvidar entre los dedos emocionados la cabeza
distraída.
Es recordar a Garcilaso cuando se siente la canción
de una herrería.
Es ir leyendo lo que escriben en el espacio las
primeras golondrinas.
Es ver la estrella de la tarde por la ventana de una
casa campesina.
Es contemplar un tren que pasa por la montaña con
las luces encendidas.
Es comprender perfectamente que no hay fronteras
entre el sueño y la vigilia.
Es ignorar en qué consiste la diferencia entre la
pena y la alegría.

Es escuchar a medianoche la vagabunda confesión
de la llovizna.
Es divisar en las tinieblas del corazón una pequeña
lucecita.

Estar enamorado, amigos, es padecer espacio y
tiempo con dulzura.
Es depertarse una mañana con el secreto de las
flores y las frutas.
Es libertarse de sí mismo y estar unido con las otras
criaturas.
Es no saber si son ajenas o si son propias las
lejanas amarguras.
Es remontar hasta la fuente las aguas turbias del
torrente de la angustia.
Es compartir la luz del mundo y al mismo tiempo
compartir su noche obscura.
Es asombrarse y alegrarse de que la luna todavía
sea luna.
Es comprobar en cuerpo y alma que la tarea de ser
hombre es menos dura.
Es empezar a decir *siempre* y en adelante no volver
a decir *nunca*.
Y es además, amigos míos, estar seguro de tener las
manos puras.

ENRIQUETA ARVELO LARRIVA

(Venezuela, 1886-1962)

NACIÓ en el pueblo de Barinitas y allí vivió aislada de contactos intelectuales. De rara y compleja personalidad, posee un amplio dominio del idioma y una imaginación fulgurante que se refleja en un tratamiento del paisaje como una vivencia esencial.

OBRA POÉTICA: *Voz aislada* (1939), *El cristal nervioso* (1941), *Poemas de una pena* (1942), *El canto del recuento* (1949), *Mandato del canto* (1957).

CABALLO DE FUEGO

ME acerqué a candelas de bosques intensos
y una chispa leve en mí escondió el viento.

La chispa me dio caballo de fuego
Lo colmé espontánea de forraje nuevo.

Corría en mis venas, se paraba en seco.
El desgaritado le llamó mi acento.

Le busqué mimosa y abracé su cuello
si a ajustarle iba el bozal más recio.

Tornábalo adusto fogoso deseo.
Lo herraba mi mano con su calor tierno.

¡Caballo encendido, le grité en secreto,
no te puse sueltas y yo gusté el freno!

El caballo un día salió por mi aliento
y volvió cansado del hueco paseo.

El sol le tiñó el pajonal seco,
mas él perseguía lo que hierve fresco:

borlas de verdor después de febrero,
con sol y garúa y quemado suelo.

Escarbaba fijo aquel casco terco.
Suave se movía mi almácigo eterno.

Vibro hoy sin sentirme jazmín ni lucero,
en el alma enhiesta un sabor terreno.

Libre del nevazo que sigue al incendio.
Disfrutando aroma sin daño de tedio.

A cálida hambre di forraje fresco.
Trepidante brío sembré de sosiego.

No muero en ceniza ni en dejado leño.
Y así me has tomado, amor de universo.

LUIS CERNUDA

(1902-1963)

NACIÓ en Sevilla. Hijo de militar, se educó en un ambiente rígido. Sus tempranas aficiones literarias y el descubrimiento de sus tendencias homosexuales acentúan su carácter tímido y melancólico. Inicia estudios de Derecho en Sevilla, con Pedro Salinas entre sus profesores. Conoce en Málaga a los poetas de la revista *Litoral* y se establece en Madrid. Lector de español en la Universidad de Toulouse en 1928-1929, toma contacto con el surrealismo. Durante la República colabora con las Misiones Pedagógicas y en la revista revolucionaria *Octubre*. En 1937 participa en el II Congreso de Intelectuales Antifascistas, y al año siguiente, invitado a dar unas conferencias, sale para Inglaterra. Nunca volvería a España. Enseñó Lengua y Literatura españolas en Glasgow, Cambridge y Londres. En 1947 se traslada como profesor a Estados Unidos, y en 1952 a México. Regresa a Estados Unidos en 1960. Murió en México, donde solía pasar los veranos.

OBRA POÉTICA: *Perfil del aire* (1927), *Donde habite el olvido* (1934), *El joven marino* (1936), *La realidad y el deseo* (1936, 1940, 1958 y 1964). A este título general se van incorporando en las sucesivas ediciones libros independientes como *Los placeres prohibidos, Las nubes, Vivir sin estar viviendo, Desolación de la Quimera... Poesía completa* (Barcelona, Barral, 1974).

TE QUIERO

TE quiero.

Te lo he dicho con el viento,
jugueteando tal un animalillo en la arena
o iracundo como órgano tempestuoso;

te lo he dicho con el sol,
que dora desnudos cuerpos juveniles
y sonríe en todas las cosas inocentes;

te lo he dicho con las nubes,
frentes melancólicas que sostienen el cielo,
tristezas fugitivas;

te lo he dicho con las plantas,
leves caricias transparentes
que se cubren de rubor repentino;

te lo he dicho con el agua,
vida luminosa que vela un fondo de sombra;
te lo he dicho con el miedo,

te lo he dicho con la alegría,
con el hastío, con las terribles palabras.
Pero así no me basta;
más allá de la vida
quiero decírtelo con la muerte,
más allá del amor
quiero decírtelo con el olvido.

SI EL HOMBRE PUDIERA DECIR

Si el hombre pudiera decir lo que ama,
Si el hombre pudiera levantar su amor por el cielo
Como una nube en la luz;
Si como muros que se derrumban,
Para saludar la verdad erguida en medio,
Pudiera derrumbar su cuerpo, dejando sólo
(la verdad de su amor,
La verdad de sí mismo,
Que no se llama gloria, fortuna o ambición,
Sino amor o deseo,
Yo seria aquel que imaginaba;
Aquel que con su lengua, sus ojos y sus manos
Proclama ante los hombres la verdad ignorada,
La verdad de su amor verdadero.

Libertad no conozco sino la libertad de estar preso
(en alguien
Cuyo nombre no puedo oír sin escalofrío,
Alguien por quien me olvido de esta existencia
(mezquina,
Por quien el día y la noche son para mí lo que quiera,
Y mi cuerpo y espíritu flotan en su cuerpo y espíritu
Como leños perdidos que el mar anega o levanta
Libremente, con la libertad del amor,
La única libertad que me exalta,
La única libertad por que muero.

Tú justificas mi existencia:
Si no te conozco, no he vivido;
Si muero sin conocerte, no muero, porque no he
(vivido.

NO ES EL AMOR QUIEN MUERE

No es el amor quien muere,
Somos nosotros mismos.

Inocencia primera
Abolida en deseo,
Olvido de sí mismo en otro olvido,
Ramas entrelazadas,
¿Por qué vivir si desaparecéis un día?

Sólo vive quien mira
Siempre ante sí los ojos de su aurora,
Sólo vive quien besa.
Aquel cuerpo de ángel que el amor levantara.
Fantasmas de la pena,
A lo lejos, los otros,
Los que ese amor perdieron,
Como un recuerdo en sueños,
Recorriendo las tumbas
Otro vacío estrechan.

Por allá van y gimen,
Muertos en pie, vidas tras de la piedra,
Golpeando impotencia,
Arañando la sombra
Con inútil ternura.

No, no es el amor quien muere.

AMANDO EN EL TIEMPO

El tiempo, insinuándose en tu cuerpo,
Como nube de polvo en fuente pura,
Aquella gracia antigua desordena
Y clava en mí una pena silenciosa.

Otros antes que yo vieron un día,
Y otros luego verán, cómo decae
La amada forma esbelta, recordando
De cuánta gloria es cifra un cuerpo hermoso.

Pero la vida solos la aprendemos,
Y placer y dolor se ofrecen siempre
Tal mundo virgen para cada hombre;
Así mi pena inculta es nueva ahora.

Nueva como lo fuese al primer hombre,
Que cayó con su amor del paraíso.
Cuando viera, su cielo ya vencido
Por sombras, decaer el cuerpo amado.

NICOLÁS GUILLÉN

(Cuba, 1902-1989)

NACIÓ en Camagüey, donde se graduó de Bachillerato. En 1923 colaboró en la redacción de *El Camagüeyano.* En 1937, invitado por Neruda y Alberti, asistió en España al II Congreso de Escritores para la Defensa de la Cultura, e ingresó en el Partido Comunista. A su regreso a Cuba dirigió la revista *Mediodía* y luego realizó un vasto recorrido por América del Sur, dando conferencias y recitales. Exiliado de Cuba entre 1953 y 1958, recibió el premio Lenin en 1956. Desde 1961 ha sido presidente de la Unión de Escritores y Artistas. Es el principal representante de la poesía afroantillana y uno e los máximos cultivadores de la poesía social.

OBRA POÉTICA: *Motivos de son* (1930), *Sóngoro Cosongo* (1931), *West Indies Limited* (1934), *Cantos para soldados y sones para turistas* (1937), *España. Poema en cuatro angustias y una esperanza* (1937), *El son entero* (1947), *Suma poética. 1929-1946* (1947), *La paloma de vuelo popular* (1958), *Poemas de amor* (1964), *La rueda dentada* (1972), *El diario que a diario* (1972)... *Obra poética (1920-1972)* (1974).

MADRIGAL

TU vientre sabe más que tu cabeza
y tanto como tus muslos.

Ésa

es la fuerte gracia negra
de tu cuerpo desnudo.

Signo de selva el tuyo,
con tus collares rojos,

tus brazaletes de oro curvo,
y ese caimán oscuro
nadando en el Zambeze de tus ojos.

MI CHIQUITA

LA chiquita que yo tengo
tan negra como e,
no la cambio por ninguna,
por ninguna otra mujer.

Ella lava, plancha, cose,
y sobre to, caballero,
¡cómo cocina!

Si la vienen a buscar
pa bailar,
pa comer,
ella me tiene que llevar,
o traer.

Ella me dice: mi santo,
tu negra no se te va;
bucamé,
bucamé
pa gozar!

UN POEMA DE AMOR

NO sé. Lo ignoro.
Desconozco todo el tiempo que anduve
sin encontrarla nuevamente.
¿Tal vez un siglo? Acaso.
Acaso un poco menos: noventa y nueve años.
¿O un mes? Pudiera ser. En cualquier forma
un tiempo enorme, enorme, enorme.

Al fin, como una rosa súbita,
repentina campánula temblando,
la noticia.
Saber de pronto
que iba a verla otra vez, que la tendría
cerca, tangible, real, como en los sueños.
¡Qué trueno sordo
rodándome en las venas,
estallando allá arriba
bajo mi sangre, en una
nocturna tempestad!
¿Y el hallazgo, en seguida? ¿Y la manera
de saludarnos, de manera
que nadie comprendiera
que ésa es nuestra propia manera?
Un roce apenas, un contacto eléctrico,
un apretón conspirativo, una mirada,
un palpitar del corazón
gritando, aullando con silenciosa voz.
Después
(Ya lo sabéis desde los quince años)
ese aletear de las palabras presas,
palabras de ojos bajos,
penitenciales,
entre testigos enemigos,
todavía
un amor de "lo amo",
de "usted", de "bien quisiera,
pero es imposible..." De "no podemos,
no, piénselo usted mejor..."
Es un amor así,
es un amor de abismo en primavera,
cortés, cordial, feliz, fatal.
La despedida, luego,
genérica,
en el turbión de los amigos.
Verla partir y amarla como nunca;
seguirla con los ojos,
y ya sin ojos seguir viéndola lejos,
allá lejos, y aún seguirla

más lejos todavía,
hecha de noche,
de mordedura, beso, insomnio,
veneno, éxtasis, convulsión,
suspiro, sangre, muerte...
Hecha
de esa sustancia conocida
con que amasamos una estrella.

RAFAEL ALBERTI

(1902)

NACE en el Puerto de Santa María (Cádiz). Su infancia transcurre junto al mar en su pueblo natal. Primeros estudios con los jesuitas. En 1917 se traslada a Madrid con su familia, abandona sus estudios y se convierte en asiduo visitante del Museo del Prado. El reposo al que le obliga una incipiente tuberculosis acentúa su vocación literaria. Entabla amistad con Buñuel, Lorca, Dalí y Moreno Villa. En 1925 recibe, *ex aequo* con Gerardo Diego, el premio Nacional de Literatura por *Marinero en Tierra.* En 1927 sufre una profunda crisis espiritual. En 1931 se afilia al Partido Comunista y estrena sus primeras obras teatrales *(El hombre deshabitado* y *Fermín Galán*). En 1933 viaja a la Unión Soviética y funda la revista *Octubre.* Durante la guerra civil participa activamente en el bando republicano y dirige la revista *El mono azul.* Al terminar la guerra se traslada a París y en 1940 se instala en Buenos Aires. Realiza viajes por América del Sur, la Unión Soviética y China. En 1963 se establece en Roma. Vuelve a España en 1977. En 1983 se le concede el premio Cervantes. Único poeta vivo de la Generación del 27, en la actualidad vive en Madrid.

OBRA POÉTICA: *Marinero en tierra* (1925), *La amante* (1926), *El alba del alhelí* (1927), *Cal y canto* (1929), *Sobre los ángeles* (1929), *Yo era un tonto y lo que he visto me ha hecho dos tontos* (1929), *El poeta en la calle* y *De un momento a otro* (aparecidos con estos títulos en *Poesías completas,* 1961), *Entre el clavel y la espada* (1941), *Pleamar* (l944), *A la pintura* (1945), *Coplas de Juan Panadero* (1949), *Retornos de lo vivo lejano* (1952), *Baladas y canciones del Paraná* (1954), *Abierto a todas horas* (1964), *Roma, peligro para caminantes* (1968), *Fustigada luz* (1980), *Canciones para Altair* (1988)... *Obra completa Poesía:* vol. I (1920-1938), vol. II (1939 1963), vol. III (1964-1988), (Madrid, Aguilar, 1988).

AMARANTA

RUBIOS, pulidos senos de Amaranta,
por una lengua de lebrel limados.
Pórticos de limones, desviados
por el canal que asciende a tu garganta.

Rojo, un puente de rizos se adelanta
e incendia tus marfiles ondulados.
Muerde, heridor, tus dientes desangrados,
y corvo, en vilo, al viento te levanta.

La soledad, dormida en la espesura,
calza su pie de céfiro y desciende
del olmo alto al mar de la llanura.

Su cuerpo en sombra, oscuro, se le enciende,
y gladiadora, como un ascua impura,
entre Amaranta y su amador se tiende.

CAMPO DE BATALLA

NACE en las ingles un calor callado,
como un rumor de espuma silencioso.
Su dura mimbre el tulipán precioso
dobla sin agua, vivo y agotado.

Crece en la sangre un desasosegado,
urgente pensamiento belicoso.
La exhausta flor perdida en su reposo
rompe su sueño en la raíz mojado.

Salta la tierra y de su entraña pierde
savia, venero y alameda verde.
Palpita, cruje, azota, empuja, estalla.

La vida hiende vida en plena vida.
Y aunque la muerte gane la partida,
todo es un campo alegre de batalla.

RETORNOS DEL AMOR TAL COMO ERA

ERAS en aquel tiempo rubia y grande,
sólida espuma ardiente y levantada.
Parecías un cuerpo desprendido
de los centros del sol, abandonado
por un golpe de mar en las arenas.

Todo era fuego en aquel tiempo. Ardía
la playa en tu contorno. A rutilantes
vidrios de voz quedaban reducidos
las algas, los moluscos y las piedras
que el oleaje contra ti mandaba.

Todo era fuego, exhalación, latido
de onda caliente en ti. Si era una mano
la atrevida o los labios, ciegas ascuas,
voladoras, silbaban por el aire.
Tiempo abrasado, sueño consumido.

Yo me volqué en tu espuma en aquel tiempo.

RETORNOS DEL AMOR EN LA NOCHE TRISTE

VEN, amor mío, ven, en esta noche
sola y triste de Italia. Son tus hombros
fuertes y bellos los que necesito.
Son tus preciosos brazos, la largura
maciza de tus muslos y ese arranque
de pierna, esa compacta
línea que te rodea y te suspende,
dichoso mar, abierta playa mía.
¿Cómo decirte, amor, en esta noche
solitaria de Génova, escuchando
el corazón azul del oleaje,
que eres tú la que vienes por la espuma?
Bésame, amor, en esta noche triste.
Te diré las palabras que mis labios,

de tanto amor, mi amor, no se atrevieron.
Amor mío, amor mío, es tu cabeza
de oro tendido junto a mí, su ardiente
bosque largo de otoño quien me escucha.
Óyeme, que te llamo. Vida mía,
sí, vida mía, vida mía sola.
¿De quien más, de quién más si solamente
puedo ser yo quien cante a tus oídos:
vida, vida, mi vida, vida mía?
¿Qué soy sin ti, mi amor? Dime qué fuera
sin ese fuerte y dulce muro blando
que me da luz cuando me da la sombra,
sueño, cuando se escapa de mis ojos.
Yo no puedo dormir. ¡Cuántas auroras,
oscuras, braceando en las tinieblas,
sin encontrarte, amor! ¡Cuántos amargos
golpes de sal, sin ti, contra mi boca!
¿Dónde estás? ¿Dónde estás? Dime, amor mío.
¿Me escuchas? ¿No me sientes
llegar como una lágrima llamándote,
por encima del mar, en esta noche?

XAVIER VILLAURRUTIA

(México, 1903-1950)

NACIÓ y murió en la ciudad de México. Fundó con Salvador Novo la revista *Ulises* (1927-28) y fue uno de los miembros más destacados del grupo *Contemporáneos.* Cultivó todos los géneros literarios (poesía, ensayo, narrativa, teatro), la crítica y la traducción. En 1935 viajó a la universidad americana de Yale becado por la Fundación Rockefeller, orientándose desde entonces hacia el teatro. Fundó el "Teatro Ulises", de carácter experimental. Ocupó importantes cargos políticos.

OBRA POÉTICA: *Reflejos* (1926), *Nocturnos* (1933), *Nostalgia de la muerte* (1938), *Décima muerte y otros Poemas no coleccionados* (1941), *Canto a la primavera y otros poemas* (1948).

AMOR CONDUSSE NOI AD UNA MORTE

AMAR es una angustia, una pregunta,
una suspensa y luminosa duda;
es un querer saber todo lo tuyo
y a la vez un temor de al fin saberlo.

Amar es reconstruir, cuando te alejas,
tus pasos, tus silencios, tus palabras,
y pretender seguir tu pensamiento
cuando a mi lado, al fin inmóvil, callas.

Amar es una cólera secreta,
una helada y diabólica soberbia.

Amar es no dormir cuando en mi lecho
sueñas entre mis brazos que te ciñen,
y odiar el sueño en que, bajo tu frente,
acaso en otros brazos te abandonas.

Amar es escuchar sobre tu pecho,
hasta colmar la oreja codiciosa,
el rumor de tu sangre y la marea
de tu respiración acompasada.

Amar es absorber tu joven savia
y juntar nuestras bocas en un cauce
hasta que de la brisa de tu aliento
se impregnen para siempre mis entrañas.

Amar es una envidia verde y muda,
una sutil y lúcida avaricia.

Amar es provocar el dulce instante
en que tu piel busca mi piel despierta;
saciar a un tiempo la avidez nocturna
y morir otra vez la misma muerte
provisional, desgarradora, oscura.

Amar es una sed, la de la llaga
que arde sin consumirse ni cerrarse,
y el hambre de una boca atormentada
que pide más y más y no se sacia.

Amar es una insólita lujuria
y una gula voraz, siempre desierta.

Pero amar es también cerrar los ojos,
dejar que el sueño invada nuestro cuerpo
como un río de olvido y de tinieblas,
y navegar sin rumbo, a la deriva:
porque amar es, al fin, una indolencia.

INVENTAR LA VERDAD

PONGO el oído atento al pecho,
como, en la orilla, el caracol al mar.
Oigo mi corazón latir sangrando
y siempre y nunca igual.
Sé por qué late así, pero no puedo
decir por qué será.

Si empezara a decirlo con fantasmas
de palabras y engaños al azar,
llegaría, temblando de sorpresa,
a inventar la verdad:
¡Cuando fingí quererte, no sabía
que te quería ya!

JORGE CARRERA ANDRADE

(Ecuador, 1903-1978)

NACIÓ y murió en Quito, en cuya Universidad estudió Derecho. Como diplomático, residió en España y en la Universidad de Barcelona estudió Filosofía y Letras. Posteriormente ha vivido en Berlín, París, Londres, Japón (donde le sorprendió la Segunda Guerra Mundial) y otros países. Fue director de *Letras del Ecuador* y colaboró en el diario *El Sol* de Quito. Ha traducido abundante poesía francesa. El culto de la imagen lo llevó por el camino del micrograma, que algunos han relacionado con haikai japonés.

OBRA POÉTICA: *El estanque inefable* (1922), *La guirnalda del silencio* (1926), *Boletines de mar y tierra* (1930), *Rol de la manzana* (1935), *Biografía para uso de los pájaros* (1937), *La hora de las ventanas iluminadas* (1937), *Microgramas* (1940), *País secreto* (1940), *Lugar de origen* (1945), *Aquí yace la espuma* (1950), *Dictado por el agua* (1951), *Familia de la noche* (1953)...

CUERPO DE LA AMANTE

I

PRÓDIGO cuerpo:
dios, animal dorado,
fiera de seda y sueño,
planta y astro.
Fuente encantada
en el desierto.
Arena soy: tu imagen
por cada poro bebo.
Ola redonda y lisa:
En tu cárcel de nardos
devoran las hormigas
mi piel de náufrago.

II

TU boca, fruta abierta
al besar brinda
perlas en un pocillo
de miel y guindas.
Mujer: antología
de frutas y de nidos,
leída y releída
con mis cinco sentidos.

III

NUCA:
escondite en el bosque,
liebre acurrucada
debajo de las flores,
en medio del torrente,
Alabastro lavado
mina
y colmena de mieles.
Nido
de nieves y de plumas.
Pan redondo
de una fiesta de albura.

IV

TU cuerpo eternamente está bañándose
en la cascada de tu cabellera,
agua lustral que baja
acariciando peñas.
La cascada quisiera ser un águila
pero sus finas alas desfallecen:
agonía de seda
sobre el desierto ardiente de tu espalda.
La cascada quisiera ser un árbol,
toda una selva en llamas

con sus lenguas lamiendo
tu armadura de plata
de joven combatiente victoriosa,
única soberana de la tierra.
Tu cuerpo se consume eternamente
entre las llamas de tu cabellera.

V

FRENTE: cántaro de oro,
lámpara en la nevada,
caracola de sueños
por la luna sellada.
Aprendiz de corola,
albergue de corales,
boca: gruta de un dios
de secretos panales.

VI

TU cuerpo es templo de oro,
catedral de amor
en donde entro de hinojos.
Esplendor entrevisto
de la verdad sin velos:
¡Qué profusión de lirios!
¡Cuántas secretas lámparas
bajo tu piel, esferas
pintadas por el alba!
Viviente, único templo:
La deidad y el devoto
suben juntos al cielo.

VII

TU cuerpo es un jardín, masa de flores
y juncos animados.

Dominio del amor: en sus collados
persigo los eternos resplandores.
Agua dorada, espejo ardiente y vivo
con palomas suspensas en su vuelo,
feudo de terciopelo,
paraíso nupcial, cielo cautivo.
Comarca de azucenas, patria pura
que mi mano recorre en un instante.
Mis labios en tu espejo palpitante
apuran manantiales de dulzura.
Isla para mis brazos nadadores,
santuario del suspiro:
Sobre tu territorio, amor, expiro
árbol estrangulado por las flores.

EUGENIO FLORIT

(Cuba, 1903)

HIJO de padre español y madre cubana, nació en Madrid. Vivió en Barcelona y Port Bou hasta que en 1918 se traslada a Cuba con su familia. Muy pronto se integró en la vida literaria y cultural de la isla. Su trayectoria parte de la poesía de vanguardia y cubre varias etapas de la poesía española: el neogongorismo, la poesía pura, el superrealismo y la poesía testimonial.

OBRA POÉTICA: *32 poemas breves* (1927), *Trópico* (1930), *Doble acento 1930-36* (1937), *Reino* (1938), *Cuatro poemas* (1940), *Conversación a mi padre* (1949), *Asonante final* (1950), *Hábito de esperanza* (1965), *Antología penúltima* (1970), *De tiempo y agonía* (1974), *Versos pequeños* (1979), *Momentos* (1985), *A pesar de todo* (1987), *Hasta luego* (1992).

NOCTURNO II

Porque te miro y no sé de qué esquina del cielo me
llegan las palomas,
se adormece la luz y se hunde el recuerdo más allá
de la arena donde duermen los barcos asfixiados;
y si alza palabras de tu boca el ensueño distante
es como si la lluvia me cayese en un fondo amarillo
de soledades muertas.
Con aquel palpitar de mariposas encendidas de
ocaso
me suben desde el fondo del sueño tus manos con
una esencia de violetas de nieve;
y todo el sabor inquieto que destiló tu boca
está aquí, más ardiente, en el vaso de vino rojo y en
el remordimiento de tu partida inútil.

Porque estaba desnudo el cielo y sorda la pulsación
de las orillas
cuando me sentí como un niño, solo en mitad de la
selva caliente;
y si echaba a rodar mi grito fuera de lágrimas y
miedos
lo veía tornar a mí, rotas las alas, a hundir el pico
en mi garganta.

Fuerza, fuerza para responder a cada luz con un
gusano pequeñito;
fuerza también la que me obliga a verte con un
suspiro exangüe entre las manos;
y más fuerza para decir que las estrellas están aún
vivas,
cuando se sabe que ya no hay otra cosa que
esperar más que la muerte de los árboles.

Se dormía la voz, inútil ya como los lirios de los
muertos;
a cada atardecer pasaba sin razón la sombra
inquieta de las golondrinas.
Cuánto adiós despedazado, cuánto esperar por los
balcones interiores
frente a un sol de fantasmas y restos de suspiros y
manos enlazadas.

No me imagino el mundo sino después de haber
sentido entre los dedos los esqueletos de las
hojas
cuando se ponen a llorar bajo la luna por la caricia
de los pájaros;
ni me duelen tampoco estos clavos de anhelos
que se hunden para viajar entre los ríos de mi
sangre.
Así me espanta la claridad que va llegando
si me encuentra sin más ocasión de gritar que la
que duerme al pie de las estatuas
indefensas;

y este horror de estar vivo, lejos de aquellas rosas,
y este miedo tenaz de sentirme apagar entre los
yelos de tu olvido.

Por el camino caminar sin ver qué nubes cantan la
ausencia de la luz;
porque hasta ayer nada más tenía el mundo un
destino de morir en tus ojos,
y toda la blancura de los cisnes se ha puesto a
arder estremecida
con esa triste claridad que llega al cielo
cuando aún no se pintaron de azul las vestiduras de
los ángeles.

Todo este sueño que está volando ciego
no sabe cuándo se aquietarán las aguas que llegan
a buscar los caracoles desmarados.
Y aún más: como me duelen tanto las espinas del
alba,
vestirla en un cerrar de ojos,
acariciarla como a una hermana imprevista
y jugar con las fichas de sus dedos
y contar a su oreja cien veces cien cien veces
hasta oírla decir: «estoy muerta de miedo».

JULIO SOTO RAMOS

(Puerto Rico, 1903)

POETA y ensayista, fue creador del movimiento posmodernista *Cumarisotismo* en 1955 con su libro *Trapecio.*

OBRA POÉTICA: *Relicario azul* (1933), *Soledades en Sol* (1952), *Trapecio* (1955).

TÚ EN UNA ESRELLA

Yo te busqué en la sombra
pero la sombra
se perdió contigo
Yo te busqué en la luz
pero la luz
se perdió contigo
Yo te busqué en el agua
y el agua era sonámbula
y se perdió contigo
Yo te busqué en el eco
de un sonido
húmedo de silencio
y el eco
se alargó en mi oído
y se perdió contigo
Yo te busqué en mi voz
y mi voz sin voz
se perdió contigo
Yo te busqué en mí mismo
y hasta yo mismo
me perdí contigo
Y de tanto buscarte
en la sombra

en la luz
en el agua
en el eco
en mi voz
en mí mismo
　echć mi corazón a las estrellas
　　y en una estrella
　　　te reías conmigo.

DULCE MARÍA LOYNAZ

(Cuba, 1903)

NACIÓ en La Habana, en cuya Universidad se doctoró en Leyes. Colaboró en las más prestigiosas publicaciones de su país y viajó repetidamente por Europa, Asia y América. Su poesía expresa lo femenino con suaves pinceladas impresionistas y un intimismo de tono menor, pero más puro y entrañable que otras poetisas del continente. En 1986 recibió el premio Nacional de Literatura de su país y en 1992 el premio Cervantes. Actualmente es directora de la Academia Cubana de la Lengua.

OBRA POÉTICA: *Versos (1920-1938)* (1938), *Juegos de agua* (1947), *Obra lírica* (1965).

SONETO

Quiere el Amor Feliz —el que se posa
poco...— arrancar un verso al alma oscura:
¿Cuándo la miel necesitó dulzura?
¿Quién esencia de pomo echa en la rosa?

Quédese en hojarasca temblorosa
lo que no pudo ser fruta madura:
No se rima la dicha; se asegura
desnuda de palabras, se reposa...

Si el verso es sombra, ¿qué hace con el mío
la luz?... Si es luz..., ¿la luz por qué lo extraña?
¡Quien besar puede, bese y deje frío

símbolo, el beso escrito!... ¡En la maraña
del mapa no está el agua azul del río,
ni se apoya en su nombre la montaña!...

LA BALADA DEL AMOR TARDÍO

Amor que llegas tarde,
tráeme al menos la paz:
Amor de atardecer, ¿por qué extraviado
camino llegas a mi soledad?

Amor que me has buscado sin buscarte,
no sé qué vale más:
la palabra que vas a decirme
o la que yo no digo ya...

Amor... ¿No sientes frío? Soy la luna:
Tengo la muerte blanca y la verdad
lejana... —No me des tus rosas frescas;
soy grave para rosas. Dame el mar...

Amor que llegas tarde, no me viste
ayer cuando cantaba en el trigal...
Amor de mi silencio y mi cansancio,
hoy no me hagas llorar.

YO TE FUI DESNUDANDO...

Yo te fui desnudando de ti mismo,
de los «tús» superpuestos que la vida
te había ceñido...

Te arranqué la corteza —entera y dura—
que se creía fruta, que tenía
la forma de la fruta.

Y ante el asombro vago de tus ojos
surgiste con tus ojos aún velados
de tinieblas y asombros...

Surgiste de ti mismo; de tu misma
sombra fecunda —intacto y desgarrado
en alma viva...

PABLO NERUDA

(Chile, 1904-1973)

NACIDO en Parral (Linares), su verdadero nombre era Neftalí Ricardo Reyes. Entre 1920 y 1927 residió en Santiago de Chile donde escribió sus primeros libros. En 1927 inició su actividad como diplomático que le llevó en un principio a China, Ceilán y Birmania. De 1934 a 1938 residió en España como cónsul de su país, lo que le permitió entrar en contacto con los poetas del 27; fundó y dirigió la revista *Caballo verde para la poesía* y participó en el bando republicano en la guerra civil española, teniendo un papel importante en el II Congreso de Escritores por la Defensa de la Cultura en 1937. Gestionó como diplomático el embarque para América de muchos republicanos españoles desde Francia. En l941 se instaló en México. Regresó a su país en 1945 y fue elegido senador. Tuvo que salir de Chile por problemas políticos. En l970, tras ser designado candidato a la Presidencia de Chile, renunció en favor de la candidatura única de Salvador Allende. Nombrado embajador en Francia, regresó pronto debido a problemas de salud. En 1971 recibió el premio Nobel de Literatura. Murió en Santiago de Chile a los pocos días del golpe de estado de Augusto Pinochet.

OBRA POÉTICA: *La canción de la fiesta* (1921), *Crepusculario* (1923), *Veinte poemas de amor y una canción desesperada* (1924), *Tentativa del hombre infinito* (1925), *El hondero entusiasta* {1933), *Residencia en la tierra* (1933 y 1935), *España en el corazón* (1937), *Tercera residencia* (1947), *Canto general* (1950), *Los versos del capitán* (1952), *Odas elementales* (1954), *Las uvas y el viento* (1954), *Nuevas odas elementales* (1956), *Tercer libro de odas* (1957), *Estravagario* (1958), *Cien sonetos de amor* (1959), *Navegaciones y regresos* (1959), *Canción de gesta* (1960), *Las piedras de Chile* (1961), *Cantos ceremoniales* (1961), *Plenos poderes* (1962), *Memorial de Isla Negra* (5 vols.: I. *Donde nace la lluvia;* II. *La luna en el laberinto;* III. *El fuego cruel;* IV. *El cazador de raíces;* V. Sonata critica) (1964), *Una casa en la arena* (1967), *Las manos del día* (1968), *Fin del mundo* (1969), *Maremoro* (1970), *La espada encendida* (1970) y numerosas obras póstumas.

POEMA I

CUERPO de mujer, blancas colinas, muslos blancos,
te pareces al mundo en tu actitud de entrega.
Mi cuerpo de labriego salvaje te socava
y hace saltar el hijo del fondo de la tierra.

Fui solo como un túnel. De mí huían los pájaros,
y en mí la noche entraba su invasión poderosa.
Para sobrevivirme te forjé como un arma,
como una flecha en mi arco, como una piedra
(en mi honda.

Pero cae la hora de la venganza, y te amo.
Cuerpo de piel, de musgo, de leche ávida y firme.
¡Ah los vasos del pecho! ¡Ah los ojos de ausencia!
¡Ah las rosas del pubis ¡Ah tu voz lenta y triste!

Cuerpo de mujer mía, persistiré en tu gracia.
¡Mi sed, mi ansia sin límite, mi camino indeciso!
Oscuros cauces donde la sed eterna sigue,
y la fatiga sigue, y el dolor infinito.

POEMA V

PARA que tú me oigas
mis palabras
se adelgazan a veces
como las huellas de las gaviotas en las playas.

Collar, cascabel ebrio
para tus manos suaves como las uvas.

Y las miro lejanas mis palabras.
Más que mías son tuyas.
Van trepando en mi viejo dolor como las yedras.

Ellas trepan así por las paredes húmedas.
Eres tú la culpable de este juego sangriento.

Ellas están huyendo de mi guarida oscura.
Todo lo llenas tú, todo lo llenas.

Antes que tú poblaron la soledad que ocupas,
y están acostumbradas más que tú a mi tristeza.

Ahora quiero que digan lo que quiero decirte
para que tú las oigas como quiero que me oigas.

El viento de la angustia aún las suele arrastrar.
Huracanes de sueños aún a veces las tumban.
Escuchas otras voces en mi voz dolorida.

Llanto de viejas bocas, sangre de viejas súplicas.
Ámame, compañera. No me abandones. Sígueme.
Sígueme, compañera, en esa ola de angustia.

Pero se van tiñendo con tu amor mis palabras.
Todo lo ocupas, tú, todo lo ocupas.

Voy haciendo de todas un collar infinito
para tus blancas manos, suaves como las uvas.

POEMA XX

PUEDO escribir los versos más tristes esta noche.

Escribir, por ejemplo: «La noche está estrellada,
y tiritan, azules, los astros, a lo lejos.»

El viento de la noche gira en el cielo y canta.

Puedo escribir los versos más tristes esta noche.
Yo la quise, y a veces ella también me quiso.

En las noches como ésta la tuve entre mis brazos.
La besé tantas veces bajo el cielo infinito.

Ella me quiso, a veces yo también la quería.
¡Cómo no haber amado sus grandes ojos fijos!

Puedo escribir los versos más tristes esta noche.
Pensar que no la tengo. Sentir que la he perdido.

Oír la noche inmensa, más inmensa sin ella.
Y el verso cae al alma como al pasto el rocío.

¡Qué importa que mi amor no pudiera guardarla!
La noche está estrellada y ella no está conmigo.

Eso es todo. A lo lejos alguien canta. A lo lejos.
Mi alma no se contenta con haberla perdido.

Como para acercarla mi mirada la busca.
Mi corazón la busca, y ella no está conmigo.

La misma noche que hace blanquear los mismos
(árboles.
Nosotros, los de entonces, ya no somos los mismos.

Ya no la quiero, es cierto, pero cuánto la quise.
Mi voz buscaba al viento para tocar su oído.

De otro. Será de otro. Como antes de mis besos.
Su voz, su cuerpo claro. Sus ojos infinitos.

Ya no la quiero, es cierto, pero tal vez la quiero.
Es tan corto el amor, y es tan largo el olvido.

Porque en noches como ésta la tuve entre mis brazos,
mi alma no se contenta con haberla perdido.

Aunque éste sea el último dolor que ella me causa,
y éstos sean los últimos versos que yo le escribo.

SED DE TI

SED de ti me acosa en las noches hambrientas.
Trémula mano roja que hasta tu vida se alza.

Ebria de sed, loca sed, sed de selva en sequía.
Sed de metal ardiendo, sed de raíces ávidas.

Hacia dónde, en las tardes que no vayan tus ojos
en viaje hacia mis ojos, esperándote entonces.

Estás llena de todas las sombras que me acechan.
Me sigues como siguen los astros a la noche.

Mi madre me dio lleno de preguntas agudas.
Tú las contestas todas. Eres llena de voces.

Ancla blanca que cae sobre el mar que cruzamos.
Surco para la turbia semilla de mi nombre.

Que haya una tierra mía que no cubra tu huella.
Sin tus ojos viajeros, en la noche, hacia dónde.

Por eso eres la sed y lo que ha de saciarla.
Cómo poder no amarte si he de amarte por eso.

Si ésa es la amarra cómo poder cortarla, cómo.
Cómo si hasta mis huesos tienen sed de tus huesos.

Sed de ti, sed de ti, guirnalda atroz y dulce.
Sed de ti que en las noches me muerde como un perro.
Los ojos tienen sed, para qué están tus ojos.

La boca tiene sed, para qué están tus besos.
El alma está incendiada de estas brasas que te aman.

El cuerpo incendio vivo que ha de quemar tu cuerpo.
De sed. Sed infinita. Sed que busca tu sed.

Y en ella se aniquila como el agua en el fuego.

EL ALFARERO

TODO tu cuerpo tiene
copa o dulzura destinada a mí.

Cuando subo la mano
encuentro en cada sitio una paloma
que me buscaba, como
si te hubieran, amor, hecho de arcilla
para mis propias manos de alfarero.

Tus rodillas, tus senos,
tu cintura
faltan en mí como en el hueco
de una tierra sedienta
de la que desprendieron
una forma,
y juntos
somos completos como un solo río,
como una sola arena.

MANUEL ALTOLAGUIRRE

(1905-1959)

NACIDO en Málaga, es el más joven de los poetas de la generación del 27. Aunque estudió Derecho, fue sobre todo tipógrafo y editor. Cofundador de la revista *Ambos* en 1923, dirigirá con Emilio Prados *Litoral* (1926) y más tarde *Poesía* (1930) y *Héroe* (1931). Hombre bondadoso y alegre, editó gran parte de la obra de sus compañeros de generación. Entre 1933 y 1935 vivió en Londres. A su regreso editó la revista *Caballo verde para la poesía,* dirigida por Pablo Neruda. Partidario de la República durante la Guerra Civil, en 1939 salió de España y se estableció en Cuba. En 1943 se trasladó definitivamente a México donde se dedicó a actividades cinematográficas. Murió en Burgos, en un accidente de circulación, durante una estancia en España para presentar una de sus películas en el Festival de Cine de San Sebastián.

OBRA POÉTICA: *Las islas invitadas y otros poemas* (1926), *Ejemplo* (1927), *Poema del agua* (1927), *Poesía* (1931), *Soledades juntas* (1931), *La lenta libertad* (1936), *Nube temporal* (1939), *Poemas de las islas invitadas* (1944), *Nuevos poemas de las islas invitadas* (1946), *Fin de un amor* (1949), *Poemas en América* (1955).

LAS CARICIAS

¡QUÉ música del tacto
las caricias contigo!
¡Qué acordes tan profundos!
¡Qué escalas de ternuras,
de durezas, de goces!
Nuestro amor silencioso
y oscuro nos eleva
a las eternas noches

que separan altísimas
los astros más distantes.
¡Qué música del tacto
las caricias contigo!

CARMELINA VIZCARRONDO

(Puerto Rico, 1906)

NACIÓ en Fajardo. Además de poetisa, es autora de cuentos.

OBRA POÉTICA: *Pregón en llamas* (1935), *Poemas para mi niño* (1937).

BÚSCAME

¿QUE no me encuentras?
¡Si es que no me has buscado!...

Búscame tras tu sombra
o en las retinas de tus ojos claros.
Búscame entre tus dedos
o en tu boca de sándalo.

Yo soy un soplo vivo
a tu vida arraigado.

Búscame por tu alcoba
entre tu sueño alado,
o por la senda rosa
de aquel amor lejano.

Por sobre tu orgullo,
en las flores azules de los prados.
Yo estoy dentro de ti
como un amor sellado.

¿Que no me encuentras dices?
Siendo en tu misma vida
que me pierdo...
¡Si es que no me has buscado!

MANUEL DEL CABRAL

(República Dominicana, 1907)

HA viajado por Europa y América, residiendo mucho tiempo en Argentina, donde ha publicado la mayor parte de su extensa obra. Preocupado en un principio por los problemas sociales de América, del negro y el mulato, cultivó la poesía negrista. Posteriormente se proyecta a compromisos más amplios. Junto con un escepticismo por las fórmulas estéticas preestablecidas, hay que destacar su verso breve y cálido.

OBRA POÉTICA: *Pilón, color de agua* (1932), *Doce poemas negros* (1935), *Biografía de un silencio* (1940), *Compadre Mon* (1940), *Trópico negro* (1943), *Sangre mayor* (1945), *De este lado del mar* (1948), *Los huéspedes secretos* (1951), *Sexo y alma, Dos cantos más continentales y unos temas eternos, Pedrada planetaria* (1958), *Carta para un fósforo usado y otras cartas, La isla ofendida* (1965), *Sexo no solitario* (1970),... *Obra poética completa* (1976, edición del autor).

EL MUEBLE

POR escupir secretos en tu vientre,
por el notario
que juntó nuestros besos con un lápiz,
por los paisajes que quedaron presos
en nuestra almohada a trinos desplumados,
por la pantera aún que hay en un dedo,
por tu lengua
que de pronto desprecia superficies,
por las vueltas al mundo sin orillas
en tu ola con náufragos: tu vientre;
y por el lujo que se dan tus senos
de que los limpie un perro que te lame,
un ángel que te ladra si te vistes,

cuatro patas que piensan cuando celan;
todo esto me cuesta solamente tu cuerpo,
un volumen insólito de sueldos regateados,
un ponerme a coser silencios rotos,
un ponerme por dentro detectives,
cuidarme en las esquinas de tu origen,
remendar mi heroísmo de fonógrafo antiguo
todo el año lavando mis bolsillos ingenuos
atrasando el reloj de mi sonrisa,
haciendo blanco el día cuando llega visita,
poniéndole gramática a tus ruidos
poniendo en orden
el manicomio cuerdo de tu sexo;
déjame ahora
que le junte mis dudas a la escoba,
quiero quedarme limpio como un plato de pobre;
tú,
que llenaste mi sangre de caballos,
tú,
que si te miro me relincha el ojo,
dobla tu instinto como en una esquina
y hablemos allí solos,
sin el uso,
sin el ruido
del alquilado mueble de tu cuerpo.

EMILIO BALLAGAS

(Cuba, 1908-1954)

NACIÓ en Camagüey. Influido al principio por Mariano Brull, Eugenio Florit y Nicolás Guillén, pronto pasó a la poesía negrista, de la que es el principal representante junto con Nicolás Guillén. Sus últimos libros expresan un acentuado sentimiento religioso.

OBRA POÉTICA: *Júbilo y fuga* (1931), *Poesía negra* (1934), *Elegías sin nombre* (1936), *Nocturno y elegía* (1938), *Sabor eterno* (1939), *Nuestra Señora del Mar* (1943), *Cielo en rehenes* (1951).

NOCTURNO Y ELEGÍA

SI pregunta por mí, traza en el suelo
una cruz de silencio y de ceniza
sobre el impuro nombre que padezco.
Si pregunta por mí, di que me he muerto
y que me pudro bajo las hormigas.
Dile que soy la rama de un naranjo,
la sencilla veleta de una torre.

No le digas que lloro todavía
acariciando el hueco de su ausencia
donde su ciega estatua quedo impresa
siempre al acecho de que el cuerpo vuelva.
La carne es un laurel que canta y sufre
y yo en vano esperé bajo su sombra.
Ya es tarde. Soy un mudo pececillo.

Si pregunta por mí, dale estos ojos,
estas grises palabras, estos dedos;
y la gota de sangre en el pañuelo.

Dile que me he perdido, que me he vuelto
una oscura perdiz, un falso anillo
a una orilla de juncos olvidados:
dile que voy del azafrán al lirio.

Dile que quise perpetuar sus labios,
habitar el palacio de su frente.
Navegar una noche en sus cabellos.
Aprender el color de sus pupilas
y apagarme en su pecho suavemente,
nocturnamente hundido, aletargado
en un rumor de venas y sordina.

Ahora no puedo ver aunque suplique
el cuerpo que vestí de mi cariño.
Me he vuelto una rosada caracola,
me quedé fijo, soto, desprendido.
Y si dudáis de mí creed al viento,
mirad al norte, preguntad al cielo.
Y os dirán si aún espero o anochezco.

¡Ah! Si pregunta, dile lo que sabes.
De mí hablarán un día los olivos
cuando yo sea el ojo de la luna,
impar sobre la frente de la noche,
adivinando conchas de la arena,
el ruiseñor suspenso de un lucero
y el hipnótico amor de las mareas.

Es verdad que estoy triste, pero tengo
sembrada una sonrisa en el tomillo,
otra sonrisa la escondí en Saturno
y he perdido la otra no sé dónde.
Mejor será que espere a medianoche,
al extraviado olor de los jazmines,
y a la vigilia del tejado, fría.

No me recuerdes su entregada sangre
ni que yo puse espinas y gusanos
a morder su amistad de nube y brisa.

No soy el ogro que escupió en su agua
ni el que un cansado amor paga en monedas.
¡No soy del que frecuenta aquella casa
presidida por una sanguijuela!

(Allí se va con un ramo de lirios
a que lo estruje un ángel de alas turbias)
No soy el que traiciona a las palomas,
a los niños, a las constelaciones...
Soy una verde voz desamparada
que su inocencia busca y solicita
con dulce silbo de pastor herido.

Soy un árbol, la punta de una aguja,
un alto gesto ecuestre en equilibrio;
la golondrina en cruz, el aceitado
vuelo de un búho, el susto de una ardilla.
Soy todo, menos eso que dibuja
un índice con cieno en las paredes
de los burdeles y los cementerios.

Todo, menos aquello que se oculta
bajo una seca máscara de esparto.
Todo, menos la carne que procura
voluptuosos anillos de serpiente
ciñendo en espiral viscosa y lenta.
Soy lo que me destines, lo que inventes
para enterrar mi llanto en la neblina.

Si pregunta por mí, dile que habito
en la hoja del acanto y de la acacia.
O dile, si prefieres, que me he muerto.
Dale al suspiro mío, mi pañuelo;
mi fantasma en la nave del espejo.
Tal vez me llore en el laurel o busque
mi recuerdo en la forma de una estrella.

MIGUEL OTERO SILVA

(Venezuela, 1908-1985)

NACIÓ en Barcelona (Anzoátegui). Su adhesión a la lucha política, junto con el creciente interés por la literatura y el periodismo, le impidieron acabar sus estudios de ingeniería. Fue encarcelado y desterrado por su lucha contra el gobierno dictatorial de Juan Vicente Gómez (1930-36). Caído el dictador, es desterrado nuevamente en 1937 por su actitud revolucionaria, lo que le obliga a viajar de nuevo por varios países. Vuelto a Venezuela en 1941, se dedica por entero al periodismo (funda varios periódicos, entre ellos *El Nacional*) y a la crítica literaria. Además de poeta, fue también autor teatral, ensayista y afamado narrador.

OBRA POÉTICA: *Agua y cauce* (1937), *25 poemas, Elegía coral a Andrés Eloy Blanco* (1959), *La mar que es el morir, Umbral, Obra poética* (1977).

POEMA DE TU VOZ

TU voz puebla de lirios
los barrancos soleados donde silban mis versos
(de combate.
Tu voz siembra de estrellas y de azul
el cielo pequeñito de mi alma.
Tu voz cae en mi sangre
como una piedra blanca en un lago tranquilo.
En mi pecho amanecen pájaros y campanas
cuando muere el silencio para nacer tu voz.

Amo tu voz cuando cantas
y hay un temblor de nidos y de bosques en
(tu garganta blanca.
Amo tu voz cuando cantas

y te estremece el ritmo de las fuentes que bajan de la
(montaña.
Amo tu voz cuando cantas
y sacude tu voz la ternura fecunda
de las brisas que transportan el polen en las tardes
(de primavera.
Amo tu voz cuando estás en silencio
porque el silencio es un sutil presagio de tu voz.

Y amo tu voz con un amor intenso como la muerte
cuando ella se deshoja en palabras confusas,
en palabras mojadas de tu aroma y tu sangre,
en menudas palabras que en la sombra me buscan
como niños perdidos,
en palabras quemantes como llamas azules,
en el tibio murmullo que no llega a palabra.
Amo tu voz intensamente en el corazón de la
(medianoche,
cuando tu voz se abrasa en la selva incendiada
(de nuestro amor.

LEOPOLDO PANERO

(1909-1962)

NACIÓ en Astorga (León). En la corriente poética que Dámaso Alonso calificó de "arraigada", Panero se propone descubrir la belleza en el paisaje, el amor la familia, su propia alma... Fue premio Nacional de Literatura y premio Fastenrath.

OBRA POÉTICA: *La estancia vacía* (1944), *Versos al Guadarrama* (1945, pero escrito entre 1930 y 1932), *Escrito a cada instante* (1949), *Canto personal* (1953), *Obras completas* (1973).

CÁNTICO

Es verdad tu hermosura. Es verdad. ¡Cómo entra
la luz al corazón! ¡Cómo aspira tu aroma
de tierra en primavera el alma que te encuentra!
Es verdad. Tu piel tiene penumbra de paloma.

Tus ojos tienen toda la dulzura que existe.
Como un ave remota sobre el mar tu alma vuela.
Es más verdad lo diáfano desde que tú naciste.
Es verdad. Tu pie tiene costumbre de gacela.

Es verdad que la tierra es hermosa y que canta
el ruiseñor. La noche es mas alta en tu frente.
Tu voz es la encendida mudez de tu garganta.
Tu palabra es tan honda, que apenas si se siente.

Es verdad el milagro. Todo cuanto ha nacido
descifra en tu hermosura su nombre verdadero.
Tu cansancio es espíritu, y un proyecto de olvido
silencioso y viviente, como todo sendero.

Tu amor une mis días y mis noches de abeja.
Hace de mi esperanza un clavel gota a gota.
Desvela mis pisadas y en mi sueño se aleja,
mientras la tierra humilde de mi destino brota.

¡Gracias os doy, Dios mío, por el amor que llena
mi soledad de pájaros como una selva mía!
Gracias porque mi vida se siente como ajena,
porque es una promesa continua mi alegría,

porque es de trigo alegre su cabello en mi mano,
porque igual que la orilla de un lago es su hermosura,
porque es como la escarcha del campo castellano
el verde recién hecho de su mirada pura.

No sé la tierra fija de mi ser. No sé dónde
empieza este sonido del alma y de la brisa,
que en mi pecho golpea, y en mi pecho responde,
como el agua en la piedra, como el niño en la risa.

No sé si estoy ya muerto. No lo sé. No sé, cuando
te miro, si es la noche lo que miro sin verte.
No sé si es el silencio del corazón temblando
o si escucho la música íntima de la muerte.

Pero es verdad el tiempo que transcurre conmigo.
Es verdad que los ojos empapan el recuerdo
para siempre al mirarte, ¡para siempre contigo,
en la muerte que alcanzo y en la vida que pierdo!

La esperanza es la sola verdad que el hombre
(inventa.
Y es verdad la esperanza, y es su límite anhelo
de juventud eterna, que aquí se transparenta
igual que la ceniza de una sombra en el suelo.

Tú eres como una isla desconocida y triste,
mecida por las aguas, que suenan, noche y día,
más lejos y más dulce de todo lo que existe,
en un rincón del alma con nombre de bahía.

Lo más mío que tengo eres tú. Tu palabra
va haciendo débilmente mi soledad más pura.
¡Haz que la tierra antigua del corazón se abra
y que sientan cerca la muerte y la hermosura!

Haz de mi voluntad un vínculo creciente.
Haz melliza de niño la pureza del hombre.
Haz la mano que tocas de nieve adolescente
y de espuma mis huesos al pronunciar tu nombre.

El tiempo ya no existe. Sólo el alma respira.
Sólo la muerte tiene presencia y sacramento.
Desnudo y retirado, mi corazón te mira.
Es verdad. Tu hermosura me borra el pensamiento.

Tengo aquí mi ventura. Tengo la muerte sola.
Tengo en paz mi alegría y mi dolor en calma.
A través de mi pecho de varón que se inmola
van corriendo las frescas acequias de tu alma.

La presencia de Dios eres tú. Mi agonía
empieza poco a poco como la sed. ¡Tú eres
la palabra que el Ángel declaraba a María,
anunciando a la muerte la unidad de los seres!

EN TU SONRISA

YA empieza tu sonrisa,
como el son de la lluvia en los cristales.
La tarde vibra al fondo de frescura,
y brota de la tierra un olor suave,
un olor parecido a tu sonrisa.
Un pájaro se posa entre el ramaje,
y comienza a cantar en tu sonrisa,
y a mover tu sonrisa como el sauce
con el aura de abril; la lluvia roza
vagamente el paisaje,
y hacia dentro se pierde tu sonrisa,

y hacia dentro se borra y se deshace,
y hacia el alma me lleva,
desde el alma me trae,
atónito, a tu lado.
Ya tu sonrisa entre mis labios arde,
y oliendo en ella estoy a tierra limpia,
y a luz, y a la frescura de la tarde
donde brilla de nuevo el sol, y el iris,
movido levemente por el aire,
es como tu sonrisa que se acaba
dejando su hermosura entre los árboles...

MIGUEL HERNÁNDEZ

(1910-1942)

NACIÓ en Orihuela (Alicante), donde, entre otros oficios, fue pastor de cabras. Su amigo Ramón Sijé, fundador de la revista *El Gallo Crisis*, fue su guía en sus inicios poéticos. En 1931 viaja ilusionado a Madrid, pero no consigue que nadie le ayude. Vuelve en 1934 a Madrid, consigue publicar y trabaja en la editorial Espasa Calpe. Durante la Guerra Civil militó muy activamente en el bando republicano como Comisario de Cultura. Cuando acaba la guerra, es encarcelado y condenado a muerte. Después de pasar por varias cárceles, su pena es conmutada por la de treinta años de cárcel. Muere en la prisión de Alicante enfermo de y luego de tuberculosis.

OBRA POÉTICA: *Perito en lunas* (1933), *El rayo que no cesa* (1936), *Viento del pueblo* (1937), *El hombre acecha* (1939), *Cancionero y romancero de ausencias* (en *Obra escogida,* Aguilar, 1952), *Obra completa* (1992).

SONETOS

TE me mueres de casta y de sencilla;
estoy convicto, amor, estoy confeso
de que, raptor intrépido de un beso,
yo te libé la flor de la mejilla.

Yo te libé la flor de la mejilla,
y desde aquella gloria, aquel suceso,
tu mejilla, de escrúpulo y de peso,
se te cae deshojada y amarilla.

El fantasma del beso delincuente
el pómulo te tiene perseguido,
cada vez más patente, negro y grande.

Y sin dormir estás, celosamente,
vigilando mi boca ¡con qué cuido!
para que no se vicie y se desmande.

* * *

UNA querencia tengo por tu acento,
una apetencia por tu compañía
y una dolencia de melancolía
por la ausencia del aire de tu viento.

Paciencia necesita mi tormento,
urgencia de tu garza galanía,
tu clemencia solar mi helado día,
tu asistencia la herida en que lo cuento.

¡Ay querencia, dolencia y apetencia!:
tus sustanciales besos, mi sustento,
me faltan y me muero sobre mayo.

Quiero que vengas, flor, desde tu ausencia,
a serenar la sien del pensamiento
que desahoga en mí su eterno rayo.

CANCIÓN DEL ESPOSO SOLDADO

HE poblado tu vientre de amor y sementera,
he prolongado el eco de sangre a que respondo
y espero sobre el surco como el arado espera:
he llegado hasta el fondo.

Morena de altas torres, alta luz y altos ojos,
esposa de mi piel, gran trago de mi vida,
tus pechos locos crecen hasta mí dando saltos
de cierva concebida.

Ya me parece que eres un cristal delicado,
temo que te me rompas al más leve tropiezo,
y a reforzar tus venas con mi piel de soldado
fuera como el cerezo.

Espejo de mi carne, sustento de mis alas,
te doy vida en la muerte que me dan y no tomo.
Mujer, mujer, te quiero cercado por las balas,
ansiado por el plomo.

Sobre los ataúdes feroces en acecho,
sobre los mismos muertos sin remedio y sin fosa
te quiero, y te quisiera besar con todo el pecho
hasta en el polvo, esposa.

Cuando junto a los campos de combate te piensa
mi frente que no enfría ni aplaca tu figura,
te acercas hacia mí como una boca inmensa
de hambrienta dentadura.

Escríbeme a la lucha, siénteme en la trinchera:
aquí con el fusil tu nombre evoco y fijo,
y defiendo tu vientre de pobre que me espera,
y defiendo tu hijo.

Nacerá nuestro hijo con el puño cerrado,
envuelto en un clamor de victoria y guitarras,
y dejaré a tu puerta mi vida de soldado
sin colmillos ni garras.

Es preciso matar para seguir viviendo.
Un día iré a la sombra de tu pelo lejano,
y dormiré en la sábana de almidón y de estruendo
cosida por tu mano.

Tus piernas implacables al parto van derechas,
y tu implacable boca de labios indomables,
y ante mi soledad de explosiones y brechas
recorres un camino de besos implacables.

Para el hijo será la paz que estoy forjando.
Y al fin en un océano de irremediables huesos
tu corazón y el mío naufragarán, quedando
una mujer y un hombre gastados por los besos.

¿QUÉ QUIERE EL VIENTO DE ENERO?

¿QUÉ quiere el viento de enero
que baja por el barranco
y violenta las ventanas
mientras te visto de abrazos?

Derribarnos. Arrastrarnos.

Derribadas, arrastradas.
las dos sangres se alejaron.
¿Qúé sigue queriendo el viento
cada vez más enconado?

Separarnos.

YO NO QUIERO MÁS LUZ QUE TU CUERPO ANTE EL MÍO

YO no quiero más luz que tu cuerpo ante el mío:
claridad absoluta, transparencia redonda.
Limpidez cuya entraña, como el fondo del río,
con el tiempo se afirma, con la sangre se ahonda.

¿Qué lucientes materias duraderas te han hecho,
corazón de alborada, carnación matutina?
Yo no quiero más día que el que exhala tu pecho.
Tu sangre es la mañana que jamás se termina.

No hay más luz que tu cuerpo, no hay más sol:
[Todo ocaso.
Yo no veo las cosas a otra luz que tu frente.
La otra luz es fantasma, nada más, de tu paso.
Tu insondable mirada nunca gira al poniente.

Claridad sin posible declinar. Suma esencia
del fulgor que ni cede ni abandona la cumbre.
Juventud. Limpidez. Claridad. Transparencia,
acercando los astros más lejanos de lumbre.

Claro cuerpo moreno de calor fecundante.
Hierba negra el origen; hierba negra las sienes.
Trago negro los ojos, la mirada distante.
Día azul. Noche clara. Sombra clara que vienes.

Yo no quiero más luz que tu sombra dorada
donde brotan anillos de una hierba sombría.
En mi sangre, fielmente por tu cuerpo abrasada,
para siempre es de noche: para siempre es de día.

GABRIEL CELAYA

(1911-1991)

NACIÓ en Hernani (Guipúzcoa). Su verdadero nombre era Rafael Múgica y con él firmará sus dos primeros libros. Presionado por su padre, director de una empresa industrial, vive en la Residencia de Estudiantes de Madrid entre 1927 y 1935 para seguir estudios de ingeniería, aunque se siente más atraído por las letras. Allí conoce a los poetas del 27 y a otros intelectuales. En 1935, acabada la carrera, empieza a trabajar en la empresa familiar. Terminada la guerra, abandona su trabajo para dedicarse por entero a la literatura. En 1947 funda en San Sebastián, con su inseparable Amparo Gastón, la colección de poesía «Norte». Obtuvo en 1956 el premio de la Crítica por su libro *De claro en claro,* al que han seguido otros muchos. Su producción, extensísima, se aproxima al centenar de libros. En 1986 recibió el premio Nacional de las Letras Españolas.

OBRA POÉTICA: *Marea de silencio* (1935), *La soledad cerrada* (1947), *Movimientos elementales* (1947), *Objetos poéticos* (1948), *Las cosas como son* (1949), *Las cartas boca arriba* (1951), *Cantos iberos* (1955), *De claro en claro* (1956), *Los poemas de Juan de Leceta* (1961), *La linterna sorda* (1964), *Los espejos trasparentes* (1968), *Campos semánticos* (1971)...

NI MÁS NI MENOS

SON tus pechos pequeños,
son tus ojos confusos,
lo que no tiene nombre
y no comprendo, adoro.

Son tus muslos largos
y es tu cabello corto.
Lo que siempre me escapa,
y no comprendo, adoro.

Tu cintura, tu risa,
tus equívocos locos,
tu mirada que burla,
y no comprendo, adoro.

¡Tú que estás tan cerca!
¡Tú que estás tan lejos!
Lo que beso, y no tengo
y no comprendo, adoro.

APASIONADAMENTE

¡Y tanto, y tanto te amo,
que mis palabras mueren
en un rumor de besos sin descanso!

¡Y tanto todavía que mis manos
no te hallan al tocarte!

¡Tanto y tan sin descanso
que fluyo, y fluyo, y fluyo,
y es solamente llanto!

DIONISIO RIDRUEJO

(1912-1975)

NACIÓ en Burgo de Osma (Soria). Alumno de Antonio Machado en Segovia, tras la Guerra Civil prologó la primera edición de este poeta en un intento de rescate. Participó en la creación de *Escorial*, revista de la que luego fue director. Combatió en Rusia con la División Azul. A su regreso, en 1942, renunció a todos sus cargos y pasó a la oposición al régimen, por lo que estuvo confinado primero en Ronda y Barcelona, y luego su exilio en Francia. Fue profesor de Literatura Española en universidades norteamericanas. Ha sido, además, ensayista y autor dramático. Premio Nacional de Literatura. Murió en Madrid dedicado por entero a la lucha por la libertad y la democracia.

OBRA POÉTICA: *Plural* (1935), *Primer libro de amor* (1939), *Poesía en armas* (1940), *Fábula de la doncella y el río* (1943), *Sonetos a la piedra* (1943), *En la soledad del tiempo* (1947), *Elegías* (1948), *En once años (Poesías completas de juventud)*, (1950), *Hasta la fecha* (1961). (Selección rigurosa de su obra anterior), *Cuaderno catalán* (1965), *Casi en prosa* (1972), *Cuadernillo de Lisboa* (1974), *En breve* (1975).

CÓMO MANA TU SAVIA ARDIENTE...

NOS junta el resplandor en esta hoguera
que tu alabastro transparenta y dora,
y en lenguas alegrísimas devora
una viña de muerta primavera.

Astros de velocísima carrera
resbalan en tus ojos, y me explora
todo tu ser en ascua tentadora,
el corazón que consumido espera.

Amada sin secreto, tan cercana,
veo íntima y abierta, en un ocaso
que hace el sol en ti misma, cómo mana

tu savia ardiente bajo limpio raso;
y hago sarmiento de mi amor, que gana
oro para la sed en que me abraso.

SERENA TÚ MI SANGRE, CLARA FUENTE

ME está dejando casi sin entrañas
este tremendo amor desarbolado
—¡Oh, páramo de ardores dilatado!—
en que escucho mis voces como extrañas.

Serena tú mi sangre en las cabañas
íntimas de tu ser y tu cuidado,
y guárdame en el aire enamorado
con que a veces mi dolor engañas.

Si mi lumbre te duele. ¡Oh, clara fuente!,
yo borraré los húmedos celajes
que tus párpados prenden tibiamente.

Volveré a tus cielos sus paisajes
clavándote en los ojos hondamente
los mansos huertos de mi ardor salvajes.

EDUARDO CARRANZA

(Colombia, 1913-1985)

NACIÓ en Apiay de los Llanos (Meta). Ejerció como profesor de Literatura en varios centros de su país, ha dirigido revistas literarias y pronunciado conferencias divulgando los valores de su país como consejero de la Embajada colombiana en varios países. Perteneciente al grupo de la revista *Piedra y cielo,* surgida al promediar la década de los años 30, su poesía se basa en lo humano, lo nacional y lo hispano.

OBRA POÉTICA: *Canciones para iniciar una fiesta* (1936), *Seis elegías y un himno* (1939), *La sombra de las muchachas* (1941), *Azul de ti* (1944), *Éste era un rey..., Diciembre azul, La poesía del heroísmo y la esperanza* (1967), *Los pasos cantados (1935-1968)* (1970), *Hablar soñando* (1979), *Recuerdos presentidos* (1988).

HABITANTES DEL MILAGRO

SE enamoró mi muerte de tu muerte
cuando ciegos bajábamos por la torrentera
de la sangre y el alma, desterrados del tiempo.
Cuando, unidos, enlazados, subíamos muy alto
como dos alas en el mismo vuelo:
diciendo hasta-el-final-y-más-allá:
Los astros nos oyeron.
Y en los labios tuvimos
el sabor del misterio y de la eternidad,
el sabor del azahar y las galaxias,
el sabor de la vida y de la muerte,
dorados, milenarios o instantáneos,
inmortales, extáticos,
guerreando a amor partido, compartido,
y, por instantes, puros y hermosos como dioses

nimbados de un fulgor relampagueante
y luego de un silencio enternecido...
Un ángel o demonio con su espada llameante
vigilaba la puerta de nuestro Paraíso.
¡Éramos habitantes del milagro!

NICANOR PARRA

(Chile, 1914)

NACIÓ en San Fabián de Alico (Ñuble). Estudió matemáticas y física en Chile, y luego continuó estudios de mecánica avanzada en la Universidad estadounidense de Brown. Ha viajado por la antigua U.R.S.S., China, Cuba y por varios países americanos y europeos. Algunos de sus poemas han sido musicados y difundidos por su hermana Violeta Parra. La publicación de sus «antipoemas», creaciones basadas en la parodia y la ironía de la realidad más cotidiana, fue un verdadero acontecimiento en los medios poéticos hispanoamericanos. Por su independencia frente a todo tipo de modas literarias, es uno de los poetas de mayor interés en la poesía de lengua castellana.

OBRA POÉTICA: *Cancionero sin nombre* (1937), *Poemas y antipoemas* (1954), *La cueca larga* (1958), *Versos de salón* (1962), *Manifiesto* (1963), *Canciones rusas* (1967), *La camisa de fuerza* (1968), *Obra gruesa* (1969), *Artefactos* (1972), *Sermones y prédicas del Cristo de Elqui* (1977), *Nuevos sermones...* (1979), *Chistes para desorientar a la poesía* (1989).

CONVERSACIONES GALANTES

—HACE una hora que estamos aquí
pero siempre contestas con lo mismo;
quieres volverme loca con tus chistes
pero tus chistes me los sé de memoria.
¿No te gusta la boca ni los ojos?
—Claro que sí que me gustan los ojos.
—¿Pero por qué no los besas, entonces?
—Claro que sí que los voy a besar.
—¿No te gustan los senos ni los muslos?
—¡Cómo no van a gustarme los senos!
—Pero entonces, ¿por qué no reaccionas?

Tócalos, aprovecha la ocasión.
—No me gusta tocarlos a la fuerza.
—¿Y para qué me hiciste desnudarme?
—Yo no te dije que te desnudaras.
Fuiste tú misma quien se desnudó:
vístase, antes que llegue su marido.
En vez de discutir
vístase, antes que llegue su marido.

MUJERES

La mujer imposible,
la mujer de dos metros de estatura,
la señora de mármol de Carrara
que no fuma ni bebe,
la mujer que no quiere desnudarse
por temor a quedar embarazada,
la vestal intocable
que no quiere ser madre de familia,
la mujer que respira por la boca,
la mujer que camina
virgen hacia la cámara nupcial
pero que reacciona como hombre,
la que se desnudó por simpatía
(porque le encanta la música clásica),
la pelirroja que se fue de bruces,
la que sólo se entrega por amor,
la doncella que mira con un ojo,
la que sólo se deja poseer
en el diván, al borde del abismo,
la que odia los órganos sexuales,
la que se une sólo con su perro,
la mujer que se hace la dormida
(el marido la alumbra con un fósforo)
la mujer que se entrega porque sí,
porque la soledad, porque el olvido...
la que llegó doncella a la vejez,
la profesora miope,
la secretaria de gafas oscuras,

la señorita pálida de lentes
(ella no quiere nada con el falo),
todas estas walkirias,
todas estas matronas respetables
con sus labios mayores y menores
terminarán sacándome de quicio.

OCTAVIO PAZ

(México, 1914)

NACIÓ en la ciudad de México, de una familia de abolengo. La influencia que ha ejercido en la joven poesía hispanoamericana y europea es indudable. Se inició en la poesía en la revista *Barandal* (1931-32), de la que fue cofundador. Tras realizar estudios universitarios, se traslada a la península de Yucatán donde crea una escuela para hijos de obreros y campesinos. En 1937 viaja a España para asistir en Valencia al Congreso de Escritores para la Defensa de la Cultura y entra en contacto con los principales poetas españoles e hispanoamericanos (Antonio Machado, Huidobro, César Vallejo, Nicolás Guillén, Miguel Hernández, etc.). De vuelta a México, colabora en la fundación de las revistas *Taller* (1938-41) y *El hijo pródigo* (1943-46). En 1945, por medio de José Gorostiza, entra en el servicio diplomático mexicano y se establece en París. En 1951 marcha a India y Japón, e incorpora la cultura oriental a su poesía. En 1968, como protesta por la matanza de Tlatelolco, dimite como embajador. Ha alternado después su actividad poética, muy extensa en títulos, con cursos de Estética y de Literatura en Harvard y ha dirigido la revista *Plural* (1971-76) y *Vuelta* (1976). En 1981 obtuvo el premio Cervantes y en 1990 el premio Nobel.

OBRA POÉTICA: *Luna silvestre* (1933), *¡No Pasarán!* (1936), *Bajo tu clara sombra y otros poemas sobre España* (1937), *Raíz del hombre* (1937), *Entre la piedra y la flor* (1941), *Libertad bajo palabra* (1949, 1957, 1960 y 1968), *¿Aguila o sol?* (1951), *Semillas para un himno* (1954), *Piedra de sol* (1957), *Salamandra* (1961), *Discos visuales* (1968), *Topoemas* (1968)...

MÁS ALLÁ DEL AMOR

TODO nos amenaza:
el tiempo, que en vivientes fragmentos divide
al que fui
                    del que seré,

como el machete a la culebra;
la conciencia, la transparencia traspasada,
la mirada ciega de mirarse mirar;
las palabras, guantes grises, polvo mental sobre la
[yerba, el agua, la piel;
nuestros nombres, que entre tú y yo se levantan,
murallas de vacío que ninguna trompeta derrumba.

Ni el sueño y su pueblo de imágenes rotas,
ni el delirio y su espuma profética,
ni el amor con sus dientes y uñas nos bastan.
Más allá de nosotros,
en las fronteras del ser y el estar,
una vida más vida nos reclama.

Afuera la noche respira, se extiende,
llena de grandes hojas calientes,
de espejos que combaten:
frutos, garras, ojos, follajes,
espaldas que relucen,
cuerpos que se abren paso entre otros cuerpos.

Tiéndete aquí a la orilla de tanta espuma,
de tanta vida que se ignora y entrega:
tú también perteneces a la noche.
Extiéndete, blancura que respira,
late, oh estrella repartida,
copa,
pan que inclinas la balanza del lado de la aurora,
pausa de sangre entre este tiempo y otro sin medida.

PIEDRA DE SOL

(Fragmentos)

Voy por tu cuerpo como por el mundo,
tu vientre es una plaza soleada,
tus pechos dos iglesias donde oficia
la sangre sus misterios paralelos,

mis miradas te cubren como yedra,
eres una ciudad que el mar asedia,
una muralla que la luz divide
en dos mitades de color durazno,
un paraje de sal, rocas y pájaros
bajo la ley del mediodía absorto,

vestida del color de mis deseos
como mi pensamiento vas desnuda,
por mis ojos como por el agua,
los tigres beben sueño en esos ojos,
el colibrí se quema en esas llamas,
voy por tu frente como por la luna,
como la nube por tu pensamiento,
voy por tu vientre como por tus sueños,

tu falda de maíz ondula y canta,
tu falda de cristal, tu falda de agua,
tus labios, tus cabellos, tus miradas,
toda la noche llueves, todo el día
abres mi pecho con tus dedos de agua,
cierras mis ojos con tu boca de agua,
sobre mis huesos llueves, en mi pecho
hunde raíces de agua un árbol líquido,

voy por tu talle como por un río,
voy por tu cuerpo como por un bosque,
como por un sendero en la montaña
que en un abismo brusco se termina,
voy por tus pensamientos afilados
y a la salida de tu blanca frente
mi sombra despeñada se destroza,
recojo mis fragmentos uno a uno
y prosigo sin cuerpo, busco a tientas (...)

* * *

Madrid, 1937,
en la Plaza del Ángel las mujeres
cosían y cantaban con sus hijos,
después sonó la alarma y hubo gritos,
casas arrodilladas en el polvo,
torres hendidas, frentes escupidas
y el huracán de los motores, fijo:
los dos se desnudaron y se amaron
por defender nuestra porción eterna,
nuestra ración de tiempo y paraíso,
tocar nuestra raíz y recobrarnos,
recobrar nuestra herencia arrebatada
por ladrones de vida hace mil siglos,
los dos se desnudaron y besaron
porque las desnudeces enlazadas
saltan el tiempo y son invulnerables,
nada las toca, vuelven al principio,
no hay tú ni yo, mañana, ayer ni nombres,
verdad de dos en sólo un cuerpo y alma,
oh ser total... [...]

amar es combatir, si dos se besan
el mundo cambia, encarnan los deseos,
el pensamiento encarna, brotan alas
en las espaldas del esclavo, el mundo
es real y tangible, el vino es vino,
el pan vuelve a saber, el agua es agua,
amar es combatir, es abrir puertas,
dejar de ser fantasma con un número
a perpetua cadena condenado
por un amo sin rostro;
el mundo cambia
si dos se miran y se reconocen,
amar es desnudarse de los nombres.

JOAQUÍN PASOS

(Nicaragua, 1914-1947)

NACIÓ en Granada (Nicaragua). Abogado de profesión, fue el poeta más importante del grupo de vanguardia-posvanguardia de su país. Publicó eventualmente poemas en inglés, lengua que dominaba perfectamente.

OBRA POÉTICA: *Breve suma* (1947), *Poemas de un joven* (1962).

CONSTRUCCIÓN DE TU CUERPO

ESTÁS desnuda aún, gran flor de sueño,
animal que agita las aguas del alma,
emoción hecha piedra.

Tu realidad vacía pide socorro en la ventana
llora su altura esquiva, rebela su materia,
el deseo de quemarla sube en el sediento fuego.
Bajan sólo las voces, las cintas imposibles amarradas
[al recuerdo,
dos o tres pétalos.

Un río de agua negra cruza a través de mi sueño.
Mi esfuerzo de zarcillo se malogra en la torre,
en la lisa torre donde vive tu mano
quiebra las uñas de mis gritos.
¿Hasta cuándo bajarás en tu propia voz,
cuándo brotará tu forma?
Los ascensos ilimitados y las aguas profundas
han construido tu nombre,
yo te ofrezco mi sangre para completar tu ser
para vestirte por dentro,

mi amor te esculpirá la carne tallándote igual a ti,
se realizará tu bella espalda,
existirán al fin tus senos que fueron confiados a la nada,
tus ojos previstos desde la eternidad.

Los pájaros llorarán conmigo al oír por primera vez
(tu voz,
tu voz escogida entre todas las voces
trayéndote asida de la lengua,
¡el agua negra temblará al escuchar tu grito de
(Materia!
En aires insospechados flota tu tensa arquitectura,
tus medidas luchan contra los abismos,
pero cada uno de tus nervios va siendo colocado,
se prueba la integridad de sus sonidos,
para que el victorioso piano toque la música de tu
(cuerpo en movimiento.

La derrota del vacío vendrá a colmar más mis venas
(perfumadas,
a dar el primer vino a la sed del fuego.
Tu sufrimiento de vivir ha sido catalogado
entre las cosas más lindas del universo,
el tributo de amor más grande que se conoce.
Un temblor ignorado invade tu esencia
pues la emoción de encontrarme aún no conoce las
(palabras,
tus oídos sin existencia no recogerán todavía estos
(versos
pero sabes que te espero en el puente de mi carne
alzando hacia ti mis brazos en llamas
con todo mi pequeño ser pidiendo tu realidad,
rogando la certeza de su sueño.

Tendrás que ser al fin, porque conozco tu perfume
(secreto,
porque sé tu nombre que nunca ha sido pronunciado,
porque he sentido en el aire el molde de tu cuerpo
porque encontré en el espacio el lugar de tus manos
y en el tiempo la hora de tu caricia.

Porque este poema tuyo, desde lejos
lo dictas tú en silencio,
porque mis brazos se extienden hacia ti sin quererlo,
porque esto es demasiado para el sueño.

JULIA DE BURGOS

(Puerto Rico, 1914-1953)

NACIÓ en Carolinas, quien sería la poetisa más famosa de su país. Su poesía está en el ámbito del posmodernismo. Su fama descansa en unos pocos poemas y en la leyenda de sus amores desgraciados, particularmente con el escritor dominicano Juan Isidro Jimenes. Su canto a «Río Grande de Loiza», imposible en esta antología, es conocido popularmente. Murió en Nueva York.

OBRA POÉTICA: *Poemas exactos a mí misma* (1937), *Poemas en veinte surcos* (1938), *Canción de la verdad sencilla* (1939), *Campo* (1941), *El mar y tú y otros poemas* (1954).

CANCIÓN HACIA DENTRO

¡No me recuerdes! ¡Siénteme!
Hay sólo un trino entre tu amor y mi alma.
Mis ojos navegan
el mismo azul sin fin donde tú danzas.
Tu arco iris de sueños en mí tiene
siempre pradera abierta entre montañas.
Una vez se perdieron mis sollozos,
y los hallé, abrigados, en tus lágrimas.

¡No me recuerdes! ¡Siénteme!
Un ruiseñor nos tiene en su garganta.
Los ríos que me traje de mis riscos,
desembocan tan sólo por tus playas.
Hay confusión de vuelos en el aire...
¡El viento que nos lleva en sus sandalias!
¡No me recuerdes! ¡Siénteme!
Mientras menos que pienses, más me amas.

POEMA DEL RUMBO NUEVO

IBA fiel la tormenta sobre mi alma cansada
cuando te apareciste con ternura de estrella.
Las ráfagas huyeron del suelo y de mis llantos
y me quedé dormida en tus luces inmensas.
Desperté luego en sueños inocentes y alados,
y partí con tu mano a incendiar primaveras.

Caminitos infantes entreabrieron sus almas,
y me dieron, risueños, sus pisadas primeras.
Nuevos soles brotaron de la faz del espacio,
y hubo como una senda de Dios sobre mi senda.
Y juntitos subimos al rincón de lo grande
para izarnos de amor sobre nuevas esferas.

RICARDO J. BERMÚDEZ

(Panamá, 1914)

NACIDO en la ciudad de Panamá, se graduó en la Universidad americana de Southern, California, y luego fue profesor de Arquitectura de la Universidad Nacional de Panamá. Atento siempre a las últimas tendencias literarias, asimiló los procedimientos surrealistas propios del momento. Notable ensayista y traductor. Ha sido ministro de Educación de su país y miembro de la Academia Panameña de la Lengua.

OBRA POÉTICA: *Poemas de ausencia* (1937), *Elegía a Adolfo Hitler* (1941), *Adán liberado* (1944), *Laurel de ceniza* (1952), *Cuando la isla era doncella* (1961), *Con la llave en el suelo* (1970).

PRIMER RECUERDO

PORQUE pensaste que mis besos cubrirían las
[fuerzas del destino
cuando tu singular confianza se hizo trizas, humo
[herido,
bajaste el pensamiento al fondo de tu alma
y me llenaste el corazón de gestos y palabras.
Yo me quedé mirando sobre el hosco crepúsculo,
exprimiendo en la tarde mis angustiados frutos,
creyendo en lo posible de que el amor perdure
porque los ojos brillan de lágrimas y luces.
Quise llegar a ti alargando mis dedos impalpables
y naufragó el afán siguiéndote en el viaje,
esa fuga de formas del paisaje doliente
amarga como el peso de niebla de la muerte.
Pasaron unos pájaros con alas infinitas;
después no imaginaba siquiera tu sonrisa.
La voz de las estrellas era un quejido incierto

en esa doble noche ladrada de recuerdos.
Nadé en mares de sombras, pensé cosas muy raras,
busqué coral y perlas para adornar tu cara,
mientras gotas de plomo azotaban mi sueño
y la vida era triste rosal mustio y enfermo.
Quise hundirme al abismo y me mantuve a flote
más bien como un cadáver colgando de la noche
que como un prisionero en cárceles de olvido
que gira locamente entre algas y conflictos.
Pasaron unos pájaros con alas plateadas
y fuiste adelgazando hasta quedar en nada,
y murieron las lluvias, y cesaron las olas;
por las puertas del alba se marcharon las sombras,
y al juntar nuevamente los quebrados anhelos
encontré tus pisadas florecidas de hielo.

JUAN LISCANO

(Venezuela, 1915)

NACIÓ en Caracas. Estudia en Francia, Bélgica, Suiza y su propio país. Abandonó los estudios de Derecho para dedicarse al periodismo y a la literatura. Funda y dirige la revista *Suma* (1944) y después *Zona franca* (1964 y 1984). Es importante su labor como investigador del folclor venezolano. Entre 1953 y 1958 vive exiliado en Europa. A su regreso a Venezuela, vive dedicado a la literatura como creador, como ensayista y como editor.

OBRA POÉTICA: *Contienda* (1941), *Humano destino* (1949), *Tierra muerta de sed* (1954), *Nuevo Mundo Orinoco* (1959), *Rito de sombras* (1961), *Cármenes* (1966), *Nombrar contra el tiempo* (1968), *Los nuevos días* (1971), *Rayo que al alcanzarme* (1978), *El viaje* (1978), *Fundaciones* (1981), *Myesis* (1982), *Domicilios* (1986).

METAMORFOSIS

TU bloque de hielo flotante
tu iceberg tu castillo de escarcha
tus labios de cascada helada
tu soledad polar
en la noche gélida del mes de enero.

Tus labios como dos cuchillos fríos
tu lengua y tu saliva
como lento glaciar que resbala
tu pubis como un bosquecillo de pinos
sobre la estepa nevada.

Para vencer la noche y la helada
para ahuyentar la soledad como un hambriento lobo

establecimos ritos de sangre
de fuego
de marcha lunar.

Tú cantas. Yo canto.
Las lenguas de nuestro canto nadan en el viento
como dos peces de fósforo.
Tú cantas desde el fondo de ti.
Yo canto desde el fondo de mí.
A nuestros rostros asoman desconocidos rostros.

Tú cantas desde el fondo de ese nuevo rostro
[aparecido
y tu carne se irisa florece en cristalería de nieve.
Una luna marina la enciende una luna interior
y es como resplandeciente gruta de hielo.

Yo canto desde el fondo de mí y nazco otro.
Brota una voz desconocida
un verbo una lengua de mí que no sabía
brota un hombre de deseos como una llamarada:
delfín que salta
oso que se yergue
flecha que da en el blanco.

Yo canto. Tú cantas.
Dejamos de ser los mismos.
Los hielos retroceden. Se funden los glaciares.
La noche se llena de murmullos de aguas.
Nuestras voces nadan en el viento
como dos peces de fósforo
vuelan por el aire azul de luna
como dos aves de estrellas.

Tú cantas desde el fondo de los seres que te pueblan.
Te llena el coro de sus voces.
Eres la tierra el agua y el fuego
eres un pájaro hembra y un tibio nido.
Yo canto desde el fondo de mis verbos:
soy la lluvia el cauce la ceniza el humo

soy el viento y mis lenguas lamen tus plumas.
Eres el eco del viento
cuando suena su rumor de fondo del mar entre los
(pinos y yo soy el pinar.

Yo canto. Tú cantas.
Tu voz suena mía. Suena tuya mi voz.
Eres ahora la lluvia la nieve el granizo de mil pisadas
y entonces soy la tierra el agua: lo que eras tú.
Te miras en mí como un paisaje
eres el lecho de mi río
fluyo
te mojo toda
soy el agua de erizadas crestas de gallo
el agua que canta como un gallo y sacude sus plumas
soy el gallo de lumbre que te seca y te enciende
y te convierte en ceniza en humo y en distancias.

Tú cantas. Yo canto.
Soy el eco de tu voz. Eres la sombra de mi voz.
Nuestros pueblos se juntan en paz.
Retrocede el invierno. Reverdece el otoño.
Amanece la noche
el hielo corre río de la aurora
el polo resplandece como trópico
fulgura el eterno verano el equinoccio justo
la Edad de Oro
y tú y yo somos clarividencia
doble pájaro del sol.

BLAS DE OTERO

(1916-1979)

NACIDO en Bilbao, recibió una formación religiosa con los jesuitas. Estudia bachillerato en Madrid y se licencia en Derecho en Valladolid, carrera que nunca ejerció. Trabaja eventualmente como obrero de forja y como minero para dedicarse luego a la enseñanza en Bilbao. Se traslada a Madrid donde se dedica por entero a la creación literaria, siendo uno de los principales representantes de la poesía social. Como miembro del Partido Comunista de España, vivió algunos años en Cuba y residió algunas temporadas en Francia, Rusia y China. Recibió el premio Boscán de Poesía en 1950, el premio de la Crítica en 1959 y el Fastenrath de la Real Academia en 1961. Murió en Madrid.

OBRA POÉTICA: *Cántico espiritual* (1942), *Ángel fieramente humano* (1950), *Redoble de conciencia* (1951), *Pido la paz y la palabra* (1955), *Ancia* (1958), *En castellano* (1960), *Esto no es un libro* (1963), *Que trata de España* (1964), *Mientras* (1970), *Viejo camarada* (1978).

Las publicaciones antológicas, con títulos nuevos, aparentan frecuentemente ser libros originales; para evitar confusiones, conviene citarlas aparte: *Hacia la inmensa mayoría* (1962), *Expresión y reunión: A modo de antología, 1941-1969* (1969), *País: Antología, 1955-1970* (1971), *Verso y prosa* (1974), *Poesía con nombres* (1977) y *Todos mis sonetos* (1977).

UN RELÁMPAGO APENAS

BESAS como si fueses a comerme.
Besas besos de mar, a dentelladas.
Las manos en mis sienes y abismadas
nuestras miradas. Yo, sin lucha, inerme,

me declaro vencido, sin vencerme
en ver en ti mis manos maniatadas.
Besas besos de Dios. A bocanadas
bebes mi vida. Sorbes. Sin dolerme,

tiras de mi raíz, subes mi muerte
a flor de labio. Y luego, mimadora,
la brizas y la rozas con tu beso.

Oh Dios, oh Dios, oh Dios, si para verte
bastara un beso, un beso que se llora
después, porque, ¡oh, por qué!, no basta eso.

EN UN CHARCO

No vengas ahora. (No vengas ahora,
aunque es de noche.)
Huye.
Hay días malos, días que crecen
en un charco de lágrimas.

Escóndete en tu cuarto y cierra la puerta y haz un
(nudo en la llave,
y mírate desnuda en el espejo, como
en un charco de lágrimas.

A la orilla del mar me persigue tu boca
y retumban tus pechos y tus muslos me mojan las
(manos,
en un charco de lágrimas.

Me acuerdo que una vez me mordiste los ojos.
Se te llenó la boca de pus y hiel; pisabas
en un charco de lágrimas.

Despréciame. Imagíname convertido en una rata gris,
sucia, babeante, con las tripas esparcidas
en un charco de lágrimas.

MÚSICA TUYA

¿Es verdad que te gusta verte hundida
en el mar de la música; dejarte
llevar por esas alas; abismarte
en esa luz tan honda y escondida?

Si es así, no ames más; dame tu vida,
que ella es la esencia y el clamor del arte;
herida estás de Dios de parte a parte,
y yo quiero escuchar sólo esa herida.

Mares, alas, intensas luces libres,
sonarán en mi alma cuando vibres,
ciega de amor, tañida entre mis brazos.

Y yo sabré la música ardorosa
de unas alas de Dios, de una luz rosa,
de una mar total con olas como abrazos.

RICARDO MOLINA

(1917-1969)

NACIÓ en Puente Genil (Córdoba). Licenciado en Filosofía y Letras, fue catedrático de Instituto en Córdoba. En 1947 fundó con otros poetas cordobeses la revista *Cántico*, de la que fue director. Experto en cante flamenco, publicó importantes obras sobre el tema. Tradujo a varios poetas franceses e italianos. Premio Adonais de Poesía en 1947 por su libro *Corimbo*. Murió en Córdoba.

OBRA POÉTICA: *El río de los Ángeles* (1945), *Elegías de Sandua* (1948), *Corimbo* (1949), *Elegía de Medina Azahara* (1957), *La casa* (1967), *A la luz de cada día* (1967). Dos libros póstumos: *Regalo de amante* y *Cancionero* (1973), *Obra poética completa* (1982).

AMOR A ORILLA DEL RÍO

¿QUÉ buscas por el río entre los blancos álamos,
oh, amor, oh, amor de manos de jacinto?
¿Qué buscas esta tarde de septiembre?
¿Que agradable misterio halaga tus sentidos
(inefables?
En los cañaverales juega el viento
desnudo como un niño en la orilla del río.
Las espinosas zarzas
forman sombrías grutas goteantes de rocío.
Yo persigo tu sombra invisible;

vivo preso en tu aire; consumido
en los salvajes arenales que el sol quema implacable.

Di, ¿qué buscas en las grutas espinosas
a la orilla de los ríos?
Mientras sigo tus pasos,
la tierra es para mí como un vapor de plata;
los guijarros del cauce del arroyo
me abrasan sin piedad los pies desnudos.
¿Cómo pasaste por aquí, cómo pasaste
sin lastimar tus pies, oh, amor desnudo?

ÁMAME SÓLO

ÁMAME sólo como amarías al viento
cuando pasa en un largo suspiro hacia las nubes;
Ámame sólo como amarías al viento
que nada sabe del alma de las rosas,
ni de los seres inmóviles del mundo,
como al viento que pasa entre el cielo y la tierra
hablando de su vida con rumor fugitivo;
ámame como al viento ajeno a la existencia
quieta que se abre en flores,
ajeno a la terrestre
fidelidad de las cosas inmóviles,
como al viento cuya esencia es ir sin rumbo,
como al viento en quien pena y goce se confunden,
ámame como al viento tembloroso y errante.

MIENTRAS TIERNA MEJILLA...

MIENTRAS tierna mejilla y ojos verdes
y rojos labios y morena frente
y primavera en pecho delicado
y tallo en flor, lánguido, en cintura,
y dios sin velo en astro al mediodía,
y rosa, rama, abeja y vino canten,
tú, narciso de olvido,
tú, música cantándose a sí misma,
Medina Azahara, besa que te besa,
tú y yo, viviendo, amando,

dulce leyenda, vivos
y muertos y olvidados,
y presentes y eternos, en canción, en amor.

GONZALO ROJAS

(Chile, 1917)

NACIÓ en Lebu, capital del viejo Arauco. Se vinculó muy pronto al grupo surrealista chileno reunido en torno a la revista *Mandrágora* (1938-1943), aunque él confiesa que el surrealismo le viene del «oxígeno libérrimo del planeta loco que ha sido siempre nuestro Chile...» Ha viajado habitualmente por Estados Unidos y Europa, en cuyas universidades ha pronunciado conferencias y ha impartido cursos de poesía hispanoamericana. Ha ocupado cargos diplomáticos en Oriente y en América Latina.

OBRA POÉTICA: *La miseria del hombre* (1948), *Contra la muerte* (1974), *Oscuro* (1977), *Transtierro* (1979), *Del relámpago* (1981), *Cincuenta poemas* (1982), *El alumbrado* (1986), *Esquizotexto y otros poemas* (1987), *Materia de testamento* (1988), *Desocupado lector* (1990).

¿QUÉ SE AMA CUANDO SE AMA?

¿QUÉ se ama cuando se ama, mi Dios: la luz terrible
(de la vida
o la luz de la muerte? ¿Qué se busca, qué se halla, qué
es eso: amor? ¿Quién es? ¿La mujer con su hondura,
(sus rosas, sus volcanes,
o este sol colorado que es mi sangre furiosa
cuando entre en ella hasta las últimas raíces?

¿O todo es un gran juego, Dios mío, y no hay mujer
ni hay hombre sino un solo cuerpo: el tuyo,
repartido en estrellas de hermosura, en partículas
(fugaces
de eternidad visible?

Me muero en esto, oh Dios, en esta guerra
de ir y venir entre ellas por las calles, de no poder amar
trescientas a la vez, porque estoy condenado siempre
(a una,
a esa una, a esa única que me diste en el viejo
(paraíso.

HUGO LINDO

(El Salvador, 1917)

NACIDO en la Unión (El Salvador), estudió Derecho en la Universidad Católica de Chile y en la Autónoma de El Salvador. Ha sido ministro de Educación y director de la Academia Salvadoreña de la Lengua, entre otros cargos importantes; como diplomático, ha estado destinado en Chile, Colombia, Egipto y España. Además de poeta, es autor de notables novelas y cuentos.

OBRA POÉTICA: *Poema eucarístico y otros* (1943), *Libro de horas* (1947), *Sinfonía sin límites* (1953), *Trece instantes* (1959), *Varia poesía* (1961), *Navegante río* (1963), *Sólo la voz* (1968), *Maneras de llover* (1969), *Este pequeño siempre* (1971), *Sangre de Hispania fecunda, Resonancia de Vivaldi...*

FÁCIL PALABRA

1

FÁCIL sería la palabra
sin hojas.
Fácil como un vacío.
Como una sombra.
Pero ocurre al contrario: te arrimas al silencio
y ella te acosa
llena de ideas,
de memorias,
siempre con algo entre las manos.
Y simplemente no la logras
desnuda, sola.

4

Teníamos que decirnos muchas cosas
y no hallábamos cómo.

Era mejor así. Corría el tiempo
y envejecíamos con él.
Y eso era hermoso.
Porque pensando apenas, o sintiendo y pensando,
o nada más sintiendo,
adivinábamos
lo que es el zumo de este testimonio:
teníamos que decirnos muchas cosas,
pero ¿cuáles?
¿Y cómo?

11

Amor amor amor amor setenta veces,
setenta veces siete veces.
Amor amor amor amor. Nadie habrá que lo olvide.
Siempre quién lo recuerde.

27

Los ojos fueron el primer idioma
y las tímidas manos el segundo,
la palabra, el tercero, y es el cuarto
este callar sencillo, pero juntos.

35

Y si a mí me preguntan por tu fuerza
de enredadera en flor, de irresistible
fragancia, de rocío refrescante,
de amoroso follaje y sombra firme,
¿cómo responderé lo que no puede
sin menguar, decirse?

STELLA SIERRA

(Panamá, 1917)

DESPUÉS de haber cursado estudios de perito mercantil ingresó en la Universidad Nacional, donde fue nombrada profesora de Español de enseñanza secundaria. Ha viajado por diversos países americanos y ha residido en Francia, Italia y España. Deudora de la poesía "pura" de Jorge Guillén, durante muchos años ha sido considerada la poetisa de mayor aceptación en Panamá.

OBRA POÉTICA: *Sinfonía jubilosa en doce sonetos* (1942), *Canciones de mar y luna* (1944), *Himno para la glorificación de F. D. Roosevelt* (1946), *Libre y cautiva, Palabras sobre poesía, Cinco poemas, Presencia del recuerdo, Agua dulce...*

PRESENCIA DE TU SER

(Fragmento)

¡QUE yo te cante, Amor,
con júbilo!
Júbilo de tus pétalos
anudados al llanto y a la risa,
de tus nubes sin grises,
de tu cielo, zafiro puro y amplio,
de tu río sin juncos, blanda arena
para el juego divino de la carne.
¡Amor, amor y fuego, viva llama
que se duerme en mi celda laberinto
y hasta el alma me enciende!
Amado: están mis labios
abiertos como curva de esperanza
a la puerta del beso.

De tu beso sin sombras, hondo, agudo,
flecha que hiere el pecho —estrella filo—
de cielo nácar y de oscuro mar.
Abre tu vida al tiempo de mi vida:
esencia y ser, Amor, punto sin nombre,
sensación y misterio de tu fuerza,
dentro de mí, tan diáfana y brillante.
Corre en mis venas sangre de tus ríos
jugueteando su espuma
entre el cuerpo de dos —¡Negra es la noche
y cobija mejor el alma toda!—
Duerme tu posesión, mi dulce amado,
suena tu sueño corto y estival,
tu castillo de luna,
tu isla verde en el mar, más verde que tu isla:
herido por la sed —¡Qué espera larga!—
es mi cuerpo desnudo
arco iris y oasis.
¡Ah, mi vida sin ángulos, perfume
para ti, libre pájaro en el aire!

GLORIA FUERTES

(1918)

NACIÓ en Madrid. De formación autodidacta, fue sucesivamente contable, bibliotecaria y profesora de poesía en la Universidad de Buchnell, Pensilvania (EE.UU). Fundó y dirigió la revista *Arquero.* Ha escrito numerosos libros para niños, en prosa y en verso, y letras para canciones. Su gran virtud es la de transformar en poesía lo cotidiano, lo vulgar y hasta lo ramplón, a través de un lenguaje eminentemente coloquial.

OBRA POÉTICA: *Isla ignorada* (1950), *Aconsejo beber hilo* (1954), *Que estás en la tierra* (1962), *Ni tiro, ni veneno, ni navaja* (1965), *Poeta de guardia* (1968), *Cómo atar los bigotes del tigre* (1969), *Sola en la sala* (1973), *Obras incompletas* (1975), *Historia de gloria* (1980)...

CUANDO EL AMOR NO DICE LA ÚNICA PALABRA

CUANDO algo nuestro intacto
se funde y me confunde
—somos uno en dos partes
que sufren por su cuenta—,
desesperadamente algo nuestro se busca
sin ayuda de nada algo nuestro encuentra.

La unión se realiza,
la ausencia no atormenta,
el dolor se desmaya,
el silencio se expresa
—cuando el amor no dice
la única palabra
está escrito el poema—.

Alto y profundo es esto que nos une,
esto que nos devora y que nos crea;
ya se puede vivir
teniendo el alma
cogida por el alma
del que esperas;

pena es tener tan sólo una vida
—sólo una vida es poco
para esto
de querer sin recompensa—.

HOY NO ME ATREVO

No me atrevo a pisar por tu postigo
por si inquieto tus piedras y mis brazos se duelen.
No me atrevo a buscar por tus ojos
por si no hallo en ellos lo que busco.
No, no tengo valor para peinarte.
Y apenas puedo encontrarte en el pasillo.
Déjame tus manos...
es sólo para contar tus dedos.
Permíteme tu alma,
es sólo para tomar medidas.

ÓSCAR ECHEVERRI MEJÍA

(Colombia, 1918)

DOCTOR en Filosofía y Letras, su vida está constantemente ligada a la cultura y a la diplomacia. Con diversos cargos de diplomático y como profesor de literatura colombiana y universal, ha pronunciado conferencias y viajado por todos los países de América y gran parte de Europa.

OBRA POÉTICA: *Destino de la voz* (1942), *Canciones sin palabras* (1948), *La rosa sobre el muro* (1952), *Cielo de poesía* (1952), *La llama y el espejo* (1956), *Viaje a la niebla* (1958), *Mar de fondo* (1961), *España vertebrada* (1963), *Humo del tiempo* (1965), *La patria ilímite* (1966), *Las cuatro estaciones* (1970), *Duelos y quebrantos*, *Escrito en el agua.*

ERES TAN DULCE, NIÑA

ERES tan dulce, niña,
como decir tu nombre con luceros.
Me duele tu belleza blandamente
como espina en el centro de mi pecho.

Mirarte es tan azul como este cielo
y acariciarte es sólo comparable
a besar en tus ojos la mañana.
Eres tan dulce, niña,
como decir tu nombre con recuerdos.

Escucharte es saber en un momento
el lenguaje inefable de los ángeles,
es comprender la música
que pronuncian las aves en el alba.
Eres tan dulce, niña,
como gozar el cielo en tu mirada.

Estar contigo es detener el tiempo.
Recordarte es hablar con el futuro.
Decir tu nombre bello
es regresar tu imagen a los lirios.
Y amarte, dulce niña,
es igual a tener dentro del pecho
en vez de corazón una verdad.

PEQUEÑO POEMA

PESAS menos al aire que una flor a su tallo.
Ocupa en el espacio menos sitio tu cuerpo
que en el mar una ola. Y es más leve tu paso
que el paso de una nube o la curva de un vuelo.

Mi corazón es sólo una isla lejana
que rodea tu vida con sus olas de sueño.
Surges de este poema como el día del alba,
y por tu nombre mira la poesía al cielo.

Estás en la memoria de un perfume olvidado,
en la dulce comarca sin noche de mi voz.
Eres el horizonte del país de mi canto.
Descansa entre tus manos, como un ave, el amor.

Haces crecer el tallo diminuto del trino.
Tu edad canta en tus ojos su clara melodía.
En tus cabellos juega la brisa como un niño.
¡Eres un río humano que corre hacia mi vida!

JOSÉ LUIS HIDALGO

(1919-1947)

NACIÓ en Torres (Santander). Movilizado en la Guerra Civil, estudió luego Bellas Artes en Valencia y Madrid. Con otros escritores y artistas fundó la revista *Corcel* (1942). Fue pintor y grabador y también profesor de dibujo y pintura en la Escuela de Bellas Artes de San Carlos de Valencia. Mención honorífica del premio Adonais en 1947 por su libro *Los muertos.* Murió muy joven en un hospital de Madrid, poco antes de que el libro saliera a la calle.

OBRA POÉTICA: *Raíz* (1943), *Los animales* (1945), *Los muertos* (1947), *Canciones para niños* (1951), *Obra poética completa* (1976).

PIENSO A VECES...

PIENSO a veces que el mar es la nostalgia
de lo que siempre está: nostalgia de nostalgia,
de un irse de sí mismo a su recuerdo
más azul, más hondo, más eterno...
Y pienso en nuestro amor que algunas veces
sueña con la idea de no serlo,
en huir de sí mismo y contemplarse
aún más alto, más puro, más sereno...

ATARDECER DE MARZO

ATARDECER de marzo
en la mar cenicienta.
El crepúsculo, lejos,
ya no se ve, se sueña.

Atardecer de marzo,
tú estás aquí, tan cierta
como esta dicha de ahora
que me da tu presencia.

Dame tu mano, inclina
sobre mí tu cabeza
y calla, no me rompas
este paisaje y esta
ternura que se alza
desde ti y que se me adentra
por el cuerpo y el alma.
Mírame, piensa y deja
todo así como está,
sin besarme siquiera:
el cielo alto y sereno
que sobre el mar se espeja,
en el aire parado
la gaviota que vuela,
y bajo nuestros pies
esta poca de tierra...

Dame tu mano, inclina
sobre mí tu cabeza.
Todo así, como está,
sin besarme siquiera...

VICENTE GAOS

(1919-1980)

NACIÓ en Valencia. Ha sido profesor de literatura en España y en universidades americanas, traductor de poetas franceses e ingleses, editor, crítico literario, antólogo y conferenciante. En 1944 obtuvo el Premio Adonais por su libro *Arcángel de mi noche.*

OBRA POÉTICA: *Arcángel de mi noche* (1944), *Sobre la tierra* (1945), *Luz desde el sueño* (1947), *Profecía del recuerdo* (1956), *Mitos para tiempo de incrédulos* (1964), *Concierto en mí y en vosotros* (1965), *Un montón de sombra* (1972), *Última Thule* (1980).

TE QUIERO Y TE LO DIGO

TODA la luz del cielo ya en la frente
y en el labio un carbón apasionado.
Mi pensamiento, así de iluminado;
mi lenguaje, de amor, así de ardiente.

así de ardiente, así de vehemente,
diamante en su pasión transfigurado.
Amarte a ti, universo deseado.
Mi luz te piensa apasionadamente.

Mi luz te piensa a ti, luz de mi vida,
pasión mía, luz mía, fuego mío,
llama mía inmortal, noche encendida,

cauce feliz de mi profundo río,
arrebatada flecha, alba elegida,
mi dulce otoño, mi abrasado estío.

PLEAMAR DEL AMOR

LA tarde pastoral, de alterno cielo
rayos de tu tormenta desatados,
mas luego azul total, cielo amados,
me llena de pasión o de desvelo.

Asciendo así del tormentoso anhelo
a una paz de reposos entregados,
mas desciendo otra vez a los estados
mismos de que partí para mi vuelo.

Ay, esta indócil pleamar me inunda,
tarde mía frenética y liviana.
Déjame, pues, sí, deja que me hunda

en este frenesí de lluvia vana.
Luego me elevaré hasta ti, oh, profunda.
Luego serás mi primavera humana.

JAIME SÁENZ

(Bolivia, 1921-1987)

NACIÓ en La Paz. Realizó estudios en Alemania. De clara filiación surrealista, es un poeta introvertido y refinado, de vuelos metafísicos.

OBRA POÉTICA: *El escalpelo* (1955), *Muerte por el tacto* (1957), *Cuatro poemas para mi madre, Aniversario de una visión* (1960), *Visitante profundo* (1963), *El frío* (1967), *Recorrer esta distancia* (1973), *Buckner. Las tinieblas* (1978), *La noche* (1984).

QUE SEA LARGA TU PERMANENCIA

QUE sea larga tu permanencia bajo el fulgor de las
(estrellas,
yo dejo en tus manos mi tiempo
—el tiempo de la lluvia
perfumará tu presencia resplandeciente en la
(vegetación.

Renuncio al júbilo, renuncio a ti: eres tú el cuerpo de
(mi alma; quédate
—yo he trasmontado el crepúsculo, y la espesura a la
(apacible luz
de tus ojos
y me interno en la tiniebla;
a nadie mires,
no abras la venta. No te muevas:
hazme saber el gesto que de tu boca difunde
(silenciosa la brisa;
estoy en tu memoria, hazme saber si tus manos me
(acarician
y si por ellas el follaje respira

—hazme saber de la lluvia que cae sobre tu
(escondido cuerpo,
y si la penumbra es quien lo esconde o el espíritu
(de la noche.

Hazme saber, perdida y desaparecida visión, qué era
(lo que guardaba tu mirar
—si era el ansiado y secreto don,
que mi vida esperó toda la vida a que la muerte
(lo recibiese.

ERES VISIBLE

PERMANECES todo el tiempo en el olor de las
(montañas
cuando el sol se retira,
y me parece escuchar tu respiración en la frescura de
(la sombra
como un adiós pensativo.

De tu partida, que es como una lumbre, se condolerán
(estas claras
imágenes
por el viento de la tarde mecidas aquí y a lo lejos;
yo te acompaño con el rumor de las hojas, miro por
(ti las cosas
que amabas
—el alba no borrará tu paso, eres visible.

JAVIER SOLOGUREN

(Perú, 1921)

NACIÓ en Lima. Se doctoró en Letras en la Universidad Nacional Mayor de San Marcos y realizó estudios de Comunicación Social en Lovaina (Bélgica). Profesor en varias universidades de su país, ha desarrollado una notable labor como editor de la poesía peruana. Ha sido director de la revista *Cielo abierto* (Lima), codirector de la revista *Creación Crítica* (Lima) y miembro del consejo de redacción de *Escandalar* (Nueva York).

OBRA POÉTICA: *El morador* (1944), *Detenimientos* (1947), *Dédalo dormido* (1949), *Estancias* (1960), *La gruta de la sirena* (1961), *Recinto* (1967), *Surcando el aire oscuro* (1970), *Las uvas del racimo* (1975), *Corola parva* (1977), *Folios de el Enamorado y la Muerte* (1981), *Vida continua, 1945-1980* (México, 1981, reúne los libros hasta ese año), *Órbita de dioses* (1981).

EL AMOR Y LOS CUERPOS

(Fragmento)

ME acerco
a la oscura
abundancia de las rosas
siento
el lento claro de tu pecho
acariciado
por algo que no son
sólo mis manos
ni el mirarte
tampoco suficiente
bulle
en el centro

de mi cuerpo
el secreto
de tu réplica
traspasándome
su aliento
sus años jóvenes
su díscola sazón

entonces
entonces
balbuceo
saliva y lágrimas
me recorren

muda mudanza
instante en que
soy
todo yo
en que ya
no soy
yo

sino
el arranque y el golpe
y tú
la cómplice
dulcísima
golpeada
infinitamente
golpeada

JOSÉ HIERRO

(1922)

NACIDO en Madrid, vivió su infancia y adolescencia en Santander. Sus primeros versos aparecen en publicaciones del frente republicano. Acabada la Guerra Civil, sufre cuatro años de cárcel que le marcarían indeleblemente. Se unió al grupo poético que alentó las revistas *Corcel* y *Proel* dando muestras, ya en los años cuarenta, de una madurez poética poco frecuente en los jóvenes poetas. Comprometido con el hombre, no es la suya una poesía social al uso. Pronto se acentúa su vena antirrealista y su preocupación verbal. Ha obtenido, entre otros, los premios Adonais (1947), Nacional de Literatura (1953), de la Crítica (1958), Príncipe de Asturias (1981) y el Nacional de las Letras Españolas (1990).

OBRA POÉTICA: *Tierra sin nosotros* (1947), *Alegría* (1947), *Con las piedras, con el viento* (1950), *Quinta del 42* (1953), *Antología poética* (1953), *Estatuas yacentes* (1955), *Poesía del momento* (1957), *Cuanto sé de mí* (1957), *Poesías completas (1944-1962)* (1962), *Libro de las alucinaciones* (1964), *Agenda* (1991), *Prehistoria literaria* (1991).

SI SOÑARAS SIEMPRE, SI AMARAS

SI soñaras siempre, si amaras
olvidándote, abandonándote...

Pensaría por ti las cosas
dejando que me las soñases.
Con mi velar y tu soñar
el camino sería fácil.
Yo daría los nombres justos
a los sueños que deshojases.
Encontraría para ellos

la voz que los encadenase,
la forma exacta, la palabra
que los llena de claridades.
Me acercaría hasta ti como
si fueses una orilla madre.
Y qué descanso dar al alma
sombras que el alma apenas sabe.
Yo no diría de ti: era
blanca y hermosa y joven y ágil;
tenía bellos ojos tristes
abiertos sólo a realidades.
Yo diría de ti: es mi fresca
raíz que de los sueños nace,
la música de mis palabras,
el hondo canto inexplicable,
la prodigiosa primavera
que en las hojas recientes arde,
el corazón caliente que ama
olvidándose, abandonándose.

Tú lo sabrás un día. Entonces
será demasiado tarde.

CARLOS BOUSOÑO

(1923)

NACIÓ en Boal (Asturias). Doctor en Filología Románica. Profesor de Literatura Española en la Universidad de Wellesley (Estados Unidos), regresó luego a España incorporándose a la Universidad Complutense de Madrid. Premio de la Crítica en 1968 con *Oda a la ceniza* y en 1974 con *Las monedas contra la losa*. Premio Nacional de Literatura en 1977. En 1980 leyó su discurso de ingreso en la Real Academia. Entre sus ensayos hay que destacar *La poesía de Vicente Aleixandre* (1950), *Teoría de la expresión poética* (1952), *El irracionalismo poético: el símbolo* (1977) y *Superrealismo poético y simbolización* (1979).

OBRA POÉTICA: *Subida al Amor* (1945), *Primavera de la muerte* (1946), *Hacia otra luz* (1950), *Noche del sentido* (1957), *Invasión de la realidad* (1962), *Oda en la ceniza* (1967), *La búsqueda* (1971), *Al mismo tiempo que la noche* (1971), *Las monedas contra la losa* (1973), *Metáfora del desafuero* (1988).

EL CICLÓN

TÚ que me miras, mírame hasta el fondo.
Tú que me sabes, sábeme.
Porque falta muy poco, porque el tiempo
arrecia vendavales
que se llevan ventanas y gemidos,
besos, ruidos de calles,
este silbido agudo que ahora escuchas
en el vecino parque,
las nubes delicadas que se juntan
en los azules gráciles
y el corazón con que me miras hondo
queriendo acariciarme.

Nada puedes hacer. Nada podrías
hacer. Déjate suave.
Es más fácil así. Vayamos juntos,
llevados por el aire,
si envejeciendo en el ciclón horrible,
unidos, esenciales,
mirándonos al fondo de la vida
y viendo allí la imagen
de nuestros cuerpos paseando dulces
por huertos virginales...

Eras tan clara. Junto al aire tanto
te amé... En la tristeza grave
tú me arrancabas la melancolía
como una espina aguda de la carne;
me acompañabas en las horas puras;
me rozabas tan suave
con tus dedos sutiles, con tu dulce
modo de acompañarme...

...Fuiste como una niebla, como un vaho
de amor, como un vapor imponderable
que me envolviese en cálidas vislumbres
las duras realidades,
y que después, pasadas las aristas
crudas, me rodease
y me dijese: «—Existes en el mundo.
Ven ya hacia el mundo. Ámame».

MUJER AJENA

OH realidad sin gozo y sin aurora.
Era la noche entera entre tus brazos.
Yo te tenía y sostenía. Abrazos
nos daba el sufrimiento a cada hora.

Viví contigo una verdad. No llora
quien tiene que vivir tan duros lazos.
Era vivir, abrirse paso a hachazos
en una selva de impasible flora.

Con brazos rotos y partido pecho,
abrirse paso a hachazos. Consumida
así tu vida, amor de mi derecho.

Abrirse paso y ver ya sucumbida
toda esperanza en el sendero estrecho:
cerrado trecho a la cerrada vida.

PERO CÓMO DECÍRTELO

PERO cómo decírtelo si eres
tan leve y silenciosa
como una flor. Cómo te lo diré
cuando eres agua,
cuando eres fuente, manantial, sonrisa,
espiga, viento,
cuando eres aire, amor.

Cómo te lo diré,
a ti, joven relámpago,
temprana luz, aurora,
que has de morirte un día
como quien no es así.

Tu forma eterna,
como la luz y el mar, exige acaso
la majestad durable
de la materia. Hermosa
como la permanencia del océano
frente al atardecer, es más efímera
tu carne que una flor. Pero si eres
comparable a la luz, eres la luz,
la luz que hablase,

que dijese «te quiero»,
que durmiese en mis brazos,
y que tuviese sed, ojos, cansancio
y una infinita gana
de llorar, cuando miras
en el jardín las rosas
nacer, una vez más.

JORGE ENRIQUE ADOUM

(Ecuador, 1923)

NACIÓ en Ambato (Ecuador). Estudió Economía y Derecho en la Universidad de Quito. Durante su estancia en Chile (1945-48) fue secretario privado de Pablo Neruda. De regreso a su país ha ocupado varios puestos importantes, incluso el de director general de Cultura. Ha viajado después por Egipto, Israel y Lejano Oriente. Se estableció en París donde reside actualmente. En 1960 obtuvo el premio de Poesía Casa de las Américas.

OBRA POÉTICA: *Ecuador amargo* (1949), *Notas del hijo pródigo* (1951), *Los cuadernos de la tierra* (1952, 1959 y 1961), *Relatos del extranjero* (1953), *Yo me fui con tu nombre por la tierra* (1964), *Curriculum mortis* (1968), *Informe personal sobre la situación* (1973), *Prepoemas en postespañol* (1979), *No son todos los que están* (1979).

VELORIO DE UNA EXCEPCIÓN

AHORA busco el rostro que debes haber tenido
antes de que yo te naciera para sobrevivirme
tu gemido parecido a mi nombre debajo de mi boca
tu olor de tigra con copia para mi camisa
No somos ya sino el resto que cabe en nuestros
(límites
después de las doce noches de animal desmesura
y nos dejamos querer y devorar de espaldas
por amargos gallinazos con memoria
Llamo de nuevo a la puerta de tu traje
pero no queda adentro nadie que me abra
ningún rencor que pruebe que tal vez nos amamos
señal probable de que habríamos existido

Acaso alguien nos soñó y despertó sin prevenirnos
y nos dejó de golpe así desencontrados
guante que por qué te llenará una mano a manos
(llenas
y yo por qué parasiempremente ya sintigo

PABLO GARCÍA BAENA

(1923)

NACIÓ en Córdoba. Estudió Bellas Artes, y en 1947, con Ricardo Molina y Juan Bernier, fundó en su ciudad natal la revista *Cántico,* punto de encuentro de un grupo de escritores andaluces, que reivindicaba una mayor exigencia estética y enlazaba con la poesía del 27. Su obra, antes casi olvidada, ha sido rescatada por un grupo de poetas de la promoción del setenta. Premio Príncipe de Asturias de las Letras en 1984. Actualmente reside en Málaga.

OBRA POÉTICA: *Rumor oculto* (1946), *Mientras cantan los pájaros* (1948), *Antiguo muchacho* (1950), *Julio* (1957), *Óleo* (1958), *Almoneda* (1971), *Antes que el tiempo acabe* (1978), *Tres voces del verano* (1980), *Gozos de la Navidad de Vicente Núñez* (1984), *Fieles guirnaldas fugitivas* (1990).

AMANTES

EL que todo lo ama con las manos
despierta la caricia de las cítaras,
siente el silencio y su pesada carne
fluyendo como ungüento entre los dedos,
lame la lenta lengua de sus manos
el hueso de la tarde y sus sortijas
se enredan en el ave adormecida
del viento. Labra en mármoles de humo
el cuerpo palpitante del abrazo
extenuado cual cervato agónico,
y con el pico frío de sus uñas
monda la oliva efímera del beso.
El que se ama solo, el que se sueña
bajo el deseo blanco de las sábanas,

el que llora por sí, el que se pierde
tras espejos de lluvia y el que busca
su boca cuando bebe el don del vino,
el que sorbe en la axila de la rosa
la pereza oferente de sus hombros,
el que encuentra los muslos del aljibe
contra sus muslos, como un saurio verde
sobre el mármol desnudo e inviolado,
ese que pisa, sombra, desdeñoso
el pavimento de las madrugadas.
El que ama un instante, peregrino
voluble, de flauta hasta los labios,
de la trenza al citiso, de los cisnes
a la garganta, de la perla al párpado,
de la cintura al ágata, del paje
a la calandria y tras él, silente
va talando el olvido mieses altas,
tirsos áureos de espigas, leves brotes,
todo un bosque confuso de recuerdos,
y él va cantando, ruiseñor nocturno,
capricho y galanía, bajo luna.
Y el que besa llorando y el que sólo
sabe ofrecer y aquel que cubre el pecho,
para no amar, de oscuro arnés, sonrisa
y un gerifalte lleva silencioso
devorando su corazón de gules.
Todos, la noche maga con su rezo
los enloquece, clava en sus pupilas
el helor de su vaga nieve negra,
les da a beber rencor entre sus manos,
los hurta en el arzón de sus corceles,
los trae y los lleva como mar en cólera,
coronadas las olas de sollozos,
de cabelleras náufragas, de sangre,
y los devuelve dulces, poseídos,
hasta la playa bruna y solitaria.

SÓLO TU AMOR Y EL AGUA

SÓLO tu amor y el agua... Octubre junto al río
bañaba los racimos dorados de la tarde,
y aquella luna odiosa iba subiendo, clara,
ahuyentando las negras violetas de la sombra.
Yo iba perdido, náufrago por mares de deseo,
cegado por la bruma suave de tu pelo.
De tu pelo que ahogaba la voz en mi garganta
cuando perdía mi boca en sus olas de niebla.
Sólo tu amor y el agua... El río, dulcemente,
callaba sus rumores al pasar por nosotros,
y el aire estremecido apenas se atrevía
a mover en la orilla las hojas de los álamos.
Sólo se oía, dulce como el vuelo de un ángel
al rozar con sus alas una estrella dormida,
el choque fugitivo que quiere hacerse eterno,
de mis labios bebiendo en los tuyos la vida.
Lo puro de tus senos me mordía en el pecho
con la fragancia tímida de dos lirios silvestres,
de dos lirios mecidos por la inocente brisa
cuando el verano extiende su ardor por las colinas.
La noche se llenaba de olores de membrillo,
y mientras en mis manos tu corazón dormía,
perdido, acariciante, como un beso lejano,
el río suspiraba...
Sólo tu amor y el agua...

JORGE GAITÁN DURÁN

(Colombia, 1924-1962)

ENSAYISTA, cuentista y crítico de cine y literatura. Fundó la revista *Mito* (1955-1962), publicación liberal abierta a escritores de diversas tendencias. Viajó por Europa, la Unión Soviética y China.

OBRA POÉTICA: *Insistencia en la tristeza* (1946), *Presencia del hombre* (1947), *Asombro* (1949), *El libertino* (1953), *China* (1955), *Amantes* (1958), *Si mañana despierto* (1961), *Obra literaria* (1975).

SE JUNTAN DESNUDOS

DOS cuerpos que se juntan desnudos
solos en la ciudad donde habitan los astros
inventan sin reposo al deseo.

No se ven cuando se aman, bellos
o atroces arden como dos mundos
que una vez cada mil años se cruzan en el cielo.

Sólo en la palabra, luna inútil, miramos
cómo nuestros cuerpos son cuando se abrazan,
se penetran, escupen, sangran, rocas que se destrozan,
estrellas enemigas, imperios que se afrentan.

Se acarician efímeros entre mil soles
que se despedazan, se besan hasta el fondo,
saltan como dos delfines blancos en el día,
pasan como un solo incendio por la noche.

SÉ QUE ESTOY VIVO

Sé que estoy vivo en este bello día
acostado contigo. Es el verano.
Acaloradas frutas en tu mano
vierten su espeso olor al mediodía.

Antes de aquí tendernos no existía
este mundo radiante. ¡Nunca en vano
al deseo arrancamos el humano
amor que a las estrellas desafía!

Hacia el azul del mar corro desnudo.
Vuelvo a ti como al sol y en ti me anudo,
nazco en el esplendor de conocerte.

Siento el sudor ligero de la siesta.
Bebemos vino rojo. Ésta es la fiesta
en que más recordamos a la muerte.

AMANTES

Somos como son los que se aman.

Al desnudarnos descubrimos dos monstruosos
desconocidos, que se estrechan a tientas,
cicatrices con que el rencoroso deseo
señala a los que sin descanso se aman:

El tedio, la sospecha que invencible nos ata
en su red, como en la falta dos dioses adúlteros.

Enamorados como dos locos,
dos astros sanguinarios, dos dinastías
que hambrientas se disputan un reino,
queremos ser justicia, nos acechamos feroces,
nos engañamos, nos inferimos las viles injurias
con que el cielo afrenta a los que se aman.

Sólo para que mil veces nos incendie
el abrazo que en el mundo son los que se aman
mil veces morimos cada día.

ÁNGEL GONZÁLEZ

(1925)

NACIÓ en Oviedo. Licenciado en Derecho, fue funcionario del Ministerio de Obras Públicas y maestro nacional. Obtuvo el premio de Poesía Antonio Machado en 1962 y el Príncipe de Asturias de las Letras en 1985. Ha enseñado Literatura en varias universidades norteamericanas. Partiendo del realismo de los años cincuenta, ha evolucionado hacia fórmulas personales como el distanciamiento irónico de la realidad.

OBRA POÉTICA: *Áspero mundo* (1956), *Sin esperanza, con convencimiento* (1961), *Grado elemental* (1962), *Palabra sobre palabra* (1965, 1968, 1972, 1977), *Tratado de urbanismo* (1967, 1976), *Breves acotaciones para una biografía* (1969), *Muestra de algunos procedimientos narrativos...* (1976), *Prosemas o menos* (1985).

ME BASTA ASÍ

Si yo fuese Dios
y tuviese el secreto,
haría
un ser exacto a ti;
lo probaría
(a la manera de los panaderos
cuando prueban el pan, es decir:
con la boca),
y si ese sabor fuese
igual al tuyo, o sea
tu mismo olor, y a tu manera
de sonreír,
y de guardar silencio,
y de estrechar mi mano estrictamente,
y de besarnos sin hacernos daño

—de esto sí estoy seguro: pongo
tanta atención cuando te beso—;
entonces,

si yo fuese Dios,
podría repetirte y repetirte,
siempre la misma y siempre diferente,
sin cansarme jamás del juego idéntico,
sin desdeñar tampoco la que fuiste
por la que ibas a ser dentro de nada;
ya no sé si me explico, pero quiero
aclarar que si yo fuese
Dios, haría
lo posible por ser Ángel González
para quererte tal como te quiero,
para aguardar con calma
a que te crees tú misma cada día,
a que sorprendas todas las mañanas
la luz recién nacida con tu propia
luz, y corras
la cortina impalpable que separa
el sueño de la vida,
resucitándome con tu palabra,
Lázaro alegre,
yo,
mojado todavía
de sombras y pereza,
sorprendido y absorto
en la contemplación de todo aquello
que, en unión de mí mismo,
recuperas y salvas, mueves, dejas
abandonado cuando—luego--callas...

(Escucho tu silencio,
Oigo
constelaciones: existes.
Creo en ti.
Eres.
Me basta.)

ERNESTO CARDENAL

(Nicaragua, 1925)

NACIÓ en Granada (Nicaragua). Este poeta, comprometido con el hombre y con la libertad de su pueblo, estudió Filosofía y Letras en México y Nueva York. Su vida apasionada le ha llevado a luchar contra la dictadura de Somoza, a hacerse trapense en 1957 (en Gethsemani, Kentucky, bajo el magisterio de Thomas Merton) y a vivir apartado en la isla nicaragüense de Solentiname, donde fundó una comunidad contemplativa. Tras realizar estudios sacerdotales en Cuernavaca (México) y de teología en Medellín (Colombia), en 1965 se ordenó sacerdote. Su militancia política, que se inicia en 1952, se radicaliza progresivamente y viaja incansablemente denunciando la dictadura somocista. A la caída del dictador, Cardenal fue nombrado ministro de Educación y Cultura del primer gobierno sandinista (1979).

OBRA POÉTICA: *La ciudad deshabitada* (1946), *Proclama del conquistador* (1947), *Hora 0* (1960), *Gethsemani, Ky* (1960), *Epigramas* (1961), *Salmos* (1964), *Oración por Marilyn Monroe y otros poemas* (1965), *El estrecho dudoso* (1966), *Homenaje a los indios americanos* (1969), *Vida en el amor* (1970), *En Cuba* (1972), *Oráculo sobre Managua* (1973), *Vuelos de victoria* (1984), *Quetzacóatl* (1988), *Cántico cósmico* (1989).

EPIGRAMAS

AL perderte a ti tú y yo hemos perdido:
yo porque tú eras lo que yo más amaba
y tú porque yo era el que te amaba más.
Pero de nosotros dos tú pierdes más que yo:
porque yo podré amar a otras como te amaba a ti
pero a ti no te amarán como te amaba yo.

Ernesto Cardenal

* * *

Yo he repartido papeletas clandestinas,
gritando: ¡VIVA LA LIBERTAD! en plena calle
desafiando a los guardias armados.
Yo participé en la rebelión de abril:
pero palidezco cuando paso por tu casa
y tu sola mirada me hace temblar.

AYER TE VI EN LA CALLE...

AYER te vi en la calle, Myriam, y
te vi tan bella, Myriam, que
(¡Cómo te explico qué bella te vi!)
ni tú, Myriam, te puedes ver tan bella ni
imaginar que puedas ser tan bella para mí.
Y tan bella te vi que me parece que
ninguna mujer es más bella que tú
ni ningún enamorado ve ninguna mujer
tan bella, Myriam, como yo te veo a ti
y ni tú misma, Myriam, eres quizás tan bella
¡porque no puede ser real tanta belleza!
Que como yo te vi de bella ayer en la calle,
o como hoy me parece, Myriam, que te vi.

JAIME SABINES

(México, 1925)

NACIÓ en Tuxtla Gutiérrez, estado de Chiapas. Ha realizado su labor poética al margen de círculos literarios. Con su lenguaje coloquial y a veces irónico, su obra se ha interesado por la vida cotidiana y por la soledad y la angustia del hombre.

OBRA POÉTICA: *Horal* (1950), *La señal* (1951), *Tarumba* (1956), *Diario semanario y poemas en prosa* (1961), *Recuento de poemas* (1962, incluye los libros anteriores y *Adán y Eva*, 1952), *Yuria* (1967), *Algo sobre la muerte del mayor Sabines* (1972), *Maltiempo* (1972), *Nuevo recuento de poemas* (1977 y 1980), *Poemas sueltos* (1981).

MISS X

MISS X, sí, la menuda Miss Equis,
llegó, por fin, a mi esperanza:
alrededor de sus ojos,
breve, infinita, sin saber nada.
Es ágil y limpia como el viento
tierno de la madrugada,
alegre y suave y honda
como la yerba bajo el agua.
Se pone triste a veces
con esa tristeza mural que en su cara
hace ídolos rápidos
y dibuja preocupados fantasmas.
Yo creo que es como una niña
preguntándole cosas a una anciana,
como un burrito atolondrado
entrando a una ciudad, lleno de paja.
Tiene también una mujer madura
que le asusta de pronto la mirada

y se le mueve dentro y le deshace
a mordidas de llanto las entrañas.
Miss X, sí, la que me ríe
y no quiere decir cómo se llama,
me ha dicho ahora, de pie sobre su sombra,
que me ama pero que no me ama.
Yo la dejo que mueva la cabeza
diciendo no y no, que así se cansa,
y mi beso en su mano le germina
bajo la piel en paz semilla de alas.

Ayer la luz estuvo
todo el día mojada,
y Miss X salió con una capa
sobre sus hombros, leve, enamorada.
Nunca ha sido tan niña, nunca
amante en el tiempo tan amada.
El pelo le cayó sobre la frente,
sobre sus ojos, mi alma.

La tomé de la mano, y anduvimos
toda la tarde de agua.

¡Ah, Miss X, Miss X, escondida
flor del alba!

Usted no la amará, señor, no sabe.
Yo la veré mañana.

TE QUIERO A LAS DIEZ DE LA MAÑANA

TE quiero a las diez de la mañana, y a las once, y a las doce del día. Te quiero con toda mi alma y con todo mi cuerpo, a veces, en las tardes de lluvia. Pero a las dos de la tarde, o a las tres, cuando me pongo a pensar en nosotros dos, y tú piensas en la comida o en el trabajo diario, o en las diversiones que no tienes, me pongo a odiarte sordamente, con la mitad del odio que guardo para mí.

Luego vuelvo a quererte, cuando nos acostamos y siento que estás hecha para mí, que de algún modo me lo dicen tu rodilla y tu vientre, que mis manos me convencen de ello, y que no hay otro lugar en donde yo me venga, a donde yo vaya, mejor que tu cuerpo. Tú vienes toda entera a mi encuentro, y los dos desaparecemos un instante, nos metemos en la boca de Dios, hasta que yo te digo que tengo hambre o sueño.

Todos los días te quiero y te odio irremediablemente. Y hay días también, hay horas, en que no te conozco, en que me eres ajena como la mujer de otro. Me preocupan los hombres, me preocupo yo, me distraen mis penas. Es probable que no piense en ti durante mucho tiempo. Ya ves. ¿Quién podría quererte menos que yo, amor mío?

JOSÉ MANUEL CABALLERO BONALD

(1926)

NACIÓ en Jerez de la Frontera (Cádiz). Estudió Astronomía en Cádiz y Filosofía y Letras en Sevilla. Ha sido profesor de la Universidad de Bogotá y secretario de la revista *Papeles de Son Armadans.* Además de poeta, es folclorista, crítico y especialmente novelista. Le distinge su cuidado lenguaje, cada vez más perfeccionista.

OBRA POÉTICA: *Las adivinaciones* (1952), *Memorias de poco tiempo* (1954), *Anteo* (1956), *La horas muertas* (1959), *El papel del coro* (1961), *Pliegos de cordel* (1963), *Vivir para contarlo* (1969), *Descrédito del héroe* (1977), *Laberinto de fortuna* (1984).

SUPLANTACIONES

UNAS palabras son inútiles y otras
acabarán por serlo mientras
elijo para amarte más metódicamente
aquellas zonas de tu cuerpo aisladas
por algún obstinado depósito
de abulia, los recodos
quizá donde mejor se expande
ese rastro de tedio
que circula de pronto por tu vientre,

y allí pongo mi boca y hasta
la intempestiva cama acuden
las sombras venideras, se interponen
entre nosotros, dejan
un barrunto de fiebre y como un vaho

de exudación de sueño
y otras cavernas vespertinas,

y ya en lo ambiguo de la noche escucho
la predicción de la memoria:
dentro de ti me aferro
igual que recordándote, subsisto
como la espuma al borde de la espuma
mientras se activa entre los cuerpos
la carcoma voraz de estar a solas.

JOSÉ ÁNGEL VALENTE

(1926)

NACIÓ en Orense, donde pasó su infancia y adolescencia. Empezó estudios de Filología Románica en Santiago de Compostela que terminó en Madrid. Entre 1955 y 1958 enseña literatura en la Universidad de Oxford. De allí se trasladó a Ginebra, donde ha sido funcionario de un organismo internacional hasta 1975. Después ha regresado a España y ha residido en Almería, con largas estancias en París y Ginebra. Premio Adonais en 1955 y premio de la Crítica en 1960. Además de poeta es ensayista y traductor. Caracteriza la poesía de Valente una exigencia verbal y un rigor constructivo muy peculiares, por lo que se le considera uno de los poetas españoles más cualificados de las últimas décadas. Ha escrito poemas en gallego, que están recogidos en *Cántigas de alén* (1989).

OBRA POÉTICA: *A modo de esperanza* (1955), *Poemas a Lázaro* (1960), *La memoria y los signos* (1966), *Siete representaciones* (1967), *Breve son* (1968), *Presentación y memorial para un monumento* (1970), *El inocente* (1970), *Treinta y siete fragmentos* (1972), *Interior con figuras* (1976), *Material memoria* (1979), *Tres lecciones de tinieblas* (1980), *Mandorla* (1982), *El fulgor* (1984), *Al dios del lugar* (1989), *No amanece el cantor* (1992) .

SÉ TÚ MI LÍMITE

Tu cuerpo puede
llenar mi vida,
como puede tu risa
volar el muro opaco de la tristeza.

Una sola palabra tuya quiebra
la ciega soledad en mil pedazos.

Si tú acercas tu boca inagotable
hasta la mía, bebo
sin cesar la raíz de mi propia existencia.

Pero tú ignoras cuánto
la cercanía de tu cuerpo
me hace vivir o cuánto
su distancia me aleja de mí mismo
me reduce a la sombra.

Tú estás, ligera y encendida,
como una antorcha ardiente
en la mitad del mundo.

No te alejes jamás:
                    Los hondos movimientos

de tu naturaleza son
mi sola ley.
          Reténme.
Sé tú mi límite.
Y yo la imagen
de mí feliz, que tú me has dado.

EL AMOR ESTÁ EN LO QUE TENDEMOS

El amor está en lo que tendemos
(puentes, palabras).

El amor está en todo lo que izamos
(risas, banderas).

Y en lo que combatimos
(noche, vacío)
por verdadero amor.

El amor está en cuanto levantamos
(torres, promesas).

En cuanto recogemos y sembramos
(hijos, futuro).

Y en las ruinas de lo que abatimos
(desposesión, mentira)
por verdadero amor.

EL DESEO ERA UN PUNTO INMÓVIL

Los cuerpos se quedaban del lado solitario del
[amor
como si uno a otro se negasen sin negar el deseo
y en esa negación un nudo más fuerte que ellos
[mismos
indefinidamente los uniera.

¿Qué sabían los ojos y las manos,
qué sabía la piel, qué retenía un cuerpo
de la respiración del otro, quién hacía nacer
aquella lenta luz inmóvil
como única forma del deseo?

ELVIO ROMERO

(Paraguay, 1926)

NACIDO en Yegros, ha viajado por varios países de Europa, América y Asia. En 1947 tuvo que abandonar su país por razones políticas. Su poesía —«invadida por el fuego de la vida», en palabras de Miguel Angel Asturias— es testimonio de las vicisitudes y sufrimientos de su país. Su obra, traducida a más de una docena de lenguas, ha sido elogiada también por Gabriela Mistral, Nicolás Guillén y Rafael Alberti.

OBRA POÉTICA: *Días roturados* (1948), *Resoles áridos* (1950), *Despiertan las fogatas* (1955), *El sol bajo las raíces* (1955), *De cara al corazón* (1961), *Esta guitarra dura* (1961), *Destierro y atardecer* (1975), *Un relámpago herido, Los innombrables* (1970), *Libro de la migración* (1966), *El viejo fuego, Los valles imaginarios* (1984), *El poeta y sus encrucijadas* (1991).

TORMENTA

LA noche ha sido larga.

Como desde cien años
de lluvia,
de una respiración embravecida
proveniente de un fondo de vértigo nocturno,
de un cántaro colorado
jadeando en la tierra,
el viento ha desatado su tempestad violenta
sobre el velo anhelante de la ilusión
efímera, sobre los fatigados menesteres
y tú y yo, en la colina
más alta,

en el rincón de nuestros dos silencios,
abrazados al tiempo del amor, desvelándonos.

Deja que el viento muerda sobre el viento.

Yo te cerraré los ojos.

TOMÁS SEGOVIA

(España-México, 1927)

NACIDO en Valencia (España), llega a México en 1940, por lo que es poeta trasterrado, es decir, trasladado en pleno proceso de formación. Además de poeta, es ensayista, dramaturgo, crítico, novelista y traductor de poesía. Profesor de Filosofía de la UNAM e investigador en el Colegio de México. Su poesía hunde sus raíces en el tema amoroso para «vencer la orfandad del exilio».

OBRA POÉTICA: *La luz provisional* (1950), *Siete poemas* (1955), *Apariciones* (1957), *Luz de aquí* (1958), *El sol y su eco* (1960), *Anagnórisis* (1967), *Historias y poemas* (1968), *Terceto* (1972), *Cuaderno del nómada* (1978), *Figura y secuencias* (1979), *Partición* (1983), *Cantata a solas* (1985), *Lapso* (1986), *Orden del día* (1988).

LLAMADA

TE llamo sí te llamo no puedo más te llamo
te grito ven acude no me abandones búscame
déjame verte adivinarte
distenderme un instante bajo el sol de tus ojos
como si en el radiante mediodía me tumbara en la
[hierba
déjame ver una vez más tu irónica ternura
tus infantiles gestos asustados
tu mirada solitaria que acaricia el rostro de las cosas
tu mirada de niña de ojos lentos
tus labios que entre los míos se funden
como un delicado manjar suntuoso y discreto
tus labios comestibles fáciles tus labios de trufa
[celeste
tus labios húmedos penetrables como un sexo más
[luminoso

cómo puedo sufrir que te alejes que te lleves este
(enigma
que huyas como un ladrón armada de razones
y ocultando en tu seno mis preguntas robadas
que te escondas en los huecos en los turbios
(rincones del tiempo
que te envuelvas en la distancia como en un disfraz
(inmenso
te llevas algo mío que nunca ha sido mío
me dejas amputado desarmado hemipléjico
vuelve no puedo renunciar a ser aquel otro
deja que todo nazca dame eso que trajiste mío
desanuda tus entrañas como si fueras a parir
(nuestro amor
y vuelve tráemelo muéstramelo
déjame entrar en ti como entrar en la noche
compartir tu tesoro taciturno
la suntuosa penumbra de tu alma tibia y quieta
ven no juegues más al juego idiota de la tortura
no me niegues cómplice altiva no blasfemes de mí
adónde vas vestida de miradas mías
adónde irás que no seas la nombrada por mí
regresa no te lleves mi semilla
mis dones los hundí en tu carne
no te podrás librar de esta corona vuelve.

DIME MUJER

DIME mujer dónde escondes tu misterio
mujer agua pesada volumen transparente
más secreta cuanto más te desnudas
cuál es la fuerza de tu esplendor inerme
tu deslumbrante armadura de belleza
dime no puedo ya con tantas armas
mujer sentada acostada abandonada
enséñame el reposo el sueño y el olvido
enséñame la lentitud del tiempo
mujer tú que convives con tu ominosa carne
como junto a un animal bueno y tranquilo

mujer desnuda frente al hombre armado
quita de mi cabeza este casco de ira
cálmame cúrame tiéndeme sobre la fresca tierra
quítame este ropaje de fiebre que me asfixia
húndeme debilítame envenena mi perezosa sangre
mujer roca de la tribu desbandada
descíñeme estas mallas y cinturones de rigidez
(y miedo
con que me aterro y te aterro y nos separa
mujer oscura y húmeda pantano edénico
quiero tu ancha olorosa robusta sabiduría
quiero volver a la tierra y sus zumos nutricios
el gemido limpísimo de la ternura
la pensativa mirada de la prostitución
la clara verdad cruda
del amor que sorbe y devora y se alimenta
el invisible zarpazo de la adivinación
la aceptación la comprensión la sabiduría sin
(caminos
la esponjosa maternidad terreno de raíces
mujer casa del doloroso vagabundo
dame a morder la fruta de la vida
la firme fruta de luz de tu cuerpo habitado
déjame recostar mi frente aciaga
en tu grave regazo de paraíso boscoso
desnúdame apacíguame cúrame de esta culpa ácida
de no ser siempre armado sino sólo yo mismo.

CARLOS GERMÁN BELLI

(Perú, 1927)

NACIÓ en Lima. Poeta, traductor y periodista, ha viajado por diversos países hispanoamericanos, Estados Unidos, Europa y Marruecos. Ha sido profesor de Literatura Hispanoamericana en la Universidad de San Marcos de Lima y becario de la Fundación Guggenheim. Como poeta ha desarrollado una obra muy personal y llamativa, exenta de convencionalismos, con elementos derivados de la poesía del Siglo de Oro. Su obra se ha traducido al francés, inglés, italiano, etc.

OBRA POÉTICA: *Poemas* (1958), *Dentro & Fuera* (1960), *¡Oh, hada cibernética!* (1961, 1962 y 1971), *El pie sobre el cuello* (1964 y 1967, en que recoge sus cuatro primeros libros), *Por el monte abajo* (1966), *Sextinas y otros poemas* (1970), *En alabanza del bolo alimenticio* (1979), *Canciones y otros poemas* (1982), *Boda de la pluma y la letra* (1985).

NUESTRO AMOR

NUESTRO amor no está en nuestros respectivos
y castos genitales, nuestro amor
tampoco en nuestra boca, ni en las manos:
todo nuestro amor guárdase con pálpito
bajo la sangre pura de los ojos.
Mi amor, tu amor esperan que la muerte
se robe los huesos, el diente y la uña,
esperan que el valle solamente
tus ojos y mis ojos queden juntos,
mirándose ya fuera de sus órbitas,
más bien como dos astros, como uno.

Si de tantos yo sólo hubiera angustia,
yo sólo frente a casas clausuradas

sufrir por todos, hábil en los campos,
a la zaga del río, entre los tuertos.
Si de mí sólo muerte se evadiera,
sólo yo me quedara insatisfecho,
en medio de los parques cabizbajos,
sólo yo, Adán postrero agonizando.

A FILIS

Un nudo por eterno no de hilos
contigo, Filis mía, ni de cintas
ni menos hecho de livianas cuerdas,
mas sí anudados yo y tú por las aguas,
por largas lenguas de ardoroso fuego
y movimientos sin cesar del aire.

Así en nudo de fuego y agua y aire,
cuya cuerda es un digno y puro hilo
más purpurado que los propios fuegos,
más fino que la fibra de las cintas,
y dentro yo y tú como pez en agua,
tal dos hilos juntos en una cuerda.

Ninguno desatar podrá las cuerdas
con que firme nos ha anudado el aire,
ni tampoco la ligazón del agua,
que en uno y otro caso es vital hilo,
soldándonos como umbilical cinta,
entremezclada de aire y agua y fuego.

Ondas etéreas, ondas de gran fuego,
ondas líquidas, Filis, como cuerdas,
o perpetuamente adhesivas cintas,
nos ciñen hasta más allá del aire,
atándonos con delicados hilos
a los senos del cielo, suelo y agua.

Si juntos no nacimos en el agua,
juntos sí nos enlazarán los fuegos

de las redes de eléctricos mil hilos
conectados al cabo de las cuerdas,
que nos sostienen a ambos en el aire,
como al planeta las celestes cintas.

Esta acuática, aérea y montés cinta
ligándonos debajo de las aguas,
entre las capas próximas del aire
y en la entraña de todo dulce fuego,
del cual nos hala la postrera cuerda
y a donde nos regresa el primer hilo.

No por cuerdas atados ni por cintas,
mas un hilo ya somos, Filis, de agua,
soplo ya de aire, lengua ya de fuego.

JOSÉ LUIS APPLEYARD

(Paraguay, 1927)

NACIDO en Asunción, se licenció en Derecho y ejerció como profesor de Literatura. Es también novelista, dramaturgo, crítico literario y periodista. Su poesía tiende al esteticismo y a la preocupación por lo formal.

OBRA POÉTICA: *Entonces era siempre* (1963), *El sauce permanece* (1965), *Tres motivos* (1965), *Tomado de la mano* (1981).

TÚ, DEL SUR

TÚ, del sur,
de esa tierra
que huyendo de los trópicos se sumerge en el río;
de allá donde se borran las fronteras del alba,
de allá donde florece la arena en la simiente,
de allá trajiste, niña, tus ojos de agua y malva.

En las manos de espuma del viento sur crispado
tú viniste, pequeña;
aún están tus cabellos aromados de espigas
y de campos tranquilos,
y hay un verde remoto de movidos maizales
en tus ojos, sureña.

Del norte va mi voz
en brújula de sueños
buscando abierta y dulce la rosa de los vientos
para saber del sur,
y saber que en él vibra
la canción de un arroyo
de palabras inmensas

que le roba a tus ojos
la guaca transparencia
para teñir el mar.
Del norte va mi voz
hacia las noches claras
que tiemblan en las aguas del Ñeembucú dormido.
Del sur viene tu nombre
aún mojado de estrellas,
hecho luz en la calma rumorosa del río.

CARLOS BARRAL

(1928-1989)

NACIÓ en Barcelona, y allí se licenció en Derecho en 1950. Desde entonces ejerció una importantísima labor como editor, especialmente en el género novela. Muy interesantes resultan sus volúmenes de memorias: *Años de penitencia* (1975), *Los años sin excusa* (1978), y *Cuandi las horas veloces* (1988).

OBRA POÉTICA: *Las aguas reiteradas* (1952), *Metropolitano* (1957), *Diecinueve figuras de mi historia civil* (1961), *Usuras* (1965), *Figuración y fuga* (1966), *Informe personal sobre el alba y acerca de algunas auroras particulares* (1970), *Usuras y figuraciones* (1973 y 1979), *Lecciones de cosas. Veinte poemas para el nieto Malcolm* (1986), *Diario de Metropolitano* (1988).

HOMBRE EN LA MAR

II

Y tú, amor mío, ¿agradeces conmigo
las generosas ocasiones que la mar
nos deparaba de estar juntos? ¿Tú te acuerdas,
casi en el tacto, como yo,
de la caricia intranquila entre dos maniobras,
del temblor de tus pechos
en la camisa abierta cara al viento?

Y de las tardes sosegadas,
cuando la vela débil como un moribundo
nos devolvía a casa muy despacio...
Éramos como huéspedes de la libertad,
tal vez demasiado hermosa.

El azul de la tarde,
los húmedos violetas que oscurecían el aire
se abrían
y volvían a cerrarse tras nosotros
como la puerta de una habitación
por la que no nos hubiéramos
atrevido a preguntar.
Y casi
nos bastaba un ligero contacto,
un distraído cogerte por los hombros
y sentir tu cabeza abandonada,
mientras alrededor se hacía triste
y allá en tierra, en la penumbra
parpadeaban las primeras luces.

JAIME GIL DE BIEDMA

(1929-1990)

NACIÓ en Barcelona, donde ha residido casi siempre, salvo cortas temporadas en Nava de la Asunción (Segovia). Empezó en Barcelona estudios de Derecho que terminó en la Universidad de Salamanca en 1951. Su poesía, de lenguaje coloquial y tono elegíaco, enlaza con la de Vallejo, Antonio Machado y con el delicado erotismo de Cernuda; es una de las que mayor influencia ha ejercido en las generaciones más recientes.

OBRA POÉTICA: *Según sentencia del tiempo* (1953), *Compañeros de viaje* (1959), *En favor de Venus* (1965), *Moralidades* (1966), *Poemas póstumos* (1968), *Las personas del verbo* (1975 y 1982, donde recoge su poesía hasta esas fechas).

ALBADA

DESPIÉRTATE. La cama está más fría
y las sábanas sucias en el suelo.
Por los montantes de la galería
llega el amanecer,
con su color de abrigo de entretiempo
y liga de mujer.

Despiértate pensando vagamente
que el portero de noche os ha llamado.
Y escucha en el silencio: sucediéndose
hacia lo lejos, se oyen enronquecer
los tranvías que llevan al trabajo.
Es el amanecer.

Irán amontonándose las flores
cortadas, en los puestos de las Ramblas,

y silbarán los pájaros —cabrones—
desde los plátanos, mientras que ven volver
la negra humanidad que va a la cama
después de amanecer.

Acuérdate del cuarto en que has dormido.
Entierra la cabeza en las almohadas,
sintiendo aún la irritación y el frío
que da el amanecer
junto al cuerpo que tanto nos gustaba
en la noche de ayer,

y piensa en que debieses levantarte.
Piensa en la casa todavía oscura
donde entrarás para cambiar de traje,
y en la oficina, con sueño que vencer,
y en muchas otras cosas que se anuncian
desde el amanecer.

Aunque a tu lado escuches el susurro
de otra respiración. Aunque tú busques
el poco de calor entre sus muslos
medio dormido, que empieza a estremecer.
Aunque el amor no deje de ser dulce
hecho al amanecer.

Junto al cuerpo que anoche me gustaba
tanto desnudo, déjame que encienda
la luz para besarse cara a cara,
en el amanecer.
Porque conozco el día que me espera,
y no por el placer.

JUAN GELMAN

(Argentina, 1930)

NACIDO en Buenos Aires, es periodista de profesión. Ha sido secretario de redacción de *Crisis* (Buenos Aires). En 1975 se exilió en Europa y no regresó a su país hasta 1988. En su poesía se distinguen una línea centrada en lo cotidiano y otra, comprometida, denunciadora de injusticias.

OBRA POÉTICA: *Violín y otras cuestiones* (1956), *El juego en que andamos* (1959), *Velorio del solo* (1961), *Gotán* (1962), *Los poemas de Sidney West* (1969), *Cólera buey* (1965 y 1969), *Fábulas* (1970), *Relaciones* (1973), *Hechos y relaciones* (1980), *Si tan dulcemente* (1980), *Citas y comentarios* (1982), *Hacia el sur* (1982), *Anunciaciones* (1988), *Carta a mi madre* (1989).

AUSENCIA DE AMOR

CÓMO será pregunto.
Cómo será tocarte a mi costado.
Ando de loco por el aire
que ando que no ando.

Cómo será acostarme
en tu país de pechos tan lejano.
Ando de pobrecristo a tu recuerdo
clavado, reclavado.

Será ya como sea.
Tal vez me estalle el cuerpo todo
lo que he esperado
Me comerás entonces dulcemente
pedazo por pedazo.

Seré lo que debiera.
Tu pie. Tu mano.

CARLOS MURCIANO

(1931)

NACIÓ en Arcos de la Frontera (Cádiz). Intendente mercantil por la Escuela Central Superior de Madrid. Además de poeta, es narrador y ejerce la crítica literaria en *Poesía Hispánica* y *La Estafeta Literaria*. En 1949 fundó con su hermano Antonio y otros poetas la revista *Alcaraván*. En 1970 obtuvo el premio Nacional de Literatura. Su dilatada obra se caracteriza por la variedad temática y el dominio de la formas.

OBRA POÉTICA: *El alma repartida* (1954), *Viento en la carne* (1955), *Poemas tristes a Madia* (1956), *Tiempo de caniza* (1961), *Desde la carne al alma* (1963), *Libro de epitafios* (1967), *Este claro silencio* (1970), *Veinticinco sonetos* (1970), *Yerba y olvido* (1977), *Meditaciones en socar* (1982), *Historias de otra edad* (1984).

DONDE EL POETA COMPARTE SU LECHO POR VEZ PRIMERA

GUARDO la primavera
bajo mi blanca sábana,
Toco sus manos niñas,
su cintura perfecta,
sus senos como claras
palomas asustándose,
rozo sus hombros tersos,
redondos como frutos
y pronuncio en su boca
mi beso más liviano.

Guardo la primavera:
tengo el amor crecido,
tengo el amor creciendo
como luna en mi cuarto.

Decid, los amadores,
si cuando abril se cuelga
de las acacias vírgenes
hubiera algo más bello
que poseer sus brazos.
Pues yo los tengo ahora
conmigo, floreciéndose,
poblándose de pájaros
pequeños y piantes.
Decid, los amadores...
Mas no digáis, callad.
Callad, que hoy tengo el sueño
ligero y compartido
y no me atrevo ni
a despertar, no vaya
a ser que sólo sea
un sueño tanta dicha.

Afuera queda el mundo,
las estrellas rodando,
y el viento azul y leve
con que Dios se corona.
Pero la primavera
la tengo aquí, conmigo.
Callad. No levantéis
rumor. Que yo, por vez
primera, en esta noche
con una rosa duermo.

DONDE EL POETA MUESTRA SU ESCEPTICISMO ANTE LA MUERTE Y TERMINA VENCIÉNDOSE A LA AMADA

Pero es mejor morime
de tu boca.
JULIO MARURI

LA soledad, mi mala consejera,
vuelve otra vez a hablarme en el oído:
«Para habitar la bruma o el olvido
basta morirse de cualquier manera.

Lo mismo da morirse en primavera
de una corazonada, que mordido
por los perros del hambre, que aterido
en un invierno pálido y cualquiera.»

La verdad es que igual me da sentirme
de silencio la voz, el pie de roca,
yerto para escaparme o evadirme.

Máteme a mí la muerte que me toca.
A mí tanto me da de qué morirme.
Pero es mejor morirme de tu boca.

ROQUE DALTON

(El Salvador, 1935-1975)

NACIDO en San Salvador, estudió Derecho y Antropología en su país, en Chile y en México. Por su militancia política de izquierdas fue perseguido, encarcelado e incluso condenado a muerte. La sentencia no llegó a cumplirse y se exilió en Guatemala, México, Checoslovaquia y Cuba. Regresó clandestinamente a El Salvador como miembro del E.R.P. y murió asesinado por camaradas ultraizquierdistas de ese movimiento. Obtuvo el premio Casa de las Américas en 1969.

OBRA POÉTICA: *La ventana en el rostro* (1961), *El turno del ofendido* (1964), *El mar* (1964), *Los testimonios* (1964), *Taberna y otros lugares* (1969), *Los pequeños infiernos* (1970), *Las historias prohibidas de Pulgarcito* (1975).

HORA DE LA CENIZA

I

FINALIZA Septiembre. Es hora de decirte
lo difícil que ha sido no morir.

Por ejemplo, esta tarde
tengo en las manos grises
libros hermosos que no entiendo,
no podría cantar aunque ha cesado ya la lluvia
y me cae sin motivo el recuerdo
del primer perro a quien amé cuando niño.

Desde ayer que te fuiste
hay humedad y frío hasta en la música.

Cuando yo muera,
sólo recordarán mi júbilo matutino y palpable,
mi bandera sin derecho a cansarse,
la concreta verdad que repartí desde el fuego,
el puño que hice unánime
con el clamor de piedra que exigió la esperanza.

Hace frío sin ti. Cuando yo muera,
cuando yo muera
dirán con buenas intenciones
que no supe llorar.
Ahora llueve de nuevo.
Nunca ha sido tan tarde a las siete menos cuarto
como hoy.

Siento deseos de reír
o de matarme.

V

Y, sin embargo, amor, a través de las lágrimas,
yo sabía que al fin iba a quedarme
desnudo en la ribera de la risa.

Aquí,
hoy,
digo:
siempre recordaré tu desnudez entre mis manos,
tu olor a disfrutada madera de sándalo
clavada junto al sol de la mañana;
tu risa de muchacha,
o de arroyo,
o de pájaro;
tus manos largas y amantes
como un lirio traidor a tus antiguos colores;
tu voz,
tus ojos,
lo de abarcable en ti que entre mis pasos

pensaba sostener con las palabras.
Pero ya no habrá tiempo de llorar.
Ha terminado
la hora de la ceniza para mi corazón.

Hace frío sin ti,
pero se vive.

DESNUDA

AMO tu desnudez
porque desnuda me bebes con los poros,
como hace el agua cuando entre sus paredes me
(sumerjo.

Tu desnudez derriba con su calor los límites,
me abre todas las puertas para que te adivine,
me toma de la mano como un niño perdido
que a ti dejara quietas su edad y sus preguntas.

Tu piel dulce y salobre que respiro y que sorbo
pasa a ser mi universo, el credo que me nutre;
la aromática lámpara que alzo estando ciego
cuando junto a las sombras los deseos me ladran.

Cuando te me desnudas con los ojos cerrados
cabes en una copa vecina de mi lengua,
cabes entre mis manos como el pan necesario,
cabes bajo mi cuerpo más cabal que su sombra.

El día en que te mueras te enterraré desnuda
para que limpio sea tu reparto en la tierra,
para poder besarte la piel en los caminos,
trenzarte en cada río los cabellos dispersos.

El día en que te mueras te enterraré desnuda,
como cuando naciste de nuevo entre mis piernas.

ÓSCAR ACOSTA

(Honduras, 1933)

NACIÓ en Tegucigalpa. Su vida ha estado siempre vinculada con la cultura y la diplomacia. En 1952 ocupó el puesto de secretario de la Embajada de su país en Lima, donde residió seis años. En 1973 fue nombrado embajador plenipotenciario de Honduras en España.

OBRA POÉTICA: *Responso poético al cuerpo presente de José Trinidad Reyes* (1955), *Poesía menor* (1957), *Formas del amor, Tiempo europeo, Tiempo detenido* (1962), *Escritura amorosa, Vitrales, Escrito en piedra, Poemas para una muchacha, Círculo familiar, Mi país* (1971), *Poesía. Selección* 1952-1971 (1976).

CABELLO DE MUCHACHA

TU cabello es de humo dorado,
una copa con un jugo encendido,
un caracol de ondeado vidrio,
una flor de bronce tímido.

Tu pelo existe, tiembla suavemente
cuando mi mano llega a su rocío,
cuando lo beso entusiasmado,
cuando llora como los niños.

Tu cabello es un odre con frío,
una estrella dulce, un pistilo
que lucha por ser lirio.

Es una paloma convertida en durazno,
una corona que alumbra con sus cirios
y que calienta la sangre como el vino.

CLAUDIO RODRÍGUEZ

(1934)

NACIÓ en Zamora. Licenciado en Filología Románica por la Universidad de Madrid, ha sido lector de español en las Universidades de Nottingham y Cambridge entre 1958 y 1964; esta circunstancia le ha permitido conocer a fondo a los románticos ingleses y a Dylan Thomas, fundamentales en su formación. En 1953 obtuvo el premio Adonais, con menos de veinte años, por su libro *Don de la ebriedad*. En 1965 recibió el premio de Poesía de la Crítica. Reside en Madrid dedicado a la enseñanza.

OBRA POÉTICA: *Don de la ebriedad* (1953), *Conjuros*, (1958), *Alianza y condena* (1965), *El vuelo de la celebración* (1976), *Desde mis poemas* (1983 recoge su obra anterior), *Casi una leyenda* (1991).

«THE NEST OF LOVERS»
(Alfriston)

Y llegó la alegría
muy lejos del recuerdo cuando las gaviotas
con vuelo olvidadizo traspasado de alba
entre el viento y la lluvia y el granito y la arena,
la soledad de los acantilados
y los manzanos en pleno concierto
de prematura floración, la savia
del adiós de las olas ya sin mar
y el establo con nubes
y la taberna de los peregrinos,
vieja en madera de nogal negruzco
y de cobre con sol, y el contrabando,
la suerte y servidumbre, pan de ángeles,
quemadura de azúcar, de alcohol reseco y bello,

cuando subía la ladera me iban
acompañando y orientando hacia...

Y yo te veo porque yo te quiero.
No era la juventud, era el amor
cuando entonces viví sin darme cuenta
con tu manera de mirar al viento,
al fruto verdadero. Viste arañas
donde siempre hubo música
lejos de tantos sueños que iluminan
esa manera de mirar las puertas
con la sorpresa de su certidumbre,
pálida el alma donde nunca hubo
oscuridad sino agua
y danza,

Alza tu cara más porque no es una imagen
y no hay recuerdo ni remordimiento,
cicatriz en racimo, ni esperanza,
ni desnudo secreto, libre ya de tu carne,
lejos de la mentira solitaria,
sino inocencia nunca pasajera,
sino el silencio del enamorado,
el silencio que dura, está durando.

Y yo te veo porque yo te quiero.
Es el amor que no tiene sentido.
El polvo de la espuma de la alta marea
llega a la cima, al nido de esta casa,
a la armonía de la teja abierta
y entra en la acacia ya recién llovida
en las alas en himno de las gaviotas,
hasta en el pulso de la luz, en la alta
mano del viejo Terry en su taberna mientras,
toca con alegría y con pureza
el vaso aquel que es suyo. Y llega ahora
la niña Carol con su lucerío,
y la beso, y me limpia
cuando menos se espera.

Y yo te veo porque yo te quiero.
Es el amor que no tiene sentido.
Alza tu cara ahora a medio viento
con transparencia y sin destino en torno
a la promesa de la primavera,
los manzanos con júbilo en tu cuerpo
que es armonía y es felicidad,
con la tersura de la timidez
cuando se hace de noche y crece el cielo
y el mar se va y no vuelve
cuando ahora vivo la alegría nueva,
muy lejos del recuerdo, el dolor solo,
la verdad del amor que es tuyo y mío.

FÉLIX GRANDE

(1937)

NACIDO en Mérida (Badajoz), pasó toda su infancia y adolescencia en Tomelloso (Ciudad Real). Desde 1961 vive en Madrid y es subdirector de *Cuadernos Hispanoamericanos.* Ha obtenido, entre otros, los premios de poesía Adonais (1963), Guipúzcoa y Casa de las Américas. Es también narrador, ensayista y estudioso del flamenco.

OBRA POÉTICA: *Taranto. Homenaje a César Vallejo* (1961), *Las piedras* (1964), *Música amenazada* (1966), *Blanco Spirituals* (1967), *Biografía* (1971), *Las rubaiyátas de Horacio Martín* (1978).

DONDE fuiste feliz alguna vez
no debieras volver jamás: el tiempo
habrá hecho sus destrozos, levantando
su muro fronterizo
contra el que la ilusión chocará estupefacta.
El tiempo habrá labrado,
paciente, tu fracaso
mientras faltabas, mientras ibas
ingenuamente por el mundo
conservando como recuerdo
lo que era destrucción subterránea, ruina.

Si la felicidad te la dio una mujer
ahora habrá envejecido u olvidado
y sólo sentirás asombro
—el anticipo de las maldiciones.
Si una taberna fue, habrá cambiado
de dueño o de clientes
y tu rincón se habrá ocupado

con intrusos fantasmagóricos
que con su ajeneidad te empujan a la calle,
(al vacío.
Si fue un barrio, hallarás
entre los cambios del urbano progreso
tu cadáver diseminado.
No debieras volver jamás a nada, a nadie,
pues toda historia interrumpida
tan sólo sobrevive
para vengarse en la ilusión, clavarle
su cuchillo desesperado,
morir asesinando.

Mas sabes que la dicha es como un criminal
que seduce a su víctima
que la reclama con atroz dulzura
mientras esconde la mano homicida.
Sabes que volverás, que te hallas condenado
a regresar, humilde, donde fuiste feliz.
Sabes que volverás
porque la dicha consistió en marcarte
con la nostalgia, convertirte
la vida en cicatriz;
y si has de ser leal, girarás errabundo
alrededor del desastre entrañable
como girase un perro ante la tumba
de su dueño..., su dueño..., su dueño...

SONETO

SI tú me abandonaras, te quedarías sin causa
como una fruta verde que se arrancó al manzano,
de noche soñarías que te mira mi mano
y de día, sin mi mano, serías sólo una pausa;

si yo te abandonara, me quedaría sin sueño
como un mar que de pronto se quedó sin orillas,
me extendería buscándolas, con olas amarillas,
enormes, y no obstante yo sería muy pequeño;

porque tu obra soy yo, envejecer conmigo,
ser para mis rincones el único testigo,
ayudarme a vivir y a morir, compañera;

porque mi obra eres tú, arcilla pensativa:
mirarte día y noche, mirarte mientras viva;
en ti está mi mirada más vieja y verdadera.

OSCAR HAHN

(Chile, 1938)

NACIÓ en Iquique. Fue profesor de la Universidad de Arica (Chile) hasta septiembre de 1973. Su poesía escapa a las más usuales clasificaciones. Junto al eco de los clásicos españoles y latinos, el uso de la ironía escubre un hondo lirismo. En la actualidad es profesor de Literatura en la Universidad de Iowa y coeditor del *Handbook of Latin American Studies,* de la Biblioteca del Congreso de los Estados Unidos.

OBRA POÉTICA: *Esta rosa negra* (1961), *Agua final* (1967), *Arte de morir* (1977, 1979 y 1981), *Mal de amor* (1981), *Imágenes nucleares* (1983).

ESCRITO CON TIZA

UNO le dice a Cero que la nada existe
Cero replica que Uno tampoco existe
porque el amor nos da la misma naturaleza

Cero más Uno somos Dos le dice
y se van por el pizarrón tomados de la mano

Dos se besan debajo de los pupitres
Dos son Uno cerca del borrador agazapado
y Uno es Cero mi vida

Detrás de todo gran amor la nada acecha

MISTERIO GOZOSO

PONGO la punta de mi lengua golosa en el centro
(mismo
del misterio gozoso que ocultas entre tus piernas
tostadas por un sol calientísimo el muy cabrón
(ayúdame
a ser mejor amor mío limpia mis lacras libérame de
(todas
mis culpas y arrásame de nuevo con puros pecados
(originales, ya?

PEDRO SHIMOSE

(Bolivia, 1940)

NACIDO en Beni, realizó estudios de Derecho y Filosofía en la Universidad de La Paz, donde ha sido profesor de Literatura Hispanoamericana y redactor del diario *Presencia.* Licenciado en Ciencias de la Información por la Universidad Complutense de Madrid, trabaja en el Instituto de Cooperación Iberoamericana de la capital de España, donde ha dirigido un *Diccionario de autores iberoamericanos* (1982). Premio Casa de las Américas. Su poesía le muestra profundamente solidario con el hombre americano y su realidad cultural.

OBRA POÉTICA: *Triludio en el exilio* (1961), *Sardonia* (1967), *Poemas para un pueblo* (1968), *Quiero escribir, pero me sale espuma* (1972), *Caducidad del fuego* (1975), *Al pie de la letra* (1976), *Reflexiones maquiavélicas* (1980), *Bolero de caballería* (1985).

LA DOLIENTE QUIMERA

VUELVO el rostro y veo
                    la dimensión del odio.
No he venido a decirte
                    que todo es tarde en mí.
He vuelto a tu crueldad,
a sucumbir junto a la
piedra.

Veo mis ruinas en tus ojos
                    hermosos todavía.
Veo tus manos
          todavía perfectas
y emerjo
     de las brumas violentas

del pasado
cada vez más
solo.

Vuelvo a contemplarme y todo es triste.
Todo:
mi soledad:
mi fuerza:
la montaña.
Te miro
en la mentira de mis sueños
y te arrojo a mis
abismos.

Si me llego a encontrar con aquel
que huye de mí
volveré a tu ternura
y empezaré a decir
lo que nunca
hubiera dicho.

MECÁNICA DE LOS CUERPOS

ACARICIO tus formas
suaves
como dunas
que no hay;
beso tus pezones
enhiestos y rosados
como un amanecer.
Tu cuerpo, emblema
crepitante
mi alma
tiembla
al puro estado de belleza.
Tos ojos
Reposa en ti el impulso
de una corriente
azul. Desciende

a mí
tu voz.

La armonía
conquista los espacios
                                        del tiempo
                                                  inasequible.

LAUREANO ALBÁN

(Costa Rica, 1942)

ESTUDIÓ Filología y Lingüística en la Universidad de Costa Rica y se doctoró en Nueva York. Ha desempeñado cargos de diplomático en Madrid, Nueva York (Naciones Unidas) e Israel. Ha obtenido el premio Adonais de Poesía (1979).

OBRA POÉTICA: *Este hombre* (1967), *Las voces* (1970), *Poesía contra poesía* (1970), *Solamérica* (1972), *Chile de pie en la sangre* (1975), *Vocear la luz* (1977), *Sonetos laborales* (1977), *Manifiesto trascendentalista* (1977), *Sonetos cotidianos* (1978), *Herencia del otoño* (1980), *La voz amenazada* (1981), *Geografía invisible de América* (1982), *Aunque es de noche* (1983), *Autorretratos y transfiguraciones* (1983), *Viaje interminable* (1983), *Biografías del terror* (1984), *Todas las piedras del muro* (1988), *Trece sonetos para desnudarte* (inédito).

NOCTURNO DE TU BOCA

HAY lunas en la sombra
que vienen del silencio.
Lunas de sólo sed
que me celan besándome.
Lunas que el espejismo
de vivir me dejaron
para siempre empapado
de verdades tan húmedas, y tan fieras,
como la antigua sombra
del cuerpo sobre el cuerpo
en los ríos de la gloria.

Ven y dame la luna-profecía de tu boca.
Su humedad tan secreta que la vida la sueña.

Su pulpa bendecida
por todas las campanas del ayer.

Ah, tu boca, lentísima
como el tiempo en las horas
primeras del olvido.
Bajando a las raíces
como buscando lluvias,
subiendo a los dinteles
del día enarbolado
por la mano del día.

Entre todas las lunas
—espejos de las vidas—
las lunas que un instante
de niebla son verdad
porque el beso las finge
para siempre perfectas.

Entre todas las lunas
que en la noche se mecen,
agoreras, voladas
y anunciando su lenta
pasión contra el olvido.

Entre todas las lunas,
yo prefiero y escojo,
aquí junto a los mares
que me ignoran soñándome;
yo prefiero la luna
de espejos infinitos
de tu boca y tu boca
enfrentando la copa
del olvido del mundo.

Que besar es un viejo
ejercicio de asombros,
que heredamos de todas,
tantas fugas vividas...

Y tú besas. Tu boca
besando dice —¡dime!—
la verdad vencedora
de los besos del tiempo.

PERE GIMFERRER

(1945)

NACIÓ en Barcelona, ciudad donde realizó estudios de Filosofía y Letras y Derecho. Ha practicado con asiduidad la crítica literaria y la cinematográfica. Su maestría precoz fue reconocida en 1966 con el Premio Nacional de Poesía por su libro *Arde el mar.* En 1970, José María Castellet le incluye en su antología *Nueve Novísimos* como figura preeminente. Escribe sus primeros libros en castellano; después de 1970 utiliza para la poesía exclusivamente el catalán, si bien él mismo los ha traducido al castellano para una edición bilingüe. Hay que destacar también sus traducciones de Beckett y el Marqués de Sade, así como sus abundantes ensayos literarios.

OBRA POÉTICA: *El mensaje del tetrarca,* (1963), *Arde el mar,* (1966), *La muerte en Beverly Hills* (1968), *Poemas 1963-1969* (1969, incluye como novedad *Extraña fruta y otros poemas*), *Poesía 1970-1979* [1979, edición bilingüe que recoge los libros: *Els mirals* (1970), *Hora foscant* (1972), *Foc cec* (1973), *Els marges* (1974) y *L'espai desert* (1976)], *Espejo, espacio y apariciones* (1988).

BY LOVE POSSESSED

ME dio un beso y era suave como la bruma
dulce como una descarga eléctrica
como un beso en los ojos cerrados
como los veleros al atardecer
pálida señorita del paraguas
por dos veces he creído verla su vestido
[estampado el bolso el pelo corto y
[aquella forma de andar muy en el
[borde de la acera.

En los crepúsculos exangües la ciudad es un torneo
(de paladines a cámara lenta
(sobre una pantalla plateada
como una pantalla de televisión son las imágenes
(de mi vida los anuncios
y dan el mismo miedo que los objetos volantes
(venidos de no se sabe
(dónde fúlgidos en el espacio.
Como las banderolas caídas en los yates de lujo
las ampollas de morfina en los cuartos cerrados de
(los hoteles
estar enamorado es una música una droga es como
(escribir un poema
por ti los dulces dogos del amor y su herida carmesí.
Los uniformes grises de los policías los cascos
(las cargas los camiones los jeeps
(los gases lacrimógenos
aquel año te amé como nunca llevabas un
(vestido verde y por las mañanas sonreías
Violines oscuros violines del agua
todo el mundo que cabe en el zumbido de una línea
(telefónica
los silfos en el aire la seda y sus relámpagos
las alucinaciones en pleno día como viendo fantasmas
(luminosos
como palpando un cuerpo astral
desde las ventanas de mi cuarto de estudiante
y muy despacio los visillos
con antifaz un rostro me miraba
el jardín un rubí bajo la lluvia

HÉCTOR ELIU CIFUENTES

(Guatemala)

NACIÓ en San Antonio Sacatepéquez (San Marcos). Su poesía se ha centrado en las vivencias más profundas de su niñez y juventud.

OBRA POÉTICA: *Indicios de amanecer, Postales habitadas, Voz de musgo, Esto que llamo lluvia* y *Travesía del desierto.*

VIENTO Y PROFECÍA

PASO la mano
sobre todos estos vientos
que desarreglan tu pelo
y los recojo.

Con ellos hago historias
de musicales gozos
para arrullar tu sueño
y tus recuerdos.

Y caen sobre mí
—multiplicadamente—
tus últimas risas
que se hacen trino
de interminable son
en mis oídos.

CASA DE SUEÑOS

TOMÉ de otros astros
tu cintura diluida entre mis manos
y la toqué tímidamente
de su orilla más débil.

Mi tacto prorrumpió en vivaces
latidos musicales,
por el nuevo milagro
de palparte.

Para entonces ya amaba
tu risa oriental
y tus bondades.
Habitabas totalmente
esta casa de sueños
donde viven los dioses
que inventaron el beso.

¡Ah!, si mis manos
no te hubiesen palpado,
no anduvieran volando
entre nubes rosadas
para buscarte un lecho.

Si mis ojos
—que tan mal me defienden—
no te hubiesen hallado,
no cabría en el cielo
tu madurez de estrella.

LUIS ANTONIO DE VILLENA

(1951)

NACIÓ en Madrid. Licenciado en Filología Románica, ejerce una intensa actividad literaria como narrador, crítico en prensa y revistas (*El País, Ínsula, Papeles de Son Armadans*), traductor y editor. El culturalismo esteticista que impregna su poesía no silencia la búsqueda de la plenitud erótica y el vitalismo a ultranza.

OBRA POÉTICA: *Sublime solarium* (1971), *El viaje a Bizancio* (1978), *Hymnica* (1979), *Huir del invierno* (1981), *La muerte únicamente* (1984), *Como a lugar extraño* (1991).

LABIOS BELLOS, ÁMBAR SUAVE

CON sólo verte una vez te otorgué un nombre,
para ti levanté una bella historia humana.
Una casa entre árboles y amor a medianoche,
un deseo y un libro, las rosas del placer
y la desidia. Imaginé tu cuerpo
tan dulce en el estío, bañado entre las
viñas, un beso fugitivo y aquel espera
no te vayas aún, aún es temprano.
Te llegué a ver totalmente a mi lado.
El aire oreaba tu cabello, y fue sólo
pasar, apenas un minuto y ya dejarte.
Todo un amor, jazmín de un solo instante.
Mas es grato saber que nos tuvo un deseo,
y que no hubo futuro ni presente ni pasado.

DOMINIO DE LA NOCHE

Tu regardais dormir ma belle negligeance
P. VALERY

EL cabello se esparce suavemente en el lino,
como un mar que es el oro si despacio amanece.
Suavemente se pliegan las pestañas, y los
besos se duermen en los labios y respiran flores.
Ignora la cintura que es sagrada la mano
que sorprende un leve ardor, la mano abandonada
sobre la piel, la distante luz blanca
que recorre las piernas y sus bahías dulces,
la extensión marina del lino que se tuerce,
las playas invisibles de la espalda. Todo ignora.
Y otra mano se expande así, muy quedamente,
y al moverse, el impulso descubre más ocultas
dulzuras. Besos. Deseos. Amor. Ignoradas bahías.
Duermes. Y yo miro dormir tu joven negligencia.

LIL PICADO

(Costa Rica, 1951)

NACIÓ en San José de Costa Rica. Obtuvo en 1986 el premio Walt Whitman de Poesía convocado para Centroamérica y el Caribe. Ejerce como consejera cultural de la Embajada de Costa Rica en España.

OBRA POÉTICA: *España: dos peregrinajes, Vigilia de la hembra* (1985), *Semblanzas vivas a contraluz de muerte* (en prensa), *Variaciones contemplantes* y *Cancionero del tiempo en flor* (inéditos).

MADRIGALES

I

PUÑADOS de avena tiro al aire,
amapolas al fuego,
desde que te he visto, amado;
la dulce ranciedad del higo pruebo,
y gimo,
y sorbos de agua bebo.
Y río y canto
y danzo hasta morir,
y me deleito
de la tierra que piso,
y todo es a mi voz
sonido y eco;
y loca me euforizo
y palidezco.
Aspiro todo el musgo
del sendero,
y las fuentes sombrías

merodeo
buscando, amor,
el tiempo
de saciar mi esplendor
bajo los chorros frescos.
Sólo trinos y piares desayuno,
y me trenzo guirnaldas
en las crenchas y el cuello;
y me perfumo con néctar y tomillo,
y me froto laureles en los senos.
Y me engalano el alma
de centeno
y del pubis
de misterios,
y de silbos las llagas
del corazón me siembro...

II

LLENA de dulcedumbre,
te dejaré la flauta de mi cuerpo,
su murmúreo penar alejandrino,
el sigiloso arroz de mis mejillas. Y,
de mi oculto lagar, te daré vino
umbroso, fiel, sereno.

III

TÚ y yo
sentados a cada lado del río
frente a frente,
con los pies metidos en el agua
para siempre.

MÍA GALLEGOS

(Costa Rica, 1953)

MERCEDES María Gallegos nació en San José de Costa Rica. Ganó precozmente el premio Joven Creación de su país con el poemario *Golpe de albas.* Ha trabajado en tareas periodísticas y ha sido encargada de relaciones públicas del Teatro Nacional de San José de Costa Rica.

OBRA POÉTICA: *Golpe de albas* (1978), *Los reductos del sol* (1985), *El claustro elegido* (1989), *Los sueños y los días* (inédito).

JAGUAR DE AGUA

HURACÁN de febrero,
aguador entre aguas,
arrásame con tu lengua de fuego y de miel,
déjame acompañarte entre las nubes,
déjame escucharte en mi respiración,
déjame reposar mis ojos en los tuyos.

Jaguar de agua entre las aguas,
viento de la noche que se asoma en mi alma,
hombre que existe sólo en las mañanas naranja.

Hombre detrás de los muros
déjame soñarte y esperarte,
déjame ser contigo nube y mandarina.

Huracán de febrero,
déjame acariciarte el cabello,
ser viento trenzado en tus sienes,
galopar en tus soles,
nacer de tu tormenta y de tu lumbre.

Jaguar de agua
arrásame hasta ti.
Déjame ser respiración y pulso,
enredadera y viento.
Llegar a ti.